20
23

João Rodrigo de
Morais Stinghen

Samila Ariana
Alves Machado

COORDENADORES

CARTÓRIOS, *COMPLIANCE* E TRANSFORMAÇÃO DIGITAL

Aline Rodrigues
de Andrade

Ana Maria
Alves Esquárcio

Antonio
Herance Filho

Daniel Barbosa
da Silva

Douglas
Gavazzi

Elizeu Miguel
Campos Melo

Flávia
Pereira Hill

Gabriela
Almeida Marcon

Gian Luca Romano
Carneiro Pezzini

Humberto Dalla
Bernardina de Pinho

Jannice
Amóras Monteiro

João Rodrigo de
Morais Stinghen

Juliana Justo
B. Castello

Luiz Almeida
Marins Filho

Pedro Rocha
Passos Filho

Rachel Leticia Curcio
Ximenes de Lima Almeida

Ricardo
Santiago Teixeira

Samila Ariana
Alves Machado

Solange de
Souza Fagundes

Tiago de
Lima Almeida

Wilson Levy Braga
da Silva Neto

Dados Internacionais de Catalogação na Publicação (CIP) de acordo com ISBD

C328

    Cartórios, compliance e transformação digital / Aline Rodrigues de Andrade ... [et al.] ; coordenado por João Rodrigo de Morais Stinghen, Samila Ariana Alves Machado. - Indaiatuba, SP : Editora Foco, 2023.

    152 p. ; 16cm x 23cm.

    Inclui bibliografia e índice.

    ISBN: 978-65-5515-815-1

    1. Direito. 2. Direito Notarial de Registral. 3. Direito Digital. 4. Compliance. 5. Transformação digital. I. Andrade, Aline Rodrigues de. II. Esquárcio, Ana Maria Alves. III. Herance Filho, Antonio. IV. Silva, Daniel Barbosa da. V. Gavazzi, Douglas. VI. Melo, Elizeu Miguel Campos. VII. Hill, Flávia Pereira. VIII. Marcon, Gabriela Almeida. IX. Pezzini, Gian Luca Romano Carneiro. X. Pinho, Humberto Dalla Bernardina de. XI. Monteiro, Jannice Amóras. XII. Stinghen, João Rodrigo de Morais. XIII. Castello, Juliana Justo B. XIV. Marins Filho, Luiz Almeida. XV. Passos Filho, Pedro Rocha. XVI. Almeida, Rachel Leticia Curcio Ximenes de Lima. XVII. Teixeira, Ricardo Santiago. XVIII. Machado, Samila Ariana Alves. XIX. Fagundes, Solange de Souza. XX. Almeida, Tiago de Lima. XXI. Silva Neto, Wilson Levy Braga da. XXII. Título.

2023-1534   CDD 341.411   CDU 347.961

Elaborado por Vagner Rodolfo da Silva - CRB-8/9410
Índices para Catálogo Sistemático:
1. Direito Notarial de Registral 341.411
2. Direito Notarial de Registral 347.961

João Rodrigo de
Morais Stinghen

Samila Ariana
Alves Machado

COORDENADORES

CARTÓRIOS, *COMPLIANCE* E TRANSFORMAÇÃO DIGITAL

Aline Rodrigues
de Andrade

Ana Maria
Alves Esquárcio

Antonio
Herance Filho

Daniel Barbosa
da Silva

Douglas
Gavazzi

Elizeu Miguel
Campos Melo

Flávia
Pereira Hill

Gabriela
Almeida Marcon

Gian Luca Romano
Carneiro Pezzini

Humberto Dalla
Bernardina de Pinho

Jannice
Amóras Monteiro

João Rodrigo de
Morais Stinghen

Juliana Justo
B. Castello

Luiz Almeida
Marins Filho

Pedro Rocha
Passos Filho

Rachel Leticia Curcio
Ximenes de Lima Almeida

Ricardo
Santiago Teixeira

Samila Ariana
Alves Machado

Solange de
Souza Fagundes

Tiago de
Lima Almeida

Wilson Levy Braga
da Silva Neto

2023 © Editora Foco

Coordenadores: João Rodrigo de Morais Stinghen e Samila Ariana Alves Machado
Autores: Aline Rodrigues de Andrade, Ana Maria Alves Esquárcio, Antonio Herance Filho, Daniel Barbosa da Silva, Douglas Gavazzi, Elizeu Miguel Campos Melo, Flávia Pereira Hill, Gabriela Almeida Marcon, Gian Luca Romano Carneiro Pezzini, Humberto Dalla Bernardina de Pinho, Jannice Amóras Monteiro, João Rodrigo de Morais Stinghen, Juliana Justo B. Castello, Luiz Almeida Marins Filho, Pedro Rocha Passos Filho, Rachel Leticia Curcio Ximenes de Lima Almeida, Ricardo Santiago Teixeira, Samila Ariana Alves Machado, Solange de Souza Fagundes, Tiago de Lima Almeida e Wilson Levy Braga da Silva Neto

Diretor Acadêmico: Leonardo Pereira
Editor: Roberta Densa
Assistente Editorial: Paula Morishita
Revisora Sênior: Georgia Renata Dias
Capa Criação: Leonardo Hermano
Diagramação: Ladislau Lima e Aparecida Lima
Impressão miolo e capa: FORMA CERTA

DIREITOS AUTORAIS: É proibida a reprodução parcial ou total desta publicação, por qualquer forma ou meio, sem a prévia autorização da Editora FOCO, com exceção do teor das questões de concursos públicos que, por serem atos oficiais, não são protegidas como Direitos Autorais, na forma do Artigo 8º, IV, da Lei 9.610/1998. Referida vedação se estende às características gráficas da obra e sua editoração. A punição para a violação dos Direitos Autorais é crime previsto no Artigo 184 do Código Penal e as sanções civis às violações dos Direitos Autorais estão previstas nos Artigos 101 a 110 da Lei 9.610/1998. Os comentários das questões são de responsabilidade dos autores.

NOTAS DA EDITORA:

Atualizações e erratas: A presente obra é vendida como está, atualizada até a data do seu fechamento, informação que consta na página II do livro. Havendo a publicação de legislação de suma relevância, a editora, de forma discricionária, se empenhará em disponibilizar atualização futura.

Erratas: A Editora se compromete a disponibilizar no site www.editorafoco.com.br, na seção Atualizações, eventuais erratas por razões de erros técnicos ou de conteúdo. Solicitamos, outrossim, que o leitor faça a gentileza de colaborar com a perfeição da obra, comunicando eventual erro encontrado por meio de mensagem para contato@editorafoco.com.br. O acesso será disponibilizado durante a vigência da edição da obra.

Impresso no Brasil (06.2023) – Data de Fechamento (06.2023)

2023
Todos os direitos reservados à
Editora Foco Jurídico Ltda.
Rua Antonio Brunetti, 593 – Jd. Morada do Sol
CEP 13348-533 – Indaiatuba – SP
E-mail: contato@editorafoco.com.br
www.editorafoco.com.br

SINOPSE

Embora não possuam personalidade jurídica, os cartórios têm uma "administração em caráter privado" que, na prática, é igual a de uma empresa. Foi-se o tempo em que prestar serviços notariais e registrais limitava-se à prática de atos jurídicos. Para que a função principal seja desempenhada com eficácia é preciso administrar o cartório entendido como uma organização.

O objetivo deste livro é contribuir com essa importante atividade-meio.

Não se trata de obra sobre notas e registros, mas de um panorama técnico e científico sobre como os cartórios podem aprimorar seus serviços adaptando metodologias inovadoras próprias do mundo corporativo à realidade dos serviços notariais e de registro.

O leitor tem em mãos um conteúdo rico. Não é preciso ler a obra inteira para atestar isso. Basta observar a qualificação dos 24 autores, dentre os quais há doutores, mestres e especialistas, vários deles certificados com base em padrões ou instituições internacionais.

Cada capítulo é fruto de pesquisas sérias e de sólida experiência prática dos autores, profissionais reconhecidos em suas respectivas áreas. São 14 temas relevantes para a atuação prática das serventias extrajudiciais: LGPD, Compliance, Gestão, Emolumentos, Tributos, Visual Law, Desjudicialização, Centrais de Serviços Eletrônicos...

Mas a diversidade temática não retira a unidade da obra.

O pano de fundo é sempre o mesmo: a necessidade de qualificar profissionais da área extrajudicial (notários, registradores, escreventes, auxiliares, corregedores, advogados e fornecedores de cartórios em geral) para os desafios que as serventias enfrentam na sociedade contemporânea.

O leitor não apenas poderá tirar dúvidas sobre os temas abordado, mas também se aprofundar neles pelo rico repertório bibliográfico trazido pelos autores.

PREFÁCIO

Recebi, com muita honra, o convite para prefaciar a obra "Cartórios, Compliance e Transformação Digital". O título, por si só, causou-me um grande impacto positivo, pela perspectiva de temas que inovam e se interconectam com a atividade extrajudicial moderna. Ainda mais honrada fiquei quando obtive acesso aos textos e aos seus autores (todos referências acadêmicas e profissionais, com conhecimento ímpar e grande generosidade para compartilharem nesse projeto).

Questionei-me sobre a responsabilidade do meu papel e somente me tranquilizei quando compreendi que fui eleita para essa missão em razão de um único atributo: sou uma entusiasta da gestão aplicada às serventias brasileiras desde a minha assunção em primeira delegação no início de 2009. Por esse motivo, ler e apresentar um livro com tal narrativa é antes de tudo um encontro feliz com a minha missão diuturna como registradora imobiliária e como profissional atuante institucionalmente.

Nós delegatários temos o dever dos profissionais do direito e a responsabilidade dos gestores, funções profundamente conexas nos cotidianos dos cartórios brasileiros, até mesmo por imposição legal. Nesse ponto, veja-se que a Lei Federal n. 8.935, de 18 de novembro de 1994, determina a prestação de um serviço eficiente e que o gerenciamento administrativo e financeiro da unidade seja de responsabilidade exclusiva do seu titular (artigos 4º e 21). Para tanto, precisamos de qualificação e estudos contínuos, em especial pela dinamicidade das propostas nas searas correlatas.

De encontro com a temática, ao longo de dezesseis capítulos, a obra visita assuntos afetos à carga gerencial administrativa corrente das notas e registros do Brasil. Aborda-se desde governança a diversos aspectos de compliance, passando por proteção e compartilhamento de dados, desjudicialização, transformação digital, *visual law*, segurança da informação, tudo isso permeado com rigorismo jurídico, metodológico e irretocável clareza textual.

Trata-se de obra de fôlego e que nos proporciona um prazer imenso na leitura por tudo que foi exposto acima.

Considero, ainda, uma obra-guia para implementação ou revisão de um projeto de gestão das serventias, uma vez que propicia conceitos imprescindíveis ao estabelecimento de escopo organizacional e o direcionamento para a gestão da qualidade, com todos os parâmetros que estão contidos, a exemplo de foco no usuário, liderança, engajamento das pessoas, abordagem de processo, melhoria contínua, tomada de decisão com base em evidência e gestão de relacionamento.

Os autores nos brindam com as referências às melhores e mais atualizadas normas aplicáveis aos conteúdos, a exemplo do conjunto ISO (9001, 27001, 27005, 29134, 31000, 37001 e 38500), ABNT NBR 15.906:2021, Provimentos 74/2018 e 88/2019 da Corregedoria Nacional de Justiça, Lei Federal 13.709/2018 – LGPD e até mesmo com o regulamento do louvável Prêmio da Qualidade Total, promovido pela Associação dos Notários e Registradores do Brasil e, ainda, com modelos completos e didáticos. Temos verdadeiros "nudges" que nos incentivam ao agir de encontro a alta performance em todos os tópicos abordados pela obra.

No decorrer do texto não se olvidaram, porém, de reconhecerem as dificuldades das searas e para as concretizações das transformações necessárias, em especial no que tange às inovações tecnológicas e o delicadíssimo binômio publicidade e proteção de dados pessoais.

Contudo, é uma compilação de respostas e não de perguntas. O leitor sairá certamente satisfeito de suas dezesseis partes e na totalidade dos argumentos tratados.

Escrevo esse prefácio na primavera de 2022 e anseio que o frescor, perfume e o colorido da obra inspirem muitos delegatários e demais agentes das notas e registros do país em prol do progresso e contínua melhoria nos serviços prestados à população brasileira.

Deleitem-se!

Caroline Feliz Sarraf Ferri

Doutoranda em Direito pela UNIVALI e Universidade de Alicante. Mestre em Direito pela Universidade Federal do Paraná. Especialista em Direito Civil, Direito Notarial e Registral e Direito Registral Imobiliário. Oficiala do 1º Registro de Imóveis de Londrina-PR. Professora universitária. Diretora de Comunicação do Registro de Imóveis do Brasil. Diretora de Comunicação, Eventos e Qualidade da Associação dos Registradores de Imóveis do Paraná.

COORDENADORES E AUTORES

COORDENADORES

João Rodrigo de Morais Stinghen
Especialista em Direito Digital e proteção de dados pela Escola Brasileira de Direito (EBRADI). Advogado com experiência em Direito Digital, Notarial e Registral e autor de diversos artigos científicos nessas áreas. Consultor jurídico em privacidade e proteção de dados, certificado pela EXIN (PDPF, ISFS). Membro da Associação Nacional de Profissionais de Privacidade de Dados Pessoais (ANPPD). Membro da Comissão Nacional de Direito Notarial e Registral da Associação Brasileira de Advogados (ABA). Sócio do Instituto de Compliance Notarial e Registral (ICNR). Coordenador da obra *LGPD e Cartórios: implementações e questões práticas*, publicada pela Saraiva. E-mail: joao@icnr.com.br.

Samila Ariana Alves Machado
Especialista em Direito Notarial de Registral pela LFG. Bacharel em Direito e Jornalista. Coordenadora do Comitê de Conteúdo da ANPPD. Editora da Revista LGPD Magazine. Mais de 10 anos de experiência em cartórios, com diversos cursos em Direito Notarial e Registral, Compliance para Cartórios, Direito Imobiliário. Sócia do Instituto de Compliance Notarial e Registral (ICNR). E-mail: samila@icnr.com.br.

AUTORES

Aline Rodrigues de Andrade
Mestranda em Direito pela Universidade Estadual de Ponta Grossa. Especialista em Direito Administrativo e Direito Processual Civil pelo Instituto de Direito Romeu Felipe Bacellar. Bacharel em Direito pela Universidade Federal do Paraná. Advogada. E-mail: aline.andrade1672@gmail.com.br

Ana Maria Alves Esquárcio
Graduada em Direito pela Faculdade de Sabará-MG e pós-graduanda em Planejamento Tributário, Patrimonial, Familiar e Sucessório. Atuante nas áreas de Direito Civil, Digital, Tributário, Notarial e Registral. Consultora jurídica em programas para adequação e gestão da LGPD. Gestora no Instituto de Compliance Notarial e Registral (ICNR). Advogada e sócia do escritório Esquárcio & Félix Advocacia. E-mail: anamaria@icnr.com.br

Antonio Herance Filho
Especialista em Direito Processual Tributário pela PUC/SP, em Direito Constitucional e em Direito de Contratos pelo Centro de Extensão Universitária/SP e em Direito Registral Imobiliário pela PUC/Minas. Colunista do Boletim Eletrônico INR (Informativo Notarial e Registral). Advogado, palestrante, professor e empresário. Sócio do escritório Herance Sociedade de Advogados, da Boletins Informativos - editora das Publicações INR e da INR Contábil. Autor de vários artigos e obras na área do direito tributário aplicado às atividades notariais e de registro. Coordenador tributário da Consultoria INR e da INR Contábil. E-mail: herance@inr.com.br.

Daniel Barbosa da Silva
Analista Suporte em Infraestrutura de TI Pleno. Certificado DPO EXIN (PDPP / PDPF / ISO 27001) | SCRUM Foundation. Membro da Associação Nacional de Profissionais de Privacidade de Dados Pessoais (ANPPD). Analista Segurança da Informação. E-mail: danielbsilva2@gmail.com.

Douglas Gavazzi
Pós-graduado em Direito Notarial e Registral pela Escola Paulista de Direito. Graduado em Direito e Mestrando pela Universidade Nove de Julho e, Processamento de Dados pela Faculdades Integradas Claretianas. Professor de cursos de pós-graduação em Direito Notarial e Registral e de Direito Imobiliário nas instituições por todo o Brasil. Técnico em eletrônica. Técnico em Transações imobiliárias. Tabelião Substituto do 2º Tabelionato de Notas da Capital de São Paulo. Advogado licenciado. Corretor de Imóveis licenciado. Colunista do Colégio Notarial do Brasil – Conselho Federal. E-mail: gavazzi@gavazzi.cc.

Elizeu Miguel Campos Melo
Pós-graduando em Direito e Processo do Trabalho sob a perspectiva do Compliance Trabalhista, LGPD e decisões judiciais pós-reforma trabalhista e no MBA em Gestão Estratégica de Negócios. Pós-for-

mado em DPO no treinamento avançado DPO+. Certificado pela EXIN em (i) Information Security Foundation baseado em ISO/IEC 27.001, (ii) Privacy and Data Protection Foundation, (iii) Privacy and Data Protection Practitioner, (iv) Data Protection Officer, e (v) Privacy and Data Protection Essentials. Certificado pela CertiProf em Fundamentos na Lei Geral de Proteção de Dados. Advogado Trabalhista Empresarial e de Proteção de Dados Pessoais. DPO celetista e certificado pela EXIN. Coordenador do Comitê de Conteúdo da Associação Nacional dos Profissionais de Privacidade de Dados. Integrante da equipe editorial da revista LGPD Magazine. E-mail: elizeu.melo@outlook.com.br.

Flávia Pereira Hill

Doutora e Mestre em Direito Processual pela Universidade do Estado do Rio de Janeiro (UERJ). Professora-Associada de Direito Processual Civil da Universidade do Estado do Rio de Janeiro (UERJ). Pesquisadora visitante da *Università degli Studi di Torino*, Itália. Delegatária de serventia extrajudicial no estado do Rio de Janeiro. E-mail: flaviapereirahill@gmail.com.

Gabriela Almeida Marcon

Doutora em Administração pela Universidade do Vale do Itajaí. Mestre em Administração pela Universidade do Sul de Santa Catarina e Mestre em Engenharia e Gestão do Conhecimento pela Universidade Federal de Santa Catarina. Bacharel em Direito pela Universidade Federal de Santa Catarina. Oficial Registradora do 1º Registro de Imóveis de Cascavel/PR. E-mail: gabriela@almeidamarcon.com.

Gian Luca Romano Carneiro Pezzini

Especialista em Direito Processual Civil pelo Instituto de Direito Romeu Felipe Bacellar. Pós-graduando em Direito Desportivo pela Universidade Positivo. Bacharel em Direito pela Universidade Federal do Paraná. Advogado militante na área do Direito Notarial e de Registro na Macedo & Guedes Advocacia. E-mail: gianluca.pezzini@gmail.com.

Humberto Dalla Bernardina de Pinho

Pós-doutor pela *University of Connecticut School of Law*, instituição na qual é também Martin-Flynn Global Law Professor. Doutor, Mestre e Graduado pela UERJ. Professor Titular de Direito Processual Civil na UERJ e na Estácio. Procurador de Justiça no Estado do Rio de Janeiro. E-mail: humbertodalla@gmail.com.

Jannice Amóras Monteiro

Doutora em Direito Internacional pela Universidade de São Paulo (USP) e Doutoranda em Direito Civil e Comparado da Universidade de Buenos Aires (UBA). Mestra em Direito das Relações Sociais pela Pontifícia Universidade Católica de São Paulo (PUC-SP). Especialista em direito notarial e registral. Registradora de Imóveis em Belém (Pará). E-mail: jannicemonteiro@gmail.com.

Juliana Justo B. Castello

Doutora em Direito Processual pela USP. Mestre em Direitos e Garantias Fundamentais pela FDV. Especialista em Compliance – CCEP. Professora do Programa de Graduação e Pós-Graduação em Processo Civil da Faculdade de Direito de Vitória. Professora de Pós-graduação em Gestão Negociada de Conflitos da FDV. Professora de *compliance* comportamental na Pós-graduação em Gerenciamento de Riscos e Compliance da FDV. Coordenadora do grupo de pesquisa "Legal Hackers Vitoria: estudos avançados com egressos". Coordenadora do LINO-jus – laboratório de design jurídico e inovação da FDV. Pesquisadora do grupo Fundamentos do Processo Civil Contemporâneo – FPPC/UFES. Certificada em Design Thinking pela Cornell Tech. UX Designer. E-mail: jjbcastello@gmail.com.

Luiz Almeida Marins Filho

Historiador e Antropólogo, com Ph.D. pela School of Behavioural Sciences – Macquarie University) e pela Universidade de São Paulo (USP). Foi Professor da Universidade Federal de São Carlos/SP, da Faculdade de Tecnologia de São Paulo/SP, da Faculdade de Engenharia de Sorocaba/SP. Foi secretário de Educação e Saúde e Secretário de Coordenação e Planejamento de Sorocaba/SP. Foi presidente das empresas Consortium System (Nova York) e Triangle Freightliner of Raleigh (Carolina do Norte), além de membro do conselho diretor da Global Transport Traders. Reading, Pensilvânia. Autor de 31 livros, professor, consultor e palestrante. E-mail: professor@marins.com.br.

Pedro Rocha Passos Filho

Mestre em Ciência Jurídica (UNIVALI). Especialista em Direito Notarial e Registral (Damásio de Jesus). Especialista em Direito de Família (Damásio de Jesus). Tabelião de Notas e Protesto e Registrador Civil de Pessoas Naturais, Jurídicas e Títulos e Documentos no 2º Ofício de Óbidos-PA. E-mail: pedrorocha@cartoriorochapassos.com.br.

Rachel Leticia Curcio Ximenes de Lima Almeida

Doutora e Mestre em Direito Constitucional pela PUC-SP. Pós-graduada em Direito Notarial e Registral pela Escola Paulista da Magistratura (EPM-SP). Especialista em Proteção de Dados pelo INSPER, PUC/SP e pelo Mackenzie. Bacharel em Direito pela PUC-SP. Professora de Proteção de Dados e de Direito Notarial e Registral. Presidente da Comissão de Direito Notarial e de Registros Públicos da OAB-SP Gestão 2019-2021 e Gestão 2022-2024. E-mail: rachelximenes@yahoo.com.br.

Ricardo Santiago Teixeira

Especialista *lato sensu* em Direito Processual (Unama). MBA em Direito Tributário (FGV/RJ), em Direito Agroambiental e Minerário (UFPA) e mestrando em Direito, Políticas Públicas e Desenvolvimento Regional (Cesupa). Tabelião do Cartório Santiago Teixeira (Notas e Registro Civil das Pessoas Naturais). E-mail: notario@cartoriosantiagoteixeira.com.br.

Solange de Souza Fagundes

Doutorado em Ciências Jurídicas e Sociais pela Universidad del Museo Social Argentino, UNSA, conclusão em 2013. Especialização em Direito Público pela Faculdade Integrada de Pernambuco – FACIPE, conclusão em 2003. MBA em Poder Judiciário pela Fundação Getúlio Vargas, conclusão em 2008. Graduada em Direito pela Universidade Federal do Acre – UFAC, conclusão em 1990. Tabeliã/registradora do 1º Ofício Extrajudicial de Zé Doca/MA. Foi magistrada (atualmente aposentada) da Justiça Estadual do Acre, de 1995 a 2010, Professora universitária de graduação e pós-graduação, palestrante e conferencista sobre temas jurídicos. Desde agosto/2013. E-mail: fagundesol@bol.com.br

Tiago de Lima Almeida

Mestre Direito Constitucional pela PUC-SP. Pós-graduado em Direito Tributário pelo IBET. MBA em Gestão Tributária pela FUNDACE-USP. Doutorando em Direito pela PUC-SP. Bacharel em Direito pela PUC-MG. Professor de Direito Tributário e de Direito Notarial e Registral. Vice-Presidente da Comissão de Direito Notarial e de Registros Públicos da OAB-SP Gestão 2019-2021. E-mail: tiago@celsocordeiroadv.com.br.

Wilson Levy Braga da Silva Neto

Doutor em Direito pela PUC-SP, com estágio de pós-doutoramento em Urbanismo pela Universidade Presbiteriana Mackenzie. Mestre em Direito pela Universidade de São Paulo. Membro efetivo da Comissão de Direito Notarial e de Registros Públicos, a partir de 2020 da Ordem dos Advogados do Brasil – Seção de São Paulo (OABSP), de 2016 a 2019. Diretor do programa de pós-graduação em Cidades Inteligentes e Sustentáveis da UNINOVE. Membro do Núcleo de Estudos Urbanos da Associação Comercial de São Paulo. Membro da Comissão Examinadora do 12 Concurso Público de Provas e Títulos de Outorga de Delegações de Notas e Registros do Estado de São Paulo, representando a Ordem dos Advogados do Brasil – seção de São Paulo. Realiza estágio de pós-doutoramento em Direito da Cidade na Universidade do Estado do Rio de Janeiro. Advogado. E-mail: wilsonlevy@gmail.com.

SUMÁRIO

SINOPSE V

PREFÁCIO
Caroline Feliz Sarraf Ferri VIII

COORDENADORES E AUTORES IX

ORGANIZAÇÃO CARTÓRIO: GOVERNANÇA, CULTURA E *COMPLIANCE*
João Rodrigo de Morais Stinghen, Ana Maria Alves Esquárcio e Samila Ariana Alves Machado 1

OS DESAFIOS DE UMA GESTÃO EFICAZ
Luiz Almeida Marins Filho 11

COMPLIANCE APLICADO ÀS SERVENTIAS EXTRAJUDICIAIS BRASILEIRAS
Jannice Amóras Monteiro 19

SISTEMA ELETRÔNICO DOS REGISTROS PÚBLICOS E A ADEQUAÇÃO AO *COMPLIANCE* NOTARIAL E REGISTRAL
Aline Rodrigues de Andrade e Gabriela Almeida Marcon 39

A GRATUIDADE NOS SERVIÇOS NOTARIAIS E REGISTRAIS E A CONFORMIDADE NORMATIVA DO *COMPLIANCE*
Pedro Rocha Passos Filho e Ricardo Santiago Teixeira 51

COMPLIANCE TRIBUTÁRIO E AS ATIVIDADES NOTARIAIS E DE REGISTRO
Antonio Herance Filho 71

COMPLIANCE COMPORTAMENTAL: CONTRIBUIÇÕES PRELIMINARES DO *VISUAL LAW* AO *COMPLIANCE* NOTARIAL E REGISTRAL
Juliana Justo B. Castello 83

AS SERVENTIAS EXTRAJUDICIAIS: SUA IMPORTÂNCIA E A TRANSFORMAÇÃO PARA A VIA DIGITAL
Rachel Leticia Curcio Ximenes de Lima Almeida, Tiago de Lima Almeida e Wilson Levy Braga da Silva Neto 109

DESJUDICIALIZAÇÃO E ATOS PROBATÓRIOS CONCERTADOS ENTRE AS ESFERAS JUDICIAL E EXTRAJUDICIAL: A COOPERAÇÃO INTERINSTITUCIONAL ONLINE PREVISTA NA RESOLUÇÃO 350 DO CNJ
Flávia Pereira Hill e Humberto Dalla Bernardina de Pinho 123

A SEGURANÇA DA INFORMAÇÃO NAS SERVENTIAS EXTRAJUDICIAIS
Daniel Barbosa da Silva 143

AS CERTIDÕES NOTARIAIS E A LGPD APLICADA
Douglas Gavazzi 149

DO COMPARTILHAMENTO E DA INTERCONEXÃO DE DADOS PELAS SERVENTIAS EXTRAJUDICIAIS FACE A LGPD
Solange de Souza Fagundes 157

NOTÁRIOS, REGISTRADORES E A LGPD: UMA ANÁLISE ACERCA DA RESPONSABILIDADE CIVIL
Gian Luca Romano Carneiro Pezzini 173

O *PRIVACY BY DESIGN* APLICADO AOS CARTÓRIOS
Elizeu Miguel Campos Melo e João Rodrigo de Morais Stinghen 197

ORGANIZAÇÃO CARTÓRIO: GOVERNANÇA, CULTURA E *COMPLIANCE*

João Rodrigo de Morais Stinghen

Ana Maria Alves Esquárcio

Samila Ariana Alves Machado

Sumário: 1. O que é governança corporativa?; 1.1 Princípios da governança corporativa – 2. Aplicação da gestão corporativa nos cartórios; 2.1 Cultura organizacional; 2.2 Alinhamento de interesses e transparência; 2.2.1 Equipe do cartório; 2.2.2 Fornecedores; 2.2.3 Administração pública; 2.2.4 Usuários dos serviços; 2.2.5 Corregedorias – 3. Governança corporativa e *compliance*; 3.1 Código de conduta; 3.2 Canal de denúncias; 3.3 Programas de compliance – 4. Conclusão – 5. Referências.

1. O QUE É GOVERNANÇA CORPORATIVA?

A Governança Corporativa iniciou-se no século XX, e sua importância cresceu com o passar dos anos em razão da influência da Organização para a Cooperação e Desenvolvimento Econômico (OCDE). A OCDE passou a exigir de países membros – bem como de aspirantes a membros, como é o caso do Brasil – a adequação de suas instituições para contemplarem princípios de Governança.

No Brasil a preocupação com boas práticas de Governança Corporativa se acentuou com as privatizações e a abertura do mercado nacional, na década de 1990. Nesse período, foi criado o Instituto Brasileiro de Governança Corporativa (IBGC), almejando influenciar os protagonistas da sociedade na adoção de práticas transparentes, responsáveis e equânimes na administração de suas organizações.

Em 1999, o IBGC lançou seu Código das Melhores Práticas de Governança Corporativa, que passou ser a maior referência nacional na difusão do conhecimento a respeito das melhores práticas em Governança Corporativa.

Segundo o Código, "As boas práticas de governança corporativa convertem princípios básicos em recomendações objetivas, alinhando interesses com a finalidade de preservar e otimizar o valor econômico de longo prazo da organização, facilitando seu acesso a recursos e contribuindo para a qualidade da gestão da organização, sua longevidade e o bem comum".[1]

1.1 Princípios da governança corporativa

Os princípios básicos de governança são as condições mínimas para a criação de um ambiente de maior. São princípios:

- *Transparência:* Disponibilizar para as partes interessadas as informações de seu interesse e não apenas aquelas impostas por disposições de leis ou regulamentos. Não deve se restringir ao desempenho econômico-financeiro, contemplando demais fatores (inclusive intangíveis) que norteiam a ação gerencial e que conduzem à preservação e à otimização do valor da organização;

- *Equidade:* Caracteriza-se pelo tratamento justo e isonômico de todas as partes interessadas (*stakeholders*), levando em consideração seus direitos, deveres, necessidades, interesses e expectativas;

- *Prestação de contas* (accountability)*:* Os gestores devem prestar contas de sua atuação de modo claro, conciso, compreensível e tempestivo, assumindo integralmente as consequências de seus atos e omissões e atuando com diligência e responsabilidade no âmbito dos seus papéis;

- *Responsabilidade:* Os gestores devem zelar pela viabilidade econômico-financeira da organização, reduzir externalidades negativas e aumentar as positivas, levando em consideração os diversos capitais (financeiro, manufaturado, intelectual, humano, social, ambiental, reputacional etc.) no curto, médio e longo prazos.

A aplicação de tais princípios possibilita uma visão estratégica que facilita a administração da serventia. Tal aplicação se dá por meio dos seguintes fatores: (i) regras para de limitar o comportamento dos envolvidos nos processos do cartório, conduzindo suas decisões; (ii) mecanismos de monitoramento, tais como auditorias periódicas, para conferir se as regras estão sendo cumpridas

2. APLICAÇÃO DA GESTÃO CORPORATIVA NOS CARTÓRIOS

Segundo o IBGC, "Governança corporativa é o sistema pelo qual as empresas e demais organizações são dirigidas, monitoradas e incentivadas (...)".[2] Como se percebe, a Governança Corporativa não é aplicável apenas a empresas, mas tam-

---

1. IBGC. *Princípios que geram valor de longo prazo.* Disponível: https://www.ibgc.org.br/conhecimento/governanca-corporativa. Acesso em: 20 mar. 2022.
2. IBGC. *Código das melhores práticas de governança corporativa.* Disponível em: https://www.ibgc.org.br/conhecimento/governanca-corporativa. Acesso em: 30 de março 2022.

bém às "demais organizações". E nessa categoria se incluem os cartórios, definidos pelo art. 1º da Lei 8.935/94, como "organização técnica e administrativa".

2.1 Cultura organizacional

A cultura é reflexo do entendimento que o delegatário possui da atividade. Ela envolve a missão, a visão e os valores da serventia, bem com o *conjunto de práticas recomendadas para a concretização desse ponto de vista*.

A falta de uma *cultura bem definida dificulta* o engajamento dos colaboradores, gerando alta rotatividade, baixa produtividade e erros técnicos. Por outro lado, ter uma cultura bem estruturada possibilita maior êxito na atração e retenção de talentos, que desempenharão um trabalho bem feito.

A cultura exerce papel fundamental na motivação da equipe, preenchendo as atividades cotidianas de sentido. Atender o balcão, redigir uma minuta, emitir uma guia são atividades que podem se tornar mais cativantes quando vinculadas à cultura. O colaborador pode pensar: "Vou fazer essa minuta com máxima atenção, porque contribuo para nossa Missão de garantir a segurança jurídica"; ou "Vou atender com muito carinho essa pessoa que tem dificuldades de compreensão, porque neste cartório temos a Excelência no Atendimento como um valor".

É claro que não adianta colocar palavras bonitas no site (ou num papel) e esperar que, num passe de mágica, todo mundo esteja agindo diferente. A cultura não é implementada de uma hora para outra, mas fruto de um processo contínuo, do qual fazem parte treinamentos periódicos, divulgação permanente e incentivos (pecuniários e psicológicos).

O *Ponto de Vista Educativo* (PVE) é o instrumento pelo qual a serventia delimita sua cultura de maneira concreta e detalhada. A missão, a visão e os valores elementos centrais do PVE, os quais são explicados e exemplificados na tabela abaixo:

Elemento	Descrição	Exemplo: 3º Registro de Imóveis de Fortaleza[3]
Missão	O propósito do cartório existir, a razão pela qual faz diferença na vida das pessoas.	Garantir a publicidade, autenticidade, segurança jurídica e eficácia dos atos jurídicos praticados na circunscrição de sua competência, fundamentando-se na legislação atual, com eficiência e melhoria contínua, proporcionando a satisfação dos clientes.
Visão	Onde o cartório quer chegar em um determinado lapso de tempo, incluindo a percepção que gostaria que a sociedade tivesse dele.	Ser reconhecido nacionalmente como Cartório de referência em governança e gestão participativa. (Visão para 2023).

---

3. Disponível em: http://www.torifortaleza.com.br/missao-visao-valores.html.

Elemento	Descrição	Exemplo: 3º Registro de Imóveis de Fortaleza[3]
Valores	Define os comportamentos e atitudes que devem pautar a conduta da equipe.	*Segurança Jurídica dos atos praticados*: Conferir os títulos e praticar os atos fundamentando-se nas legislações, normas e provimentos vigentes que regulamentam o Registro Imobiliário. *Satisfação do Colaborador*: Buscar a satisfação dos nossos colaboradores valorizando-os através do respeito, treinamento, desenvolvimento e benefícios. *Satisfação do Usuário*: Satisfazer os usuários através da excelência no atendimento, da execução célere dos processos e da segurança jurídica. *Celeridade*: Superar as expectativas das partes interessadas em relação aos prazos legais. *Ética e Transparência*: Zelar pela igualdade de tratamento aos usuários (internos/externos), com impessoalidade, moralidade e transparência dos atos (jurídicos e de gestão) praticados. *Preocupação Socioambiental*: Promover a conscientização e atitudes ambientais entre os nossos usuários (internos/externos) e praticar ações sociais entre os colaboradores e a comunidade.

Fonte: autoria própria, com parte do conteúdo extraído do website da serventia mencionada

O leitor pode encontrar todas as informações para produzir esse documento através do ebook "Como Implantar uma Nova Cultura na Empresa", disponibilizado gratuitamente pelo professor Marcelo Germano.[4]

2.2 Alinhamento de interesses e transparência

As boas práticas de Governança alinham os *interesses de todas as partes envolvidas na atividade da serventia* (*stakeholders*), sejam elas internas (titular, interino, interventor, substitutos, funcionários) ou externas (corregedorias, Administração Pública e usuários do serviço).

Tal alinhamento depende da *transparência*, que se concretiza pela "divulgação clara, tempestiva e acessível de informações sobre sua estratégia, políticas, atividades realizadas e resultados".[5]

A transparência é apenas se ocorrer uma *comunicação eficaz*, que deve ser adaptada a cada tipo de stakeholder. Envolve uma divulgação genérica (textos no site, cartazes no mural de avisos da serventia, códigos de conduta) até uma mais individualizada (reuniões com colaboradores, e-mails a fornecedores, conversas breves com usuários do serviço, durante o atendimento no balcão).

É evidente que a noção de transparência corporativa precisa de adaptações para a atividade notarial e registral. Uma vez que ninguém faz investimentos em cartórios ou mesmo adquire um cartório por transação pecuniária, a divulgação

---

4. O Ebook é disponibilizado entre os links que constam na descrição do perfil do Instagram da empresa dele: https://www.instagram.com/empresaautogerenciavel.
5. IBGC. *Código das melhores práticas de governança corporativa*. Disponível em: https://www.ibgc.org.br/conhecimento/governanca-corporativa. Acesso em: 30 mar. 2022.

de dados financeiros é irrelevante, sendo suficiente, para fins de transparência, a publicização do faturamento da serventia já feita por meio do Justiça Aberta do Conselho Nacional de Justiça (CNJ).

Nos cartórios, a transparência mais pertinente é aquela que abarca a *transmissão dos valores éticos* que a serventia segue, bem como do que se espera das partes interessadas em relação a isso e quais as consequências do descumprimento dessas orientações.

2.2.1 Equipe do cartório

A equipe do cartório deve ser orientada quanto aos deveres que vão além do simples cumprimento da jornada de trabalho e das atribuições técnicas de cada função (atender no balcão, qualificar documentos, redigir minutas etc.). O delegatário deve assegurar que os colaboradores estejam alinhados os interesses do cartório (enquanto organização), por meio das seguintes atividades:

i) *Orientação:* é preciso que haja regras claras do que deve e não deve ser feito, bem como da responsabilidade por infrações;

ii) *Monitoramento:* promove uma cultura de prestação de contas que previne falhas e minimiza impactos das falhas inevitáveis;

iii) *Registros:* as atividades de orientação e monitoramento devem ser documentadas, permitindo avaliação por meio de indicadores concretos;

iv) *Punição:* sanções previamente divulgadas devem ser aplicadas a situações de infração, sob pena de não haver efetividade nenhuma no programa de governança.

2.2.2 Fornecedores

Já os fornecedores do cartório devem ser orientados e fiscalizados proporcionalmente, conforme o tipo de relação jurídica que tenham com a serventia. É muito diferente a relação que o cartório mantém com um advogado, por exemplo, do que com um fornecedor de material de escritório.

Ainda assim, por mais simples que seja, toda relação contratual traz riscos. No exemplo citado, um fornecedor de material de escritório talvez seja o que possua a relação jurídica do tipo mais simples. Ainda assim, há diversas possibilidades de ricos. Esses fornecedores podem subornar um colaborador com "comissões" de venda para manter seu contrato, o que é antiético. Ele também pode fornecer produtos sem a devida nota fiscal, fraudando o Fisco. Sem contar que pode tentar "enganar" a serventia, vendendo produtos falsificados.

Se é assim com esse fornecedor, o risco se multiplica na contratação de advogados, contadores, fornecedores de sistemas operacionais, empresas de pagamento etc. Por isso, é preciso manter uma cultura de *due dilligence* em relação a todos os fornecedores.

A punição no caso do descumprimento dessas regras é a rescisão do contrato, em primeiro lugar, sem prejuízo de medidas cabíveis perante o Poder Judiciário.

2.2.3   Administração Pública

Essa fiscalização também deve ser estendida aos órgãos públicos com o qual o cartório possua relação, seja por obrigação legal ou por meio de convênios específicos.

Mesmo que a relação dos cartórios com esses órgãos seja intermediada pelas entidades de classe, isso não afasta o dever de cada delegatário em resguardar a ética e a legalidade de todos os atos que passam pelo seu crivo.

Em suma, existe uma divisão de tarefas: se cobrança de alterações/adaptações provavelmente se pautará por uma atuação coletiva, por meio das entidades de classe, a fiscalização é individual.

2.2.4   Usuários dos serviços

Quanto aos usuários dos serviços, o grau de orientação e fiscalização é menor, mas não inexistente. Os "clientes" devem ser orientados sobre o que podem esperar do cartório no tocante à legalidade e à ética.

E às vezes essas pessoas podem tentar cometer ilícitos por simples falta de orientação. Por exemplo, a cobrança de "taxas de urgência" é uma infração na atividade notarial e registral, mas muitas pessoas podem se enganar sobre isso, na medida em que tais "taxas" são comuns na iniciativa privada. A orientação clara sobre o tema previne constrangimentos aos usuários do serviço, bem como situações "tentadoras" para colaboradores que recebam propostas do tipo.

O "cliente" também deve ser muito bem orientado sobre as consequências tentativas de cometer atos ilícitos. Deve ficar claro que serão comunicadas às autoridades competentes ações desse como apresentação de documentos falsos, grilagem, perjúrios, subornos, ameaças etc. O ser humano é muito influenciado pelo comportamento alheio. Por mais que alguém possa pensar que todos sabem que isso não pode, o simples fato de anunciar as vedações já desencoraja muitos "espertinhos".

2.2.5   Corregedorias

As corregedorias, por sua atribuição legal de fiscalização da atividade notarial e de registro, exercem um papel muito importante para garantir o cumprimento dos princípios previstos no art. 37 da CF. Nesse sentido, contribuem para uma cultura de integridade nas serventias, o que é muito positivo.

A experiência prática na consultoria para cartórios revela que essa relação nem sempre é livre de atritos e incompreensões de ambos os lados. Não significa ficar inerte diante de injustiças, que devem ser resolvidas pelas vias previstas na legislação. O que se propõe aqui é um olhar diferenciado, orientado ao que é positivo e funcional, em vez de fixado no negativo.

Em vez de enxergar o corregedor como um carrasco e a Taxa Judiciária como uma espoliação, pense nos corregedores como se fossem consultores contratados para auditorias periódicas, que vão destacar falhas que precisam serem corrigidas e, com isso, auxiliar a serventia a seguir sua atividade livre de sanções e condenações.

3. GOVERNANÇA CORPORATIVA E *COMPLIANCE*

Por meio de estruturas de incentivo"[6] (políticas, normas, procedimentos, treinamentos, campanhas etc.), o compliance visa a criar um "um sistema de prevenção de responsabilidade".[7]

Alguém poderia pensar: compliance não seria apenas uma maneira "americanizada" de dizer que os cartórios se pautam pelo princípio da *legalidade*? Mas há uma diferença. O princípio da legalidade é uma decorrência do caráter público da atividade, sendo um dos princípios do art. 37 da CF; isso significa que o cartório, em sua atuação, parte da lei e atua em seus limites. A lógica da legalidade é *reativa*: "se existe a lei, devo cumpri-la". E o compliance é proativo que reativo.[8-9]

A Governança se relaciona com o Compliance como fim e meio; ou seja, os instrumentos de compliance contribuem para a efetividade do sistema de governança.[10] Quando se conecta com cultura do cartório, o compliance passa a ser

---

6. SAAD-DINIZ, Eduardo; SILVEIRA, Renato M. J. A noção pena dos programas de compliance e as instituições financeiras na "nova lei de lavagem" – Lei 12.683/2012. *Revista de Direito Bancário e do Mercado de Capitais*, v. 57, p. 267-279, jul.-set. 2012.
7. BELLO, Douglas S.; SAADAVEDRA, Giovani A. A necessária reflexão acerca da expansão legislativa do compliance decorrente da relação de criptomoedas como os bitcoins e a lavagem de dinheiro. *Revista Brasileira de Ciências Criminais*, v. 147, p. 251-272, set. 2018.
8. Anselmo, Márcio Adriano. Compliance, direito penal e investigação criminal: uma análise à luz da iso 19600 e 37001. *Revista dos Tribunais*, v. 979, p. 53-67, maio 2017.
9. Desse modo, o compliance guarda íntima relação com o ideário de prevenção, pois a partir dele, empresas se organizam a fim de instituir um sistema de prevenção de responsabilidade, bem como de cumprimento da legislação. Dessa feita, verifica a relação do compliance com o direito penal, uma vez que aquele enseja uma nova análise, a qual passa a englobar não só a defesa em processo criminal, mas a evitação desse (BELLO, Douglas S.; SAAVEDRA, Giovani A. A necessária reflexão acerca da expansão legislativa do compliance decorrente da relação de criptomoedas como os bitcoins e a lavagem de dinheiro. *Revista Brasileira de Ciências Criminais*, v. 147, p. 251-272, set. 2018).
10. IBGC. *Compliance à luz da Governança Corporativa*. Disponível em: https://conhecimento.ibgc.org.br/Paginas/Publicacao.aspx?PubId=23486. Acesso em: 30 mar. 2022.

encarado do ponto de vista estratégico (ser *compliant*), em vez de simplesmente operacional (estar em compliance). Para entender:

> Há uma grande tendência de caracterizar o *compliance* como uma atividade operacional ("estar em *compliance*") e não estratégica ("ser *compliant*"), alinhada à identidade organizacional e a comportamentos éticos. Estar em *compliance* é cumprir a legislação e as políticas internas por mera obrigação ou para reduzir eventuais penalidades, caso a organização sofra uma punição. Ser *compliant* é o cumprimento consciente e deliberado da legislação e de políticas internas, guiado pelos princípios e valores que compõem a identidade da organização, visando sua longevidade.[11]

Devidamente alinhado à cultura, o compliance promove a integridade como um valor na serventia, criando um ambiente mais propício ao cumprimento dos deveres éticos e legais.

3.1 Código de conduta

O Código de Conduta estabelece parâmetros concretos de comportamento para implementar a cultura do cartório.

> Cada organização deve contar com seu próprio código de conduta, que deve refletir sua identidade e cultura. O código de conduta aplica-se a administradores, sócios, colaboradores, fornecedores e demais partes interessadas e abrange, ainda, o relacionamento entre elas. Ele deve expressar o compromisso da organização, de seus conselheiros, diretores, sócios, funcionários, fornecedores e partes interessadas com a adoção de padrões adequados de conduta.[12]

O Código precisa prever de maneira clara as condutas consideradas desejadas. Também deve descrever as infrações, com as respectivas sanções, que devem ser aplicadas mediante contraditório e ampla defesa. Isso pode parecer um pouco forte para algumas pessoas, mas é melhor punir um colaborador com sanções disciplinares do que demiti-lo do cometendo ilícitos civis ou criminais (pelos quais o delegatário pode responder também!).

O comportamento da equipe sempre é reflexo do seu gestor. Como guardião dos princípios e valores da serventia, o delegatário é o responsável por dar o exemplo no cumprimento do Código. Ou seja: não adianta inventar um monte de regrinhas para os outros e negar sua importância com a prática displicente. O nome disso é hipocrisia.

---

11. IBGC. *Compliance à luz da Governança Corporativa*. Disponível em: https://conhecimento.ibgc.org.br/Paginas/Publicacao.aspx?PubId=23486. Acesso em: 30 mar. 2022.
12. IBGC. *Código das melhores práticas de governança corporativa*. Disponível em: https://www.ibgc.org.br/conhecimento/governanca-corporativa. Acesso em: 30 mar. 2022.

3.2 Canal de denúncias

O Canal de Denúncias deve ser regulamentado no Código de Conduta. Trata-se de "instrumento relevante para acolher opiniões, críticas, reclamações e denúncias, contribuindo para o combate a fraudes e corrupção e para a efetividade e transparência na comunicação e no relacionamento da organização com as partes interessadas".[13]

Para ser funcional, o Canal de Denúncias depende de dois elementos fundamentais: (i) garantia de confidencialidade para o denunciante; (ii) apuração da denúncia, com aplicação de sanções, se for o caso; (iii) *feedback* ao denunciante, informando o resultado da apuração.

3.3 Programas de compliance

Algumas normas jurídicas têm conteúdo voltado ao Compliance. Isso significa que, para cumpri-las, a serventia precisa implementar programas de conformidade. São exemplos: a Lei de Lavagem de Dinheiro (Lei 9.613/1998), a Lei Geral de Proteção de Dados Pessoais (Lei 13.709/2018) e a Lei Anticorrupção (Lei 12.846/2013).[14]

A Lei de Lavagem de Dinheiro é regulamentada pelo Provimento 88/2018 do CNJ determina a criação de uma política antilavagem, minuda de medidas concretas para sua efetivação (treinamentos, procedimentos e mecanismos de monitoramento). Já a LGPD é regulamentada por provimentos das corregedorias, os quais exigem a realização de um programa de adequação com políticas, procedimentos, treinamentos.

Não é objetivo deste capítulo esmiuçar os detalhes programas desses programas de compliance, pois isso já foi feito em obras específicas: (i) Manual de Compliance Notarial e Registral (Editora Lepanto),[15] (ii) LGPD e Cartórios: implementação e questões práticas (Editora Saraiva).[16]

4. CONCLUSÃO

Apesar de originalmente desenvolvidos para empresas, as boas práticas de Governança e Compliance podem ser implementadas em qualquer organização, incluindo os cartórios.

---

13. IBGC. *Código das melhores práticas de governança corporativa*. Disponível em: https://www.ibgc.org.br/conhecimento/governanca-corporativa. Acesso em: 30 mar. 2022.
14. No caso dos cartórios, apenas esta última não é obrigatória.
15. STINGHEN, João R.; ZAMPIER, Bruno; ANDRADE, Aline R. *Manual de* compliance *notarial e registral*. Lepanto Editorial, 2020.
16. TEIXEIRA, Tarcisio. STINGHEN, J. R.; LIMA, Adrianne C.; JABUR, Mirian E.; KARAM, Marcelo M (Coord.). *LGPD e Cartórios: implementação e questões práticas*. São Paulo: Saraiva, 2021.

Tendo em vista sua gestão em caráter privado, as serventias podem se valer da Governança e do Compliance para buscar produtividade, reduzir conflitos de interesse. Além disso, fornecem ferramentas poderosas para prevenir riscos de sanções e condenações em todas as esferas de responsabilidade (trabalhista, fiscal, cível, administrativa e penal).

E mesmo que não evite a aplicação da punição, a existência de boas práticas de governança contribui para o abrandamento de penas, na medida em que demonstram o comprometimento do cartório com a ética e a conformidade legal.

Além desses benefícios, tais medidas se conectam com a função dos serviços notariais e registrais, isto é, promover a segurança jurídica. Afinal, essa tarefa pressupõe padrão elevado de gestão e integridade.

5. REFERÊNCIAS

ANSELMO, Márcio Adriano. Compliance, direito penal e investigação criminal: uma análise à luz da iso 19600 e 37001. *Revista dos Tribunais*, v. 979, p. 53-67, maio 2017.

BELLO, Douglas S.; SAAVEDRA, Giovani A. A necessária reflexão acerca da expansão legislativa do compliance decorrente da relação de criptomoedas como os bitcoins e a lavagem de dinheiro. *Revista Brasileira de Ciências Criminais*, v. 147, p. 251-272, set. 2018.

BENEDETTI, Carla Rahal. Criminal compliance: instrumento de prevenção criminal corporativa e transferência de responsabilidade penal. *Revista de Direito Bancário e do Mercado de Capitais*, v. 59, p. 303, jan. 2013.

COLÉGIO REGISTRAL DO RIO GRANDE DO SUL. *Público, porém privado* – uma visão sobre as funções notariais e registrais no Brasil. Disponível em: https://www.colegioregistralrs.org.br/doutrinas/publico-porem-privado-uma-visao-sobre-as-funcoes-notariais-e-registrais-no--brasil/. Acesso em: 30 mar. 2022.

IBGC. *Código das melhores práticas de governança corporativa*. Disponível em: https://conhecimento.ibgc.org.br/Paginas/Publicacao.aspx?PubId=21138. Acesso em: 30 mar. 2022.

IBGC. *Compliance à luz da governança corporativa*. Disponível em: https://conhecimento.ibgc.org.br/Paginas/Publicacao.aspx?PubId=23486. Acesso em: 30 mar. 2022.

IBGC. *Governança Corporativa*. Disponível: https://www.ibgc.org.br/conhecimento/governanca--corporativa. Acesso em: 20 mar. 2022.

SAAD-DINIZ, Eduardo; SILVEIRA, Renato M. J. A noção pena dos programas de compliance e as instituições financeiras na "nova lei de lavagem" – Lei 12.683/2012. *Revista de Direito Bancário e do Mercado de Capitais*, v. 57, p. 267-279, jul.-set. 2012.

STINGHEN, João R.; ZAMPIER, Bruno; ANDRADE, Aline R. Manual de *compliance notarial e registral*. Lepanto Editorial, 2020.

TEIXEIRA, Tarcisio. STINGHEN, J. R.; LIMA, Adrianne C.; JABUR, Mirian E.; KARAM, Marcelo M (Coord.). *LGPD e cartórios*: implementação e questões práticas. São Paulo: Saraiva, 2021.

OS DESAFIOS DE UMA GESTÃO EFICAZ

Luiz Almeida Marins Filho

Sumário: 1. Introdução – 2. Ser chefe, ser líder – 3. Saber ouvir – 4. Saber falar – 5. A organização – 6. As reuniões – 7. Planos e projetos – 8. O subordinado como pessoa.

1. INTRODUÇÃO

Se há algo complexo nos dias atuais, é a tarefa de *administrar*.

Administrar exige uma série de atributos pessoais do administrador e um suporte administrativo sério, descomplicado e eficaz. São tantas as teorias e propostas científicas em nível de administração que as pessoas que desejam saber um pouco mais sobre, de fato, como administrar melhor, quase sempre ficam perdidas em um emaranhado de teorias, fluxogramas, cronogramas, organogramas etc. e quase sempre continuam administrando mal, não sabendo o que fazer de sua gerência e com seus problemas mais próximos, mais reais e às vezes inadiáveis.

A solução então é fazer um curso de administração. Mas via de regra, os cursos são tão complexos, tão distantes da realidade do pequeno e médio administrador de uma empresa real, que pouco auxilia e muito atrapalha. Conselhos aparecem: "o negócio é ter bom senso", dizem uns, já descrentes de tanta teoria e pouca eficácia.

Certa vez, um administrador de empresas me disse que em sua sala não cabia mais nenhum certificado de curso sequer. E essa é uma triste realidade, principalmente com o administrador de uma empresa média, que tem poucos elementos realmente qualificados, que tem que fazer com que o time todo "vista a camisa" e trabalhe o tempo todo, todos fazendo de tudo um pouco para que o lucro seja razoável para todos, os salários sejam compatíveis com os compromissos pessoais dos membros da pequena equipe etc.

O desafio da administração moderna é justamente este: o excesso de informações genéricas, de muitas teorias novas que são realmente boas, mas, desenvolvidas para uma determinada situação. Lá ela deu certo. Não significa que tenha que ser universalmente boa! E de teorias, de técnicas, de novidade em novidade, o administrador vai se perdendo.

O nosso dicionário "Aurélio" define de forma espetacular o que é *técnica*:

"Técnica, S.f. 1......, 2. Maneira, jeito ou habilidade especial de executar ou fazer algo".

Administrar é uma técnica baseada em conhecimentos e princípios científicos. Existem tantas técnicas de administração quantas forem as situações em que um problema deva ser resolvido na área administrativa.

Uma empresa pequena ou média, uma filial, uma Divisão, um Setor, são na realidade um conjunto de pessoas que buscam os mesmos objetivos comuns. Administrar é conseguir com que esse grupo trabalhe harmonicamente, cada um dando tudo de si, para a consecução dos objetivos do grupo, que deverá ser o objetivo social da empresa. Administrar é motivar. É trabalhar com homens que são diferentes entre si, mas unidos nos objetivos sociais de uma empresa.

Novamente o dicionário brasileiro "Aurélio" nos diz o que é *empresa*:

> *"Empresa. (ê) S.f.1. Aquilo que se empreende; empreendimento: 'Apesar dos obstáculos não desistiu da empresa".*

E a palavra *empreender*, significa:

> *"Empreender. V.t.d. 1. Deliberar-se a praticar, propor-se, tentar (empresa laboriosa e difícil). 2. Pôr em execução".*

Assim, em última análise, uma *empresa* é uma *vontade*, posta em prática na forma jurídica específica.

A função do administrador, então, é manter acesa a chama da vontade inicial ou modificada pelo consenso, fazendo com que o grupo de pessoas que compõe a empresa, *ponha em execução* aquele desejo, realizando-o, para o bem comum.

Ao mesmo tempo em que é simples, administrar exige conhecimentos específicos dentro da simplicidade. Neste texto, pretendemos analisar alguns aspectos que consideramos importantes e que quase nunca são tratados por compêndios de administração, talvez, porque os grandes especialistas julgam o que vamos aqui expor, simples demais, fácil demais. Nós, porém, acreditamos que neste conjunto de conselhos está inserida a proposta de uma administração eficaz.

2. SER CHEFE, SER LÍDER

Outra vez estamos diante de um problema: são inúmeras as definições de *líder*. Todos os livros apontam discussões imensas, propõem definições as mais diversas, ensinam técnicas as mais variadas para fazer de uma pessoa, um líder. Todos nós já tentamos, ao menos uma vez na vida, seguir alguns desses conselhos. Algumas vezes, de início, parece que as coisas vão melhorar. Temos a impressão mesmo, que estamos nos tornando líderes. Logo a pressão do cotidiano nos faz esquecer os conselhos "enlatados" e ficamos novamente à mercê do dia a dia e de voltas à rotina.

É claro que ser *chefe* não significa ser líder. Chefe é o chefe, isto é, aquele que tem o direito de mandar (e nem sempre manda). Líder é aquele que convence o grupo a andar, mesmo não sendo o chefe. Tem certas coisas que não precisam de definição. Todos nós, e qualquer pessoa, sabe quem é o chefe. E qualquer pessoa sabe quem é o líder. Quando essas duas qualidades ou atributos pessoais estão reunidas numa mesma pessoa, então, *ótimo*! Temos um chefe-líder. Isto é o ideal!

E por mais que digam ao contrário, não há nenhuma fórmula mágica para *ser líder*, de uma hora para outra. Ninguém nasce líder, assim com ninguém nasce chefe. Às vezes as pessoas são promovidas porque eram líderes em funções que estavam. Basta que sejam promovidas e deixam de exercer liderança no grupo! Às vezes, o líder é aquele que mais entende do assunto "em pauta". Os conhecimentos dele são tão grandes que ele "domina", ou lidera, tranquilamente aquela determinada situação. Mas o líder poderá ser um que não seja o que mais entende do assunto, mas ser o "mais aberto" ou o mais disposto a entender, a participar, a discutir, a correr riscos etc... Há uma característica de quase todos os líderes, de fato, isto é líderes autênticos. 'Eles não têm medo de liderança alheia! O líder autêntico sabe passar a bola para que o outro marque o gol desde que o outro esteja melhor colocado que ele próprio. Ele sabe que sua liderança não depende de pequenas coisas e sabe que ser líder é saber promover os seus companheiros. Às vezes nós pensamos que o líder é o "falante", é o "farrista". Podemos estar totalmente enganados. Esses poderão ser apenas falantes e farristas e a liderança real ser exercida pelo mais quieto e introvertido membro do grupo. Assim, fica visto que não há receita mágica para a fabricação de líder. Ele só existe quando há a espontaneidade dos membros do grupo em segui-lo, ou ouvi-lo. Na liderança não há imposição.

3. **SABER OUVIR**

Uma das principais características positivas da chefia é *saber ouvir*. Ouça, com atenção. Respeite as pessoas que estão falando com você.

Mesmo porque, não ouvir com atenção é no mínimo, uma burrice. Explico por quê: você está ali, naquele local. A pessoa está à sua frente, falando. Se você não ouvir, você também não fará outra coisa, uma vez que essa pessoa está à sua frente. Sua vida toda, tudo o que você fez, estudou, é, enfim, resume-se em ouvir a pessoa que está falando com você na hora em que ela está falando com você e não na hora em que ela não está. A nossa vida é composta de segundos, minutos e horas. Se você não concentrar *toda a sua inteligência e vontade* no momento presente em que você está vivendo, você estará morto naquele momento da sua vida, que nunca mais voltará. E a única diferença fundamental entre os demais animais e o homem é a nossa capacidade de *pensar, discernir* (inteligência) e de *agir*, *optar* (vontade). Só *vive* aquele que concentra toda a sua inteligência e vontade no momento presente. E se num determinado momento alguém quiser falar-lhe, sua *vida* resume-se em ouvi-lo atentamente!

Ademais, um chefe que só fala e não ouve fica embutido na própria ignorância dos fatos das coisas que se passam por dentro de sua empresa.

Todos nós conhecemos a figura de um chefe que nunca está disposto a ouvir. Depois de algum tempo, não encontrará nenhum subordinado disposto a lhe falar. Todos já sabem que ele não ouve!

4. SABER FALAR

Falar também é importante. Não se trata de saber fazer discursos. Isto poderá às vezes ser também necessário. Trata-se, isto sim, de saber *o que falar*. Isto é, não falar asneiras ou bobagens sem conhecimento prévio do que está falando.

O saber falar está intimamente ligado ao saber ouvir. O chefe que ouve tem condições de falar sobre os assuntos de forma moderado, com conhecimento das coisas. Nada é pior de que um chefe que por desejo de falar, se mete a falar do serviço dos outros que ele não entende, nunca fez e não tem sequer ideia de como se faz. Isto é realmente triste. E é o que tem mais! Procure saber, antes de falar! Se existe alguém que sabe mais que você, deixe que ele fale. Você nunca ficará diminuído se souber promover quem sabe. E quem sabe, fica satisfeito em ver que você reconheceu nele o que lhe é devido e o apoiará em sua chefia, cada vez mais.

Elogie! Não seja dos tipos de chefes que demonstram a todo o momento a sua insegurança, procurando defeito nos trabalhos de todos os subordinados para dizer que "ele é o bom".

Dê "feedbacks" positivos. *Ressalte* o que está bom e *aponte* o que poderia ser melhor. Não menospreze o subordinado na frente de alguma pessoa, seja ela quem for.

Quando falar em público, faça menção das pessoas que colaboraram para o êxito de um determinado trabalho e fale a verdade, isto é: "que se não fossem eles o trabalho não seria feito" uma vez que você pouco fez diretamente para a execução do serviço.

Não se despreze demais! Saiba seu verdadeiro lugar. Mostre e demonstre segurança em sua chefia. Para tanto, *acompanhe* os trabalhos, saiba de todo, não em todos os detalhes, mas nos aspectos essenciais da operação.

Não se mostre desesperado quando seus subordinados lhe contarem alguma coisa de terrível que aconteceu. Isto fará com que das próximas vezes você seja poupado de saber das coisas ruins. Demonstre calma e entenda que de fato tudo isto pode acontecer mesmo. Depois tome as providências (ou imediatamente, se for o caso), mas com firmeza, segurança e *calma*! Chefe histérico é a pior coisa que existe!

Fale sempre direta e sinceramente, sem muitos rodeios e fantasias de palavrórios com os quais não está acostumado. Não seja metido! Lembre-se que o mundo vira!

5. A ORGANIZAÇÃO

Seja organizado em sua chefia.

Ninguém gosta de trabalhar de forma bagunçada. Acostume-se a verificar se as ordens e orientações que você costuma dar não são contraditórias e muitas vezes foco de tensão e ansiedade. Tente perceber se você não tem o costume de pedir as coisas para "ontem", não percebendo que as pessoas vivem hoje e que têm certas coisas que só servem para irritar as pessoas, uma vez que são, de fato, impossíveis. Há chefes que gostam de "despejar" ordens sobre seus subordinados para mostrar a eles que são ocupados, importantes e que têm muitas coisas na cabeça ao mesmo tempo. Acostume-se a colocar-se no lugar de seu subordinado antes de cobrar dele coisas impossíveis.

Verifique as condições de trabalho do pessoal que trabalha com você. Veja se não estão todos, de fato, mal acomodados, com coisas estragadas, computadores defasados, antigos demais, ambientes sujos, sanitários fedidos, café horrível, água quente para beber, cadeiras bambas etc. A produção exige ambiente propício! Lembre-se que você, a primeira coisa que fez (ou quis fazer) foi "ajeitar" sua sala que até você chama de "gabinete do chefe"! Basta você se lembrar disso e dará razão para muitas reclamações que você, agora que está "por cima" acha que são impertinentes e até exageradas.

Não perca a *sensibilidade* de subordinado para exercer bem a sua chefia!

Você, que tem mais experiência que seus subordinados, ajude-os a organizar melhor seus próprios trabalhos, ensine-os a fazer fluxogramas, cronogramas e discuta com eles as vantagens de um trabalho organizado. Não mande desnecessariamente! Se você já sabe que o seu subordinado *não é capaz* de fazer determinado serviço da maneira como você deseja, *não o mande fazer*. Ou ensine-o antes! Muito chefe é realmente sádico: manda um fulano fazer uma coisa que nunca fez. Não diz como fazer, não fala nada e quer que tudo saia perfeito. E quando sai quase perfeito, aponta logo os defeitos!

Assuma uma chefia adulta, e não "jogue" com seus subordinados e com a capacidade profissional deles. Eles jamais o perdoarão.

6. AS REUNIÕES

Não tenha medo de reuniões. Perca o medo de reuniões acostumando-se a fazer reuniões para saber do andamento dos trabalhos e *elogiando* o que estiver bom. Deixe as críticas para fazer pessoalmente a cada um após a reunião. Com o tempo, o clima "pesado" das reuniões desaparecerá e então você poderá ir dosando a necessidade de algumas tomadas de novas posições com elogios, fazendo com que as reuniões se tornem menos emocionais e mais eficazes.

Não faça reunião desnecessária. Se não tem assunto, não faça reunião. Ou faça, de propósito, uma reunião "bate-papo" para matar o tempo, de vez em quando. Fingir que uma reunião é importante, sem ter assunto que preste, é uma lástima!

Nunca menospreze algum subordinado em reunião na frente de seus iguais. Se você já sabe que alguma coisa não anda bem, cuide dela antes da reunião, no momento em que souber, mas não espere uma reunião para "virar a mesa". Só faça críticas duras, ou mesmo elogios em reunião, quando estiver muito seguro do que está falando.

Promova reuniões amenas, tranquilas, abertas. Tenha sempre café, água e algumas bolachinhas para que todos "belisquem" durante a reunião. Isto ajuda a deixar o clima mais aberto. Aproveite os momentos pós-reunião onde as pessoas realmente falam o que pensam, uma vez que a ata já foi encerrada. Depois da reunião fique mais alguns minutos conversando informalmente com seu pessoal, para saber o que eles realmente pensam.

De vez em quando, promova uma reunião tipo almoço, churrasco ou jantar, onde a desconcentração falará mais alto. É preciso, porém, que *você também fique descontraído*. Do contrário todos perceberão que é uma "reunião" disfarçada de "confraternização". Nunca responsabilize alguém pelo que falou num jantar desses. Lá deve ser "território livre" onde tudo pode. É o melhor sensor que existe.

7. PLANOS E PROJETOS

Coloque sua equipe a par de seus planos. Mesmo que eles ainda não estejam totalmente definidos. É claro que o bom-senso imporá restrições, mas sempre que possível coloque seu pessoal a par de suas ideias com relação ao futuro da empresa, do mercado etc. Isto dará segurança a todos. Quando a sua ideia estiver melhor elaborada, passe num pré-projeto e coloque para críticas ao seu pessoal de "staff". Teste a sensibilidade do grupo às novas ideias e à abertura de novas frentes de trabalho.

Acostume-se a *definir o que quer realmente*. Estabeleça *metas físicas*. Dê a conhecer o quanto você espera de sua equipe. Só com esta segurança, poderão dar tudo de si, sem angústias. Quando for preciso, ou sentir que é o momento, *mude de direção*. Mas não se esqueça de avisar o grupo e de explicar os motivos, isto dará segurança ainda maior em você mesmo. Faça de sua equipe um grupo de caçadores, todos, caçando um mesmo animal, cada um com sua arma, com sua habilidade e com sua capacidade e potencialidades pessoais. Faça toda a equipe vibrar com cada "tiro" certo. Faça sempre com que todos saibam o que a equipe espera de cada uma na caçada.

Elabore cronogramas e dê conhecimento a todos do desenvolvimento das etapas. Faça fluxos visivelmente compreensíveis para que todos acompanhem. Nos projetos mais importantes e interdepartamentais, promova reuniões separadas por áreas específicas e faça com que todos saiam com tarefas específicas de cada reunião para que o projeto como um todo não falhe. Divida as tarefas e funções de acordo com as capacidades de cada um e suas peculiaridades. Faça com que todos sintam-se "donos" do projeto.

8. O SUBORDINADO COMO PESSOA

Acostume-se a olhar para o seu subordinado como uma pessoa. Conheça e procure conhecer cada vez mais as angústias pessoais, seus problemas, seus anseios. Lembre-se que cada pessoa tem uma aspiração na vida e que todas as pessoas são diferentes. Uns querem ficar milionários, outros querem apenas uma vida familiar pacata, sossegada e remediada. Uns aceitam correr riscos para vencer, outros preferem a segurança de uma vida um pouco mais medíocre. O seu subordinado, enfim, é uma pessoa. Antes de exigir-lhes horas extras em demasia e trabalhos estafantes, lembre-se que ele tem uma família que não tem culpa de nada e que deseja ter esse membro nas suas horas de lazer.

Procure conhecer a família, a mulher, os filhos de seus subordinados. Incentive a participação da família, principalmente da esposa, nos destinos principais da empresa, para que ela possa compreender e daí auxiliar o marido (ou vice-versa) em seu trabalho e principalmente na disposição para vencer o desafio que a empresa lhe apresenta. Promova uma imagem familiar da empresa, fazendo com que familiares sejam bem-vindos para visitas esporádicas ao seu empregado. Receba-os com cordialidade. Isto é um fator extremo de permanência no trabalho. Respeite a individualidade de cada membro de sua equipe. Lembre-se que você deixa de ser o "patrão" nos assuntos particulares. Oriente, escute, opine, se interesse, mas cuidado para não se intrometer a ponto de tornar-se um "superego" da vida privada das pessoas.

A empresa é a própria vida. Passamos mais tempo no trabalho que em nossas casas. O chefe que conseguir fazer do ambiente de acolhedor, sadio, alegre, motivador, terá conseguido o que os livros tanto buscam definir. Terá conseguido uma administração perfeita. Conseguirá colaboradores eficazes. Terá uma empresa onde todos "vestem a camisa" do líder que neste caso, será afortunadamente para todos, "*o chefe*"!

COMPLIANCE APLICADO ÀS SERVENTIAS EXTRAJUDICIAIS BRASILEIRAS

Jannice Amóras Monteiro

Sumário: 1. Introdução – 2. Surgimento do termo *compliance* no mundo e no Brasil – 3. *Compliance* aplicado às serventias extrajudiciais brasileiras – 4. Passo a passo para implementar o programa de *compliance* em uma serventia extrajudicial – 5. Modelo prático de um programa de *compliance* e de um código de conduta – 6. Considerações finais – 7. Referências.

1. INTRODUÇÃO

O termo *compliance* está muito em voga nos dias atuais, originando-se da língua inglesa, mais especificamente no verbo em inglês "to comply", que significa estar em conformidade.

Mas você deve estar se questionando: o que significa exatamente estar em conformidade? Devemos estar conforme em relação a que? De onde surgiu essa necessidade de adequação a algo? Como se faz?

Estas e outras perguntas serão tratadas ao logo do presente artigo que trata do *compliance*, seguindo a tendência das disposições fixadas em outros países e também no Brasil a partir de certificações ISSO 37000 e ISO 37301, além de requisitos fixados pela Associação dos Notários e Registradores do Brasil (ANOREG-BR) para o prêmio nacional denominado PQTA, que acerca da mesma matéria, dentre os seus requisitos, pelo o que se faz urgente e necessário o seu estudo e a sua aplicação prática, a partir de um passo a passo elaborado pela autora ao final deste artigo.

2. SURGIMENTO DO TERMO *COMPLIANCE* NO MUNDO E NO BRASIL

Historicamente, o termo *compliance* surgiu no início do século XX, nos Estados Unidos, quando da criação do Banco Central dos Estados Unidos para ser um ambiente financeiro mais flexível, seguro e estável.

Na década de 70, surgiu uma lei anticorrupção transnacional, a *Foreing Corrupt Practies Act* (FCPA), também nos Estados Unidos, que endureceu sobremaneira as penas para organizações americanas envolvidas com corrupção no exterior.

Posteriormente, nos Estados Unidos e por todo o mundo, com os escândalos de corrupção envolvendo empresas privadas e governos, diversas companhias iniciaram, de maneira espontânea, a adoção de práticas de *compliance* e tiveram uma boa recepção pelo mercado mundial, tornando-se referência.

Já no Brasil, segundo a Associação Brasileira de Bancos Internacionais (ABBI), em 1992, o tema ganhou destaque quando da abertura do mercado nacional. Naquela época, o país começou a adequar-se aos padrões éticos e de combate à corrupção. Esse movimento foi necessário devido à crescente competitividade entre empresas transnacionais.

Segundo dados da Transparência Internacional, no ranking de 2017, que inclui 180 países, o Brasil ocupa a 96ª posição no índice de Percepção da Corrupção, o que em muito se explica em razão da tempestade política, econômica e ética pela qual o país vem passando há alguns anos, inclusive aquelas associadas ao cumprimento da lei e ao combate à corrupção sistêmica, estrutura e generalizada, envolvendo empresas estatais, empresas privadas, agentes públicos e agentes privados, partidos políticos, membros do Executivo, do Legislativo e do Judiciário, tornando-se um modo corriqueiro de fazer negócios e política no país.

Neste sentido, o termo *compliance* ganhou especial destaque a partir da deflagração de diversas operações da Polícia Federal e do Ministério Público Federal contra esquemas de corrupção e de suborno. Sua maior difusão ocorreu a partir da publicação da Lei 12.846/2013, conhecida como Lei Anticorrupção e de sua regulamentação pelo Decreto 8.420/2015, deixando-se clara a sua aplicação a qualquer pessoa jurídica, nacional ou estrangeira, em caso de cometimento de crime contra a Administração Pública, constando do parágrafo único do artigo 1º, da referida lei que a mesma aplica-se às sociedades empresárias e às sociedades simples personificadas ou não, independentemente da forma de organização ou modelo societário adotado, bem como a quaisquer fundações, associações de entidades ou pessoas, ou sociedades estrangeiras, que tenham sede, filial ou representação no território brasileiro, constituídas de fato ou de direito, ainda que temporariamente.

3. *COMPLIANCE* APLICADO ÀS SERVENTIAS EXTRAJUDICIAIS BRASILEIRAS

Em termos práticos, a função do *compliance* é proporcionar integridade e segurança, além de minimizar riscos de instituições e empresas, voltadas a garantir relações éticas e transparentes entre empresas e, principalmente (mas não somente) o Poder Público, assegurando-se que a sua atuação está em conformidade com o cumprimento das normas e leis (internas e externas), padrões éticos e regulamentos, prevenindo-se problemas, como por exemplo, o cumprimento das leis trabalhistas, fiscais, ambientais e de proteção de dados pessoais, evitando, assim, longas ações trabalhistas, multas e outras penalidades por órgãos como a Receita Federal do Brasil, órgãos ambientais e a Autoridade Nacional de Proteção de Dados (ANPD).

Observa-se, assim, que o termo *compliance* tem como principal função fazer com que pessoas jurídicas, órgãos públicos e qualquer outra entidade ou particular que atue no mercado ou que prestem serviços públicos atuem conforme as normas, leis, resoluções e regulamentos, a fim de assegurar uma atuação correta, ilesa e sem qualquer prática que indiquem corrupção ou outros meios ilícitos, prevenindo-se conflitos, ações judiciais e sanções de órgãos administrativos.

Neste sentido, infere-se, pois, que o conceito de *compliance* aplica-se perfeitamente, também, às 13.383 serventias extrajudiciais existentes no Brasil, segundo dados atualizados do Conselho Nacional de Justiça (CNJ), publicados em 2012,[1] razão pela qual os requisitos de *compliance* há anos compõem o Check list do Prêmio de Qualidade Total Anoreg/BR (PQTA), que é realizado anualmente pela Associação dos Notários e Registradores do Brasil (ANORE-BR) e que tem por objetivo premiar os serviços notariais e de registro de todo o País que atendam aos requisitos de excelência e qualidade na gestão organizacional da serventia e na prestação de serviços, de modo a beneficiar os usuários dos cartórios e as serventias extrajudiciais participantes, que passam a adotar um sistema de gestão de excelência, que dissemina uma cultura de qualidade dentro da serventia e também em outros setores da sociedade, independentemente do tamanho e especialidade do cartório.

Os participantes do PQTA são avaliados conforme os seguintes requisitos importantes, como a norma ABNT 15906:2021 (Associação Brasileira de Normas Técnicas), que especifica os requisitos para estabelecer, implementar, manter e melhorar continuamente um sistema de gestão de serviços notariais e registrais: Estratégia, Gestão Operacional, Gestão de Pessoas, Instalações, Gestão da Segurança e Saúde no Trabalho, Gestão Socioambiental, Gestão da Informatização e Controle de Dados, Gestão da Inovação, *Compliance*, com inclusão de requisitos de Gestão da Continuidade do Negócio, para avaliar as medidas adotadas pelas serventias após o incidente da Covid-19, o que contribui em muito para o desenvolvimento e implementação de gestão de alta performance nas serventias extrajudiciais, estabelecimento de políticas organizacionais e de códigos de conduta ou de ética, diminuição dos prazos de entrega dos atos, política de gerenciamento de riscos e monitoramento de todas as etapas do atendimento e posicionamento

---

1. Disponível em: https://www.cnj.jus.br/wp-content/uploads/2011/10/servico_extrajudicial.pdf. Acesso em: 11 mar. 2022.

institucional. Especificamente quanto aos requisitos referentes a *Compliance*, Check list do PQTA inclui os seguintes requisitos:

N°	COMPLIANCE	RESULTADO		7,5	
51	O cartório implementou programas de compliance ou ações documentadas (com monitoramento constante) da fiscalização da conduta dos pressupostos do titular?	C		2	Se há departamento/ouvidoria e/ou um responsável de compliance com ações sistemáticas e monitoramento constante. Se possuem ações e/ou setor(es) que garanta(m) a segurança jurídica dos atos (Ex.: Setor de revisão, elaboração e aperfeiçoamento do código interno de condutas..) com registros atualizados e monitoramento regular – C. Na falta de um desses itens – PC. Não possuem – NC.

N°	REQUISITO	RESULTADO	COMENTÁRIOS	PONTUAÇÃO FINAL	INTERPRETAÇÃO
52	O código de conduta detalha os valores da organização, práticas de bom comportamento dos colaboradores, e penalidades a que estão sujeitos? Houve investigação e mapeamento dos riscos de condutas inadequadas?	C		2	1. O código de conduta detalha os valores da organização. 2. O código de conduta detalha as práticas de bom comportamento dos colaboradores. 3. O código de conduta detalha as penalidades a que os colaboradores estão sujeitos e o processo de apuração? 4. Há investigação e mapeamento dos riscos de condutas inadequadas. Se atende aos 4 itens acima (C). Se um item não foi atendido (PC). Dois ou mais itens não atendidos (NC)
53	Existe programa de integridade e como ele é divulgado na organização?	C		1,75	1. Possuem estratégia documentada para o engajamento e informação dos colaboradores. 2.Foi validado em entrevista a realização dessas ações planejadas. 3. As ações são contínuas e sistemáticas. Se atende os 3 itens acima (C). Se um dos itens não foi atendido (PC). Dois ou três itens não atendidos (NC).
54	Existem canais de comunicação internos e externos (com garantia de sigilo do denunciante), que permitam que a equipe ou usuários/população possa(m) denunciar condutas inadequadas? Quanto do que foi planejado já está sendo praticado na rotina da empresa? Há indicadores da quantidade de denúncias e de correções implementadas?	C		1,75	1. Possui canal de comunicação interno (com garantia de sigilo do denunciante). 2.Possui canal de comunicação externo (com garantia de sigilo do denunciante) 3.100% do planejado é praticado na rotina da empresa. 4. Possuem indicadores da quantidade de denúncias e de correções implementadas. Se atendem os 4 itens acima (C). Se atendem 2 ou 3 itens acima (PC). Se atendem 1 ou nenhum item acima (NC).

Fonte: Prêmio Qualidade Total da ANOREG

Nota-se, pois, a importância crescente dada ao tema e o benefício que pode ser experimentado às serventias extrajudiciais que adotem códigos de conduta ou códigos de ética, divulgando-os e aprimorando-o junto aos colaboradores e reforçando, assim, a cultura interna da serventia, de modo a prevenir problemas e conflitos.

Ademais, caso a serventia deseje, além da participação da serventia junto ao PQTA, é possível, também, a obtenção de certificação específica quanto ao tema de *Compliance*, por meio da ISO 37000:2021, publicada em 14 de setembro de 2021 e desenvolvida por mais de 70 países e organizações para servir como a primeira norma global sobre boas práticas de governança de organizações.

Observe-se que a certificação ISO 37301 – Sistemas de Gestão de *Compliance* – vem substituir a ISO 19600, esta última normativa de diretrizes não passível de certificação. Já a certificação ISO 37301 apresenta toda estrutura normativa de requisitos, tornando possível a certificação com a devida acreditação reconhecida.

A certificação ISO 37301 está baseada no Anexo SL (Estrutura de Alto Nível) da ISO que apresenta layout comum entre todas as Normas ISSO. Portanto a ISO 37301 apresenta a mesma estrutura, por exemplo, da ISO 37001, da ISO 9001, da ISO 27001, dentre outras normas de sistemas de gestão, facilitando assim a integração do sistema de gestão de *compliance* com outras temáticas como antissuborno, qualidade, ambiental, segurança e proteção da informação, entre outros tipos comuns de temáticas de *compliance* possíveis dentre de uma serventia extrajudicial ou qualquer outra organização.

Por meio da certificação ISO 37301, o *compliance* é tornado sustentável pela sua incorporação na cultura da organização e no comportamento e atitude das pessoas que trabalham para ela. Em outras palavras, um sistema de gestão de *compliance* eficaz em toda a organização, com a certificação ISO 37301, permite a uma organização demonstrar o seu comprometimento em cumprir com leis pertinentes, requisitos regulatórios, códigos setoriais da indústria e normas organizacionais, como também normas de boa governança, melhores práticas geralmente aceitas, ética e expectativas da comunidade.

Sabe-se que, no Brasil, a maioria das serventias extrajudiciais são deficitárias e que qualquer valor a ser investido em um dado setor da serventia deve ser muito bem estudado sob o ponto de vista do seu impacto financeiro nas finanças e no Livro Diário Auxiliar da serventia, bem como no Livro Caixa.

Todavia, os programas de *compliance* e de integridade das serventias extrajudiciais, com a disseminação de uma cultura positiva de *compliance*, mais do que um custo, apresentam-se como um investimento com enormes benefícios à gestão da serventia, ao titular da serventia, aos usuários e ao Tribunal de Justiça ao qual estiver vinculada a fiscalização da serventia. Dentre os benefícios citam-se:

- proteção e melhora da credibilidade e reputação da serventia;
- levar em conta as expectativas das partes interessadas;
- demonstração do comprometimento de uma serventia extrajudicial para gerenciar seus riscos de *compliance* de modo eficaz e eficiente;
- minimizar o risco da ocorrência de uma contravenção/violação com os custos associados e dano reputacional e patrimonial;
- maior reconhecimento e valorização às serventias extrajudiciais que possuem programas de *compliance*;

Perceba-se que um programa de *compliance* pode abordar diferentes aspectos da serventia extrajudicial ou da organização, pelo que se torna possível identificar diferentes tipos de *compliance*. Alguns dos principais tipos de *compliance* são: a) Administrativa; b) Trabalhista; c) Tributário; d) Fiscal. Explica-se, a seguir, em resumo, cada um deles:

a) Compliance Administrativa – O *compliance* administrativa traduz o dever de estar em conformidade com os atos e normas. Engloba não só as regras e controles internos, mas também aqueles externos que as serventias extrajudiciais e as empresas precisam necessariamente se adaptar, pois todas elas precisam nortear suas atuações de acordo com as regras estabelecidas. Seja pelos organismos de controle, seja pelas normas internas da, tanto os colaboradores como a alta administração. Ele serve para demonstrar que os padrões seguidos estão de acordo com as normas de controle, nas mais diversas áreas: direito do trabalho, direito empresarial, direito tributário e direito fiscal.

b) Compliance trabalhista – O *compliance* trabalhista é fundamental para definir os direitos, deveres, normas, obrigações de todos os gestores, funcionários, alta administração, dentre outros, de modo que todos os colaboradores precisam ter conhecimento do Código de Conduta da organização ou da serventia extrajudicial para poder colocá-lo em prática, pois, as regras são medidas efetivas adotadas por todos os colaboradores para mitigar os riscos de uma conduta inadequada desde o estagiário até a alta administração, além de reduzir passivos judiciais e de servir como forma de fiscalização da cadeia produtiva, por respeitar as normas de segurança do trabalho. Além disso, é muito importante um canal de denúncia e de comunicação acessível para permitir ao colaborador informar o descumprimento de alguma norma, sem que exista qualquer pressão por conta da alta administração. Ao efetivar o *compliance* nas relações de trabalho, com a criação de um Código de Conduta e padrões de conduta, o ambiente laboral torna-se mais seguro e transparente, que por consequência, reflete em resultados positivos na produção e na qualidade do produto objeto da atividade.

c) Compliance tributário – É necessário entender que os mecanismos de *compliance* tributário buscam, como objetivo principal, mitigar os riscos de cometimento de ilegalidades relacionadas com a legislação tributária. Em especial, a concessão de benefícios irregulares, isenções, descontos, subsídios e tratamentos diferenciados indevidos, por exemplo. A efetividade do *compliance* tributário está umbilicalmente ligada à importância aos padrões de honestidade e de integridade adotados nas normas internas, diminuindo o risco de condutas desonestas, como suborno e abuso de poder para obtenção de benefícios.

d) Compliance fiscal – O *compliance* fiscal é fundamental para organizar as disciplinas fiscais e cumprir toda a regulamentação, diretrizes e políticas estabelecidas pela lei, em especial quanto ao pagamento de tributos, repasses de valores, pagamento de folhas de pagamento e transações bancárias, oferecendo-se vantagens como: monitoramento das obrigações fiscais pendentes, armazenamento da documentação fiscais, correto preenchimento de documentos fiscais, acompanhamento de prazos, dentre outras.

4. PASSO A PASSO PARA IMPLEMENTAR O PROGRAMA DE *COMPLIANCE* EM UMA SERVENTIA EXTRAJUDICIAL

Conhecidos os principais tipos de *compliance* existentes em uma serventia extrajudicial, sugerimos, a seguir, um passo a passo, com as etapas e providências a serem adotadas em cada fase para a implementação de um programa de *compliance* em uma serventia extrajudicial, a saber:

1) Etapa de preparação: elaboração de um diagnóstico completo da serventia extrajudicial, com base nas exigências legais da legislação vigente, envolvendo leis trabalhistas, anticorrupção, lei geral de proteção de dados, leis socioambientais, códigos de normas estaduais, códigos e demais diplomas legais, bem como nas melhores práticas do mercado, nas áreas de conformidade e integridade empresarial (ISO 37001 e ISO 37301).

2) Etapa de adoção de providências preliminares: entender o contexto da serventia extrajudicial, conhecendo as principais partes interessadas, formar o time que comporá o Comitê de integridade e sensibilizar os colaboradores.

3) Etapa de avaliação dos risco de integridade: conhecer, detalhar e estudar as principais atividades e processos da organização, para identificar e avaliar possíveis riscos e/ou pontos de atenção relacionados à integridade empresarial, por meio da realização de entrevistas pessoais com os colaboradores.

4) Etapa de elaboração do plano de ação e do código de conduta: confecção do Plano de Ação com a indicação de ações prioritárias para mitigar os principais riscos identificados na fase anterior. Nesta fase também será elaborado o Código de Conduta, no qual será proposta a criação de políticas de integridade específicas ao contexto da serventia extrajudicial, além de sugerir melhorias, alterações e adequações de processos, procedimentos e cláusulas contratuais relacionadas à integridade.

5) Etapa de implementação do plano de ação: implementação do plano de ação proposto na etapa anterior, capacitação e treinamento dos colaboradores, para que todos possam estar preparados para os novos desafios relacionados à integridade empresarial. Neste momento, é desejável também a criação de órgãos internos para o funcionamento do sistema de gestão de *compliance*, por meio da elaboração de Normas Internas para a definição de papeis e responsabilidades, com ampla divulgação entre os colabores, fornecedores, prestadores de serviço e Poder Público.

6) Etapa de avaliação dos resultados obtidos e de revisão do plano de ação: nesta fase serão avaliados os resultados obtidos, com a indicação clara acerca de quais os indicadores utilizados para a obtenção de um dado resultado, com a divulgação destes entre os colaboradores, com a consequente avaliação dos mesmos para o monitoramento para saber se está adequado ou se precisa ser alterado de alguma forma no Plano de Ação elaborado para atender aos objetivos da serventia, num contínuo melhoramento do processo de gestão da qualidade implementado na serventia.

5. MODELO PRÁTICO DE UM PROGRAMA DE *COMPLIANCE* E DE UM CÓDIGO DE CONDUTA

Indica-se em anexo a este artigo, um modelo prático de um Código de Conduta e de Programa de *Compliance* que pode ser adotado por qualquer serventia extrajudicial do país, a partir do exemplo do Código de Conduta adotado em nossa serventia, de elaboração própria.

6. CONSIDERAÇÕES FINAIS

O termo *compliance* está em voga nos cenários internacional e nacional, pois não apenas os políticos tem que prestar contas aos cidadãos e agir conforme as leis, mas igualmente os governos, a Administração Pública, os cidadãos, assim como as serventias extrajudiciais brasileiras, que prestam um serviço público delegado de qualidade e eficiência em todo o país, pois integridade e conformidade é o que se espera de todos, constituindo-se, pois, em um tema de fundamental importância dos tempos atuais, designadamente para prevenir, detectar e reprimir práticas de corrupção, o que exige um modelo de governança adequado, com um plano de gestão ético, juridicamente correto e que traduza os valores da organização e das serventias extrajudiciais.

Longe de pretender tornar-se um manual, o presente artigo almeja introduzir o tema do *compliance* aplicado às serventias extrajudiciais brasileiras, mostrando os benefícios de sua implementação, o modo como a matéria é cobrada em auditorias como as certificações como a ISO 9001 e a ABNT 37301, além da habilitação para participar da premiação nacional do PQTA (Prêmio de Qualidade Total Anoreg/BR), propondo-se, ao final, um modelo básico de um Plano de *Compliance* e de um Código de Conduta, de autoria própria.

Note-se que as serventias extrajudiciais têm a função de garantir publicidade, autenticidade, segurança e eficácia dos atos praticados, devendo agir sempre conforme as leis administrativas, trabalhistas, tributárias, fiscais, socioambientais, evitando e combatendo toda e qualquer forma de comportamento antiético e de práticas de corrupção.

Este é um tema novo e de extrema relevância a todos os titulares, interventores e interinos responsáveis pelas serventias extrajudiciais merecendo a atenção de todos e a sua disciplina pelos órgãos correicionais, visando a sua implementação em todo o país, assegurando as melhores práticas e bons exemplos de gestão em todo o país.

7. REFERÊNCIAS

BRASIL. Constituição da República Federativa do Brasil de 1988. Disponível em: http://www.planalto.gov.br/ccivil_03/constituicao/constituicao.htm. Acesso em: 29 mar. 2022.

BRASIL. JUS. Você sabe o que é responsabilidade objetiva e subjetiva? (2017). Disponível em: https://jus.com.br/artigos/58947/voce-sabe-o-que-e-responsabilidade-objetiva-e-subjetiva#:~:text=A%20diferen%C3%A7a%20entre%20a%20responsabilidade,o%20nexo%20causal%20esteja%20comprovado. Acesso em: 29 mar. 2022.

BRASIL. Lei 10.406, 10 de janeiro de 2002. Institui o Código Civil. Diário Oficial da União, Brasília, DF, 11 jan. 2002. Disponível em: http://www.planalto.gov.br/ccivil_03/Leis/2002/L10406compilada.htm. Acesso em: 29 mar. 2022.

BRASIL. Lei 8.935, 18 de novembro de 1994. Regulamenta o art. 236 da Constituição Federal, dispondo sobre serviços notariais e de registro. (Lei dos cartórios), Brasília, DF, 18 nov. 1994. Disponível em: http://www.planalto.gov.br/ccivil_03/leis/l8935.htm. Acesso em: 29 mar. 2022.

BRASIL. Lei 6.015 de 31 de dezembro de 1973. Dispõe sobre os registros públicos e dá outras providências. Disponível em: http://www.planalto.gov.br/ccivil_03/leis /L6015compilada.htm. Acesso em: 29 mar. 2022.

CARVALHO, Afrânio de. *Registro de imóveis*: comentários ao sistema de registro em face da lei 6.015, de 1973, com as alterações da Lei 6.216, de 1975. 3. ed. rev. e atual. Rio de Janeiro: Forense, 1982.

CRUZ, José Anderson Santos; MATTOS, Michelle Godoy de (Org.). *Gestão e administração de cartório judicial*: possibilidades e perspectivas. Curitiba: Appris, 2018.

CUEVA, Ricardo Villas Bôas; FRAZÃO, Ana (Coord.). *Compliance*: perspectivas e desafios dos programas de conformidade. Belo Horizonte: Fórum, 2018.

FORTUNA, Eduardo. *Mercado financeiro*: produtos e serviços. 17. ed. rev. e atual. Rio de Janeiro: Qualitymark, 2008.

MESSA, Ana Flávia. Transparência, *compliance* e práticas anticorrupção na administração pública. São Paulo: Almedina, 2019.

MONACO, Gustavo Ferraz de Campos; MARTINS, Amanda Cunha e Mello Smith; CAMARGO, Solano de (Org.). *Lei Geral de Proteção de Dados*: ensaios e controvérsias da Lei 13.709/18. São Paulo: Quartier Latin, 2020.

STF. Notícias. Plenário reafirma jurisprudência sobre responsabilidade civil do Estado pelas atividades de cartórios (2019). Disponível em: http://www.stf.jus.br/portal/cms/verNoticiaDetalhe.asp?idConteudo=404603&caixaBusca=N. Acesso em: 29 nov. 2020.

MODELOS

Documento: Código de Conduta		
Emissão: XX/XX/XXXX	Revisão: 00	Aprovação: Registradora
Ref.: NBR ISO 9001	Validade: Permanente	Emitente: Gestão para a Excelência

Código de Conduta

Apresentação

Este Código de Conduta tem como objetivo estabelecer os princípios éticos e normas de conduta que devem orientar as decisões e atitudes de todos os integrantes da serventia XXXXXXXXXXXXXXX, independentemente do cargo ou função que ocupem, no exercício de suas responsabilidades e funções, de forma a tornar-se um padrão de relacionamento interno e com o seu público de interesse.

Todos os envolvidos na serventia devem ter ciência do conteúdo deste Código e assumir o compromisso de conhecer, cumprir e respeitar fielmente as suas disposições, bem como denunciar as condutas e comportamentos contrários, observados os procedimentos internos e as leis vigentes, a fim de evitar conflitos de interesse, prevenir, monitorar e coibir condutas infratoras e antiéticas.

A integridade e a ética deverão pautar as condutas de todos os integrantes do 3º Registro de Imóveis de Belém, mediante dedicação e esforços conjuntos com o escopo de manter e consolidar a imagem, credibilidade e reputação da serventia XXXXXXXXXXXXXXX, com foco na satisfação do cliente num ambiente de trabalho harmônico, organizado e saudável e íntegro.

Seção I – Da abrangência

Art. 1º Este Código de Conduta se aplica a todos os gestores, colaboradores, fornecedores e prestadores de serviços da serventia XXXXXXXXXXXXXXX, sendo o seu cumprimento obrigatório durante a relação contratual ou negocial a que estejam relacionados, sendo suas normas disponibilizadas para conhecimento e ciência de todos os envolvidos.

Parágrafo único. Todos os colaboradores da serventia deverão ter ciência de suas obrigações, responsabilidades, direitos e deveres no Cartório, tomando conhecimento de suas normas internas, e assumindo o compromisso de respeitar e cumprir este Código, assinando Termo de Compromisso disposto no Anexo I deste instrumento.

Seção II – Dos valores

Art. 2º Na serventia XXXXXXXXXXXXXXX o comportamento ético deve ser pautado nos seguintes valores:

I – *Valorização do trabalho* – O ambiente de trabalho no Cartório será harmonioso, organizado e saudável de forma a valorizar o ser humano, respeitando sua dignidade, sem discriminação de qualquer natureza, seja por motivos ideológicos, religiosos, políticos, de natureza partidária, raciais, de crença, bem como quanto ao sexo e à origem;

II – *Excelência no atendimento* – Cumprir os 4C's do Programa Atendimento Autêntico (Conhecimento, Comunicação, Comprometimento e Cordialidade) em todos os atendimentos realizados, promovendo a melhoria contínua na prestação dos serviços;

III – *Ética* – Cumprir as obrigações legais e internas da serventia com responsabilidade, honestidade e transparência;

IV – *Segurança Jurídica* – Agir de forma a garantir a segurança dos atos praticados, mantendo a confiabilidade do usuário e o adequado tratamento de dados;

V – *Transparência* – As relações de trabalho no Cartório devem se basear na confiança mútua, na transparência e no comum acordo, devendo cada parte buscar a outra para esclarecimentos e a conciliação de interesses sempre que presente algum desconforto evitando conflitos;

VI – *Investimento em novas tecnologias* – Implementar tecnologias capazes de contribuir para a melhoria da eficiência e presteza dos serviços;

VII – *Celeridade* – Valorizar o tempo do usuário (cliente) primando por um atendimento eficaz e satisfatório;

VIII – *Investimento em pessoas* – Aprimorar constantemente a qualificação técnica e capacitação dos colaboradores;

IV – *Responsabilidade socioambiental* – Contribuir para redução de impactos ambientais e no engajamento em ações sociais;

X – *Comprometimento e união* – Incentivar o trabalho realizado em equipe visando às diretrizes da serventia e compromisso com os resultados;

XI – *Apuração e repreensão* – Apurar e repreender toda conduta, prática de fraude, corrupção e outras praticadas por integrante de seu corpo de colaboradores, por meio de processo que garanta o contraditório e a ampla defesa, cabendo, quando for o caso, noticiar o ato às autoridades competentes.

XII – *Sigilo das informações* – Garantir e salvaguardar o sigilo dos dados e informações confiados ao Cartório, como compromisso de protegê-los e tratá-los de forma adequada, garantindo a sua integridade, confidencialidade e disponibilidade.

Seção III – Dos princípios éticos

Art. 3º A reputação e a credibilidade da serventia XXXXXXXXXXXXXXXX são os ativos mais importantes da serventia. Os princípios éticos que orientam a atuação de todos os integrantes contribuem para a manutenção da imagem do Cartório como entidade sólida e confiável perante os colaboradores, clientes, fornecedores e comunidade em geral.

§ 1º Todos os colaboradores devem abster-se da prática de qualquer ação ou omissão em situações que possam provocar conflitos entre seus interesses pessoais e do Cartório ao tratar com usuários, fornecedores, concorrentes, prestadores de serviços, candidatos a vagas de emprego e qualquer pessoa física ou jurídica que venha a realizar qualquer tipo de serviço, agindo de forma correta e transparente e exercendo com responsabilidade a sua função social.

§ 2º As situações que possam eventualmente causar conflito entre os interesses do colaborador e do Cartório, bem como as condutas dúbias ou não aceitáveis, devem ser avaliadas cuidadosamente.

Título I – Princípio da integridade

Art. 4º O princípio da integridade baseia-se no fundamento de preservar a rigidez ética da serventia XXXXXXXXXXXXXXXX, protegendo o Cartório de riscos internos e externos, sobretudo daqueles relacionados à corrupção e às condutas antiéticas.

§ 1º É fundamental que as atitudes e os comportamentos de cada colaborador reflitam sua integridade pessoal e profissional, jamais colocando em risco a segurança financeira e patrimonial, bem como a imagem corporativa e institucional do Cartório.

§ 2º É expressamente vedado que qualquer colaborador obtenha, armazene, utilize ou repasse materiais, capture imagens internas (fotos) e divulgue informações internas e/ou dados sigilosos que contrariem os interesses do Cartório e/ou de seus clientes, a não ser quando expressamente autorizado pelo titular. O Cartório espera que todos os assuntos internos, sem exceção, sejam tratados com sigilo e confidencialidade.

§ 3º O cartório espera de seus integrantes, no exercício de suas funções, o cuidado e a diligência que qualquer pessoa costuma empregar em seus assuntos pessoais, ou seja, uma conduta íntegra, honesta e digna, em conformidade com as leis e os padrões éticos da sociedade.

Título II – Princípio do respeito entre as pessoas

Art. 5º O Cartório não admite qualquer atitude guiada por preconceitos relacionados à raça, naturalidade, religião, ideologia política, gênero, orientação sexual, crença, deficiência de qualquer natureza, entre outros, nas contratações e promoções de seus colaboradores, os quais devem preencher os requisitos técnicos e o perfil para o cargo, mantendo um ambiente de trabalho que respeite a dignidade de todos os colaboradores, oportunizando crescimento profissional e pessoal.

§ 1º Não será aceito qualquer ato relacionado a assédio moral e sexual, preconceitos de qualquer natureza e constrangimento moral entre colegas, mesmo sem vinculação hierárquica, e também com clientes, fornecedores e parceiros.

§ 2° O Cartório espera, nas relações entre seus integrantes, a cordialidade no trato, a urbanidade, a confiança, o respeito, a boa educação, uma conduta digna e honesta, independentemente de qualquer posição hierárquica, cargo ou função.

§ 3° Visando, ainda, o bem-estar, a segurança e a produtividade dos integrantes, não serão permitidos, no ambiente de trabalho, a posse e/ou o consumo de drogas ilícitas e álcool, bem como o porte de armas, salvo por pessoas expressamente autorizadas.

Título III – Princípio da informação

Art. 6° O princípio da informação a ser observado importa em informar, orientar e esclarecer o usuário de maneira clara, concisa, segura e em linguagem acessível sobre os serviços prestados pelo Cartório e os documentos necessários para sua execução, sem discriminação de qualquer ordem, objetivando a satisfação do cliente.

Parágrafo único – O Cartório fixará em local visível, de fácil leitura e acesso ao público, as tabelas de emolumentos em vigor, observando os emolumentos fixados para a prática dos atos do seu ofício.

Seção IV – Da política de compliance

Art. 7° A *Política de Compliance* adotada pelo 3° Registro de Imóveis de Belém tem por objetivo o conjunto de disciplinas para fazer cumprir as normas legais e regulamentares, as políticas e as diretrizes estabelecidas para o Cartório, bem como evitar, detectar e tratar qualquer desvio ou inconformidade que possa ocorrer, de forma a estar em conformidade com leis e regulamentos externos e internos.

Art. 8° O Cartório deverá estar em conformidade, atendendo aos normativos dos órgãos reguladores, de acordo com as atividades desenvolvidas, bem como dos regulamentos internos, principalmente aqueles inerentes ao seu controle interno.

Art. 9° Em conformidade com a Lei 12.846/13 – Lei Anticorrupção – o Cartório considera conduta corruptiva prometer, oferecer ou dar, direta ou indiretamente, vantagem indevida tanto no relacionamento interno como com seus públicos de interesse, bem como, utilizar-se de informações confidenciais para obter qualquer tipo de benefício para si ou outrem.

Art. 10. Nos contratos, convênios e demais instrumentos jurídicos celebrados pelo cartório com terceiros, pessoa física ou jurídica, constará cláusula de anticorrupção, em que as partes deverão concordar que cumprirão com todas as Leis aplicáveis às referidas relações jurídicas e comerciais, assumindo que não darão, não oferecerão e não prometerão dar, direta ou indiretamente, qualquer quantia em dinheiro ou outro tipo de vantagem a qualquer pessoa, seja funcionário público ou não, como recompensa por favorecimentos ou influência indevida.

Parágrafo único. A falha no cumprimento da previsão prevista neste artigo, bem como da referida Lei será causa de rescisão dos ajustes celebrados.

Art. 11. O Cartório incentiva seus colaboradores, fornecedores e usuários a denunciar qualquer conduta ou suspeita de violação da referida Lei e se compromete a investigar, pronta e rigorosamente, essas denúncias, e proceder aos encaminhamentos aos órgãos competentes.

Parágrafo único. Visando a transparência nas investigações, caso seja necessário, o funcionário poderá ser afastado para que não atrapalhe ou influencie em investigação de denúncia que o envolva.

Art. 12. Práticas de fraudes ou corrupção de qualquer natureza são repudiadas e não serão aceitas nem toleradas pela serventia XXXXXXXXXXXXXXX, independentemente dos níveis hierárquicos, seja do setor público ou privado, sendo que o Cartório fará uso de todos os meios legais possíveis para prevenir referidas condutas.

Art. 13. Fraude, para fins de aplicação deste Código, é qualquer ação ou omissão intencional, com o objetivo de lesar ou ludibriar outra pessoa, capaz de resultar em perda para a vítima e/ou vantagem indevida, patrimonial ou não, para o autor ou terceiros. Caracteriza-se também pela declaração falsa ou omissão de circunstâncias materiais com o intuito de levar ou induzir terceiros a erro.

Art. 14. Corrupção, para fins de aplicação deste Código, é qualquer ação, direta ou indireta, consistente em autorização, oferecimento, promessa, solicitação, aceitação, entrega ou recebimento de vantagem indevida, de natureza econômica ou não, envolvendo pessoas físicas ou jurídicas, agentes públicos ou não, com o objetivo de que se pratique ou deixe de se praticar determinado ato.

Art. 15. O recebimento ou oferta de brindes ou convites em nome do Cartório não poderá ter a conotação de retribuição ou favorecimento de qualquer espécie, sendo vedado retribuir os brindes e convites com favores, dinheiro, privilégios, informações sigilosas ou qualquer outra forma, direta ou indireta, de retribuição ou favorecimento.

Art. 16. O monitoramento do cumprimento da Política de *Compliance* é realizado pelo Comitê Gestor do Cartório.

Parágrafo único. Todo colaborador é parte fundamental no processo, responsabilizando-se por denunciar atitudes suspeitas através do canal de comunicação disponibilizado pelo cartório, para averiguação e adoção das providências cabíveis, resguardado o anonimato.

Seção V – Diretrizes de relacionamento

Título I – Colaboradores

Art. 17. O relacionamento do Cartório com seus colaboradores, tem por base o respeito e o cumprimento da legislação em vigor, nos contratos de trabalho e normatizações internas, repudiando qualquer forma de contratação e utilização de colaboradores sem registro adequado de trabalho, devendo os colaboradores:

I – Observar as normas deste Código de Conduta e as demais normas internas e externas que regem as atividades do Cartório;

II – Buscar as mais adequadas soluções para os problemas que afetam os clientes do Cartório, demais colaboradores, agindo sempre de acordo com as normas internas e externas;

III – Respeitar e tratar com urbanidade e profissionalismo todos os integrantes do Cartório, usuários e dos serviços e terceiros que com ele mantenham relação;

IV – Não fazer uso indevido da estrutura e instalações do Cartório fora dos seus fins e de suas atividades funcionais, incluindo a utilização indevida de equipamentos, materiais e de pessoal do cartório para finalidades particulares ou de terceiros;

V – Não usar o nome do Cartório representando-as ou manifestando-se publicamente em seu nome, inclusive pelas redes sociais, sem a devida autorização de seu Titular;

VI – Respeitar, interna e externamente, o direito de imagem e reputação do Cartório;

VII – Respeitar na utilização ou modificação de qualquer documento que esteja em poder do Cartório a propriedade intelectual própria e de terceiros, sempre atentando para princípios éticos, segurança jurídica e para a legislação aplicável;

VIII – Não reproduzir conteúdos que violem direitos autorais ou direitos de propriedade industrial, não licenciados, inadequados, ou que incitem ou promovam condutas ilícitas;

IX – Não fazer uso de informações privilegiadas obtidas no âmbito interno de seu serviço no Cartório, em benefício próprio, de parentes, de amigos ou de terceiros;

X – Não comercializar produtos ou prestar serviços estranhos e inadequados às suas atividades funcionais dentro do Cartório;

XI – Não comercializar, não usar e não consumir bebidas alcoólicas, drogas e afins dentro do Cartório, respeitando o ambiente de trabalho;

XII – Buscar sempre a verdade e a melhor forma de solução dos conflitos com base nas normas, valores e princípios do Cartório;

XIII – Vestir-se e comportar-se de modo adequado ao ambiente profissional;

XIV – Respeitar a hierarquia dentro do Cartório, observando os trâmites procedimentais internos;

XV – Comprometer-se a avaliar cuidadosamente situações que possam caracterizar conflito entre os seus interesses e os do Cartório e/ou conduta não aceitável do ponto de vista ético mesmo que não causem prejuízos;

XVI – Não compartilhar ou informar, sob qualquer hipótese, nome de usuário (*login*) e senha da rede que são pessoais e intransferíveis, atentando que qualquer ação indevida é de responsabilidade de quem compartilhou essas informações;

XVII – Observar, no exercício de suas funções, as normas da legislação vigente, especialmente, a Constituição Federal Brasileira, a Lei Anticorrupção, de Improbidade Administrativa, Estatuto do Idoso, Estatuto da Pessoa com Deficiência, Lei Geral de Proteção de Dados, Lei de Licitações, entre outras normas aplicáveis;

XVIII – Denunciar, de imediato, toda e qualquer infração ao presente Código ou às Leis nele referidas, bem como qualquer irregularidade ou ilegalidade praticada no Cartório de que tiver conhecimento, comunicando o fato ao seu superior hierárquico ou ao responsável legal pelo cartório para averiguação e adoção das providências cabíveis.

§ 1º É dever de todos os colaboradores do Cartório dedicar-se ao exercício das suas funções sempre com ética, atitude empreendedora, respeitar compromissos assumidos, preservar o segredo profissional, e guardar sigilo sobre documentos e assuntos de natureza reservada de que tenham conhecimento em razão do exercício da profissão.

§ 2º Condutas abusivas que induzam a um ambiente de intimidação e constrangimento, como abordagens sexuais, assédio moral, preconceitos, ações, insinuações ou atitudes que atinjam a dignidade ou a integridade psíquica ou física das pessoas, não serão toleradas.

§ 3º A vida privada de cada um, desde que não interfira no desempenho das atividades profissionais, somente lhe diz respeito. A todos, portanto, são garantidas a confidencialidade e a privacidade, devendo ser evitado qualquer tipo de comentário a esse respeito e a exposição pública indevida.

§ 4º Os colaboradores não podem praticar atos notariais de seu interesse, ou de interesse de seu cônjuge ou de parentes, na linha reta, ou na colateral, consanguíneos ou afins, até o terceiro grau.

§ 5º Na contratação de colaboradores, será observado o disposto na Lei 13.146 de 6 de julho de 2015 (Estatuto da Pessoa com Deficiência), sempre que possível e conforme as habilidades exigidas pelo cargo vago. A contratação de Jovens Aprendizes também poderá ser considerada, caso surja a necessidade e conforme as habilidades exigidas pelo cargo vago.

Título II – Usuários

Art. 18. Os usuários são a base para o crescimento e perpetuação da atividade do Cartório, devendo sempre respeitá-los, buscar-se a sua satisfação e se antecipando as suas necessidades, superando as expectativas em termos de agilidade, confiabilidade e inovação tecnológica.

§ 1º Os usuários devem ser atendidos com cortesia e eficiência, sendo-lhes oferecidas informações claras, precisas e transparentes.

§ 2º As informações de usuários e o tratamento dos seus dados pessoais e cadastrais devem ser realizados com sigilo e imparcialidade, observando-se o disposto na vigente Lei 13.709/2018 (Lei Geral de Proteção de Dados).

§ 3º Com relação ao atendimento dos usuários do Cartório deve ser observado na íntegra o conteúdo fornecido na cartilha do Atendimento Autêntico, cujas competências são: Conhecimento – Comunicação – Cordialidade – Comprometimento.

§ 4º É vedado ao colaborador agir de forma discriminatória a um cliente com base na sua condição social, nível de instrução, nos seus trajes ou apresentação pessoal.

Título III – Fornecedores e prestadores de serviços

Art. 19. A relação do Cartório com os seus fornecedores e prestadores de serviços exige transparência nos procedimentos de compra e contratação, inclusive quanto a preços, qualidade dos materiais, produtos e serviços a serem prestados, repudiando qualquer forma de contratação e utilização de colaboradores ou prestadores de serviço sem registro adequado de trabalho.

§ 1º No desenvolvimento e seleção dos fornecedores serão considerados, de forma imparcial, fatores técnicos para a tomada de decisões. Não haverá tratamento especial, sendo as relações do Cartório pautadas de acordo com os princípios éticos e interesse da serventia.

§ 2º O Cartório assume o compromisso de não utilização de mão de obra infantil, exceto na condição de Jovem Aprendiz devidamente regulamentada, bem como a não utilização da mão de obra escrava (trabalho forçado ou compulsório) em suas atividades administrativas e produtivas, mesmo que trabalhando para seus fornecedores.

§ 3º O Cartório negocia apenas com fornecedores que obedecem à legislação trabalhista e previdenciária do país, que não explorem direta ou indiretamente a mão de obra infantil ou escrava e, preferencialmente, com aqueles que se comprometam com as práticas de responsabilidade social e condutas éticas em sua cadeia produtiva.

Título IV – Comunidade

Art. 20. As atividades do Cartório devem ser desenvolvidas em total harmonia com a comunidade onde está situado, interagindo de forma profissional (não paternalista), apoiando o desenvolvimento socioeconômico da região em que está inserido.

§ 1º O Cartório, como agente de desenvolvimento e inserido no contexto social nas comunidades onde atua, incentiva a participação voluntária de todos os seus colaboradores em projetos sociais e culturais e nas atividades que promovam o exercício da cidadania.

§ 2º Não devem ser adotadas práticas comunitárias que venham a beneficiar interesses pessoais de administradores ou colaboradores do Cartório ou de políticos em detrimento de interesses pessoais.

Título V – Ex-colaboradores

Art. 21. O relacionamento com ex-colaboradores no Cartório é pautado apenas em vínculos de amizade, sendo assim, é expressamente proibido fornecer quaisquer informações sobre os atos realizados pelo Cartório e pelos seus usuários, bem como informações sobre as decisões tomadas internamente, sobre as políticas e questões salariais, sobre os colegas de trabalho e demais informações que dizem respeito apenas ao cartório e seus integrantes.

Parágrafo único. A não observância das diretrizes descritas neste item caracterizará uma falta de natureza grave, e sujeita à aplicação das punições previstas em lei, podendo inclusive levar à rescisão do contrato de trabalho.

Seção VI – Do meio ambiente

Art. 22. As atitudes em relação ao meio ambiente têm como prioridade o respeito pela natureza, à preservação e a redução dos impactos ambientais, por meio de ações, do comprometimento das pessoas, da melhoria dos processos e da aplicação de tecnologias adequadas, voltadas ao desenvolvimento sustentável.

Parágrafo único. Os programas de gestão ambiental do Cartório deverão avaliar os impactos da atividade no meio ambiente e criar soluções para a redução destes problemas.

Seção VII – Das denúncias e reclamações

Art. 23. As denúncias devem ocorrer quando o colaborador tiver conhecimento de dados ou fatos concretos que estejam beneficiando alguém, em prejuízo de outros ou do próprio serviço. As violações dos princípios éticos e as diretrizes devem ser levadas ao conhecimento dos gestores e do Titular, evitando fofocas e boatos.

§ 1º Caso ocorra de um usuário ou fornecedor apresentar atitudes suspeitas, como questionar o colaborador sobre informações confidenciais de outros usuários, solicitar informações estratégicas sobre o Cartório, ou outras ações similares, o fato deverá ser comunicado imediatamente aos gestores e ao titular.

§ 2º O Cartório investigará pronta e rigorosamente todos os fatos que envolvam suspeita de fraude, furto, roubo, apropriação indébita ou qualquer outro crime, contravenção penal ou ilícita, bem como atos que se desviem dos procedimentos corporativos e de segurança estabelecidos pelo Cartório.

§ 3º O anonimato do colaborador, ou de outra parte interessada, e a confidencialidade do caso serão garantidos, por meio da urna de relacionamento com o colaborador e a urna de relacionamento com os usuários e visitantes na recepção do Cartório, bem como no *site* do Cartório utilizando do canal de comunicação.

§ 4º Não serão toleradas repreensões ou punições contra colaboradores ou terceiros que efetuarem denúncias.

Seção VIII – Do conflito de interesses

Título I – Da caracterização do conflito de interesses

Art. 24. O conflito de interesse ocorre quando um integrante influencia ou pode influenciar uma decisão do Cartório que resulte ou possa resultar em algum ganho pessoal, direto ou indireto, para si, membros de sua família ou amigos.

Parágrafo único. Os integrantes e colaboradores devem zelar para que suas ações não conflitem com os interesses do Cartório, nem causem dano à sua imagem e reputação. Devem, também, agir de forma imparcial em situações de atendimento a parentes ou amigos.

Art. 25. Caracterizam situações de conflito de interesses, dentre outras:

I – Ter interesse pessoal que possa afetar a capacidade de avaliação de um negócio de interesse do Cartório;

II – Dispor de informações confidenciais que, se utilizadas, possam trazer vantagens pessoais;

III – Aceitar tarefa ou responsabilidade externa que afete o seu desempenho no Cartório;

IV – Utilizar recursos do Cartório para atender a interesses particulares.

Parágrafo único. O colaborador confrontado com qualquer situação de conflito de interesse deve prontamente comunicar o ocorrido ao seu gestor ou ao Titular, que poderá resolver a questão ou discuti-la com o Comitê Gestor do Cartório.

Título II – Das atividades fora do cartório

Art. 26. Os colaboradores do Cartório podem exercer atividades ou engajar-se em organizações, desde que não comprometam sua dedicação à serventia, e gere conflito de interesses com suas responsabilidades e atribuições, comprometendo a integridade, confidencialidade e segurança do Cartório e de seus usuários.

Parágrafo único. Em qualquer hipótese, as atividades paralelas profissionais, filantrópicas ou políticas devem ser previamente informadas por escrito ao Titular.

Título III – Da utilização e preservação dos bens do cartório

Art. 27. Cabe aos integrantes e colaboradores zelar pela conservação dos ativos do Cartório, que compreendem instalações, máquinas, equipamentos, móveis, veículos, valores e outros.

§ 1º Não é permitido utilizar equipamentos e outros bens do Cartório para uso particular, salvo os equipamentos destinados exclusivamente para este fim ou quando autorizados pelo Comitê Gestor do Cartório.

§ 2º Também não será permitida a utilização dos meios eletrônicos, como e-mail e internet, para arquivar ou enviar malas diretas, correspondências ou arquivos estranhos às atividades profissionais, especialmente as de conteúdo moral leviano, pornográfico ou político. Além disto, deverá ser observada e obedecida a Política de Gestão de Utilização das facilidades de Informática e Segurança de TI.

Título IV – Das atividades políticas e esportivas

Art. 28. O Cartório não fará qualquer restrição ao posicionamento político partidário e sobre a preferência esportiva de seus integrantes. No entanto, os colaboradores deverão agir sempre em caráter pessoal e de forma a não interagir em suas responsabilidades profissionais.

§ 1º É terminantemente proibido o exercício de atividade político-partidária no ambiente de trabalho e que envolvam, sob qualquer forma, recursos do Cartório. Também não poderão ser utilizados os uniformes do Cartório durante o exercício de atividades políticas.

§ 2º É terminantemente proibida a veiculação de qualquer forma de propaganda política ou esportiva nas instalações do Cartório, bem como em veículos, equipamentos, publicações ou qualquer outro bem.

§ 3º O integrante que participar de atividades políticas ou esportivas, o faz como cidadão, e não como representante do Cartório, nem como candidato a cargos públicos. Nessas atividades é terminantemente proibido o uso de qualquer objeto ou vestimenta que identifique o Cartório, como o uniforme, bótons, pins, camisetas promocionais etc.

Título V – Das dúvidas

Art. 29. As diretrizes deste Código de Conduta permitem avaliar grande parte das situações e minimizar a subjetividade das interpretações pessoais sobre princípios morais e éticos, mas não detalham necessariamente todas as situações que podem surgir no dia adia de cada integrante.

Parágrafo único. Em caso de dúvidas na aplicação das diretrizes desse Código, o gestor poderá esclarecê-las, bem como todas as políticas de gestão e outros informativos já publicados servem como um complemento a este documento.

Seção IX – Das penalidades

Art. 30. Os colaboradores transgressores de normas deste Código e das normas internas do Cartório ou daquelas previstas na CLT – Consolidação das Leis do Trabalho estarão sujeitos às seguintes penalidades:

I – Advertência verbal do superior imediato ou da área de recursos humanos;
II – Advertência escrita do superior imediato ou da área de recursos humanos;
III – Suspensão;
IV – Encaminhamento do caso para a alta gestão para a avaliação de medidas corretivas, punitivas ou indenizatórias;
V – Desligamento do funcionário, inclusive por justa causa.

§ 1º Essas penalidades não serão necessariamente impostas em caráter gradativo, podendo ser aplicadas indistintamente para qualquer infração, dependendo apenas da sua gravidade ou da reincidência, a critério do gestor.

§ 2º É dever do Comitê Gestor do Cartório, sob supervisão direta do Tabelião, levar infrações à lei e às normas éticas cometidas por seus colaboradores ao conhecimento das instituições e órgãos de fiscalização, repressão e controle da serventia.

Seção X – Do comitê de ética

Art. 31. A serventia XXXXXXXXXXXXXXXX terá uma Comissão de Ética, constituída e independente, formada pelo Comitê Gestor do Cartório, com as seguintes atribuições:

I – Conhecer das condutas, denúncias e representações formuladas em face de colaboradores e demais membros do Cartório, por infringência às normas deste Código e das leis aplicáveis;
II – Apurar a ocorrência das infrações a este Código, por meio de processo administrativo conduzido com o auxílio da assessoria jurídica do Cartório, observado e garantido o contraditório e a ampla defesa;
III – Encaminhar suas conclusões às autoridades competentes para a adoção das providências cabíveis;
IV – Rever o presente Código a cada 02 (dois) anos, de forma a tornar atualizadas e adequadas as suas normas, ou quando julgar necessário fazê-lo antes de tal prazo.

Art. 32. Os membros da Comissão de Ética do Cartório deverão julgar com isenção e imparcialidade, observando sempre o interesse maior da serventia e à legislação aplicável.

Seção XI – Das disposições finais

Art. 33. Todos os que se submeterem a este Código devem obrigatoriamente guardar observância às suas normas e zelar tanto interna, quanto externamente, pela sua divulgação e aplicação nos seus relacionamentos entre si e com terceiros.

Art. 34. O Cartório não permite, não compactua e não tolera contratações e/ou parcerias que caracterizem qualquer forma de exploração do trabalho infantil ou adulto, não celebrando nenhum ajuste, convênio ou contrato que envolva a referida exploração.

Art. 35. Os casos omissos ao presente Código serão resolvidos pela Comissão de Ética do Cartório.

Art. 36. Este Código será objeto de revisão para adequação das suas normas quando necessário, conforme previsto no art. 31, inciso IV, deste instrumento.

Anexo I – Compliance e Programa de Integridade

Documento: Compliance e Programa de Integridade		
Emissão: XX/XX/XXXX	Revisão: 00	Aprovação: Registradora
Ref.: ISO 9001:2015 e ISO 37301:2021	Validade: Permanente	Emitente: Gestão para a Excelência

Compliance e programa de integridade

I. *Compliance*

A Serventia conduz seus serviços com honestidade, integridade e transparência, sendo o compromisso com o atendimento aos requisitos legais e estatutários um dos princípios fundamentais da gestão.

Foram implementadas e divulgadas normas, regras, procedimentos e programas internos com o objetivo de garantir a conformidade dos serviços e evidenciar de maneira transparente a conduta de todos. Nos esforçamos para garantir que o funcionário entenda a importância desses princípios e se comprometa com o cumprimento na execução dos mesmos.

O cartório tem como preocupação a conscientização e orientação de condutas éticas, evitando que comportamentos inadequados possam vir a prejudicar a imagem e a reputação institucional. Zelamos para que todas as ações sejam baseadas na moral e na ética de nossos colaboradores e de todos aqueles que de alguma maneira se relacionam ou interferem na execução dos processos e na qualidade dos serviços, incluindo fornecedores, terceirizados e prestadores de serviço.

Toda e qualquer forma de corrupção, fraude, ou descumprimento de leis ou regulamentos dentro da empresa, serão passíveis de sanções, assim que identificada tal conduta.

Para a serventia existem duas modalidades de compliance a serem tratados:

Compliance Jurídico: Que visa atender a segurança dos atos, a fim de que esses estejam dentro das normas legislativas vigentes, dando maior validade e segurança jurídica ao usuário.

Compliance Ético: Que visa estabelecer uma conduta ética adequada no atendimento e execução dos serviços oferecidos ao usuário.

II. *Programa de Integridade*

"Programa de integridade consiste, no âmbito de uma pessoa jurídica, no conjunto de mecanismos e procedimentos internos de integridade, auditoria e incentivo à denúncia de irregularidades e na aplicação efetiva de códigos de ética e de conduta, políticas e diretrizes com objetivo de detectar e sanar desvios, fraudes, irregularidades e atos ilícitos praticados contra a administração pública, nacional ou estrangeira." – Decreto 8420/2015.

A serventia possui um programa de integridade com a finalidade de mitigar ocorrências de corrupção e desvios éticos e está estruturado, aplicado e atualizado de acordo com as características e riscos atuais das atividades desenvolvidas pelo cartório, e busca garantir o constante aprimoramento e adaptação do referido programa, visando garantir sua efetividade

Esse programa possui os seguintes pilares:

1. Compromisso da Alta Direção

A Oficiala do Cartório reconhece a importância dos valores, políticas, normativas e diretrizes que constituem o presente Programa de Integridade bem como o seu necessário patrocínio para que este tema avance muito além de normas e procedimentos.

Os Gestores, devem ser modelo de conduta ética, sendo exemplo para todos, e devem reforçar sua responsabilidade com as diretrizes do programa conduzindo as atividades de forma honesta, transparente, promovendo uma cultura com tolerância zero a corrupção e comprometendo-se com relação a integridade, prevenção da corrupção e demais atos lesivos relativos às leis aplicáveis, em especial a Lei 12.846 de 2013, chamada de Lei Anticorrupção.

Assim sendo, a alta direção garantirá o provimento de recursos financeiros, materiais e humanos necessários à sua gestão e implementação eficaz.

2. Código de conduta ética

O Código de Conduta Ética do cartório trata em tópicos de todas as normas e procedimentos que devem ser seguidos por todos, a fim de que se mantenha as condutas corretas.

O programa é divulgado para as partes interessadas da seguinte forma:

1. Durante a integração de novos colaboradores;

2. Pelo menos uma vez ao ano para todos os colaboradores, e sempre que houver revisão;

3. Para todas as partes interessadas, por meio de link no site do cartório;

3. Comitê de Integridade

O Comitê de Integridade do cartório é formado pelos seguintes integrantes: XXXXXXXXXXXXXXXX – Oficiala Titular, XXXXXXXXXXXXXXXX – Oficial Substituto Principal, XXXXXXXXXXXXXXXX – Oficiala Substituta, XXXXXXXXXXXXXXXX – Coordenadora do Setor Administrativo, XXXXXXXXXXXXXXXX – Assistente Administrativa, que deverão reunir-se, sempre que necessário, para analisar e tratar as denúncias recebidas, de acordo com a severidade e urgência específica de cada uma delas, ficando a cargo da Oficiala titular definir a necessidade de tal reunião. Cada reunião é registrada em ata específica e assinada pelos participantes.

4. Análise dos riscos

Os riscos relacionados à conformidade e ao programa de integridade do cartório serão analisados e tratados no Mapeamento SWOT, incluído no planejamento estratégico dessa serventia.

5. Medidas disciplinares

O descumprimento das diretrizes estabelecidas no Programa de Integridade é considerado falta grave e pode resultar em sanções disciplinares, que poderão incluir a rescisão de contrato, bem como demais leis aplicáveis. Na aplicação das sanções serão considerados os motivos e a gravidade do descumprimento.

6. Monitoramento contínuo

O Comitê de Integridade é responsável por assegurar e orientar que os padrões de controles definidos sejam aplicados e monitorados continuamente, a fim de que eventuais deficiências identificadas sejam pronta e inteiramente corrigidas, junto aos responsáveis, sem o prejuízo de qualquer penalidade ou ações disciplinares cabíveis na circunstância a seus colaboradores, terceiros, parceiros, fornecedores e acionistas (usuários) que se relacionam com o Cartório. O monitoramento contínuo do Programa de Integridade permite que a serventia verifique a efetividade do programa, identifique quaisquer riscos novos que tenham surgido e responda tempestivamente por meio de correções e aprimoramentos. Os pontos de melhoria resultantes do monitoramento podem ser objeto de plano de ação para que eventuais vulnerabilidades observadas sejam sanadas atualizando, caso necessário, o Programa de Integridade. Uma das formas de identificar falhas no funcionamento do Programa de Integridade é por meio das manifestações recebidas no canal de denúncias. Quando detectadas violações, seja por meio de denúncias, ações de monitoramento, ou outra forma, as medidas adotadas pela empresa para investigar e remediar as irregularidades, bem como punir os envolvidos, são essenciais para o sucesso e a credibilidade do Programa de Integridade

7. Canais de comunicação e de denúncia

Com o propósito de receber denúncias, consultas, críticas, sugestões e opiniões o cartório disponibiliza canais de comunicação que contribuem para a eficácia da comunicação interna e externa. As denúncias poderão ser feitas de forma anônima ou identificada, o que assim o denunciante preferir.

Não será permitida ou tolerada qualquer tipo de retaliação contra qualquer pessoa que apresente uma denúncia de boa-fé ou a queixa de violação. É garantida a proteção ao denunciante de boa-fé que se manifestar sobre qualquer violação ao disposto neste programa ou sobre a suspeita de atos que possam estar relacionados, direta ou indiretamente, à prática consumada ou mera tentativa de corrupção ou de suborno.

O *canal de denúncia do cartório*, deve ser acessado através dos seguintes meios:
- site: https://xxxxxx/manifestacao.php.

Também são estabelecidos os seguintes canais para comunicação, denúncia e sugestões:
- Urna de sugestões, localizada na área de atendimento e copa;
- Conversa com a oficial ou com seus substitutos, dependendo do grau da denúncia;
- No momento da avaliação de desempenho;
- Órgão superior, caso a denúncia esteja relacionada com a oficiala, sendo a mesma direcionada para a Corregedoria do Tribunal do Estado do XXXXXXXXXXXXXXX (telefones: XXXXXXXXXXXXXXX).

8. Disposições gerais

Todos os funcionários, colaboradores, oficiais, fornecedores e parceiros abrangidos por este Programa de Integridade, devem assinar um termo de compromisso, por meio eletrônico ou impresso, pelo qual declaram conhecer e ter compreendido, comprometendo-se a respeitá-lo, cumpri-lo e disseminar junto ao público interno e externo.
A Direção.

Anexo II – Termo de Compromisso

Termo de Compromisso

Eu,_____, portador da CI nº_____, e do CPF/MF nº_____, residente e domiciliado na_____ _____, na cidade de_____, Estado_____, CEP_____, *Declaro*, para todos os fins e efeitos de direito, ter lido e compreendido em sua íntegra o *Código de Conduta* da serventia XXXXXXXXXXXXXXX, assumindo o compromisso de cumpri-lo e respeitá-lo em todas as minhas atividades no Cartório e em razão das minhas funções na serventia, zelando por sua aplicação.

(Local),_____,_____ de_____.

_____

(assinatura)

Anexo III – Controle de distribuição e revisão do Código de Conduta

Controle de distribuição e revisão do Código de Conduta

Distribuição					
Setor	Nº Cópias	Meio	Setor	Nº Cópias	Meio
Administrativo	01	F			
Pasta Pública	01	E			
Controle das revisões					
Data	Revisão	Histórico			
xx/xx/xxxx	00	1ª Edição			

SISTEMA ELETRÔNICO DOS REGISTROS PÚBLICOS E A ADEQUAÇÃO AO *COMPLIANCE* NOTARIAL E REGISTRAL

Aline Rodrigues de Andrade

Gabriela Almeida Marcon

Sumário: 1. Introdução – 2. A inclusão das serventias notariais e registrais no sistema de *compliance* – 3. A criação do sistema eletrônico dos registros públicos e seu impacto nas centrais eletrônicas – 4. A adequação do serp às boas práticas para preservar a informação – 5. Conclusão – 6. Referências.

1. INTRODUÇÃO

Nas lições de Perlingieri (1999), o Direito surge como síntese e equilíbrio entre valores impostos e valores livremente escolhidos. É notório o movimento de constitucionalização do direito privado nos últimos tempos, caracterizado pela exaltação da dignidade da pessoa humana, dos valores sociais do trabalho e justiça social. Neste contexto, a visão da propriedade, por exemplo, como direito real absoluto, é mitigada. Ao contrário do que se poderia pensar, a constitucionalização do direito privado apenas faz crescer a importância dos registros públicos.

Incertezas com relação aos direitos afetam, inegavelmente, as relações humanas. A segurança jurídica que permite o desenvolvimento econômico livre, a proliferação de negócios, o empreendedorismo, a liberdade de iniciativa e a certeza da moradia, restariam comprometidas não fosse a confiança proporcionada pela atividade notarial e registral.

As tecnologias da informação e comunicação desenvolvidas nos últimos anos reduziram distâncias, simplificaram procedimentos e trouxeram aos serviços extrajudiciais inovações históricas. Boas práticas de gestão da informação foram implementadas por iniciativa de agentes delegados, e, gradativamente, institucionalizadas.

O sistema de registro eletrônico instituído pela Lei 11.977/2009, o marco civil da internet, consubstanciado na Lei 12.965/2014, e, o Provimento CNJ 74, de 31 de julho de 2018, que dispôs sobre padrões mínimos de tecnologia da informação para segurança, integridade e disponibilidade de dados na atividade notarial e registral, são exemplos dos novos tempos.

A pandemia de Covid-19, declarada pela Organização Mundial da Saúde em março do ano de 2020, acelerou o processo de prestação de serviços públicos eletrônicos, inclusive os notariais e registrais. As centrais eletrônicas são protagonistas destas grandes transformações. O acesso, a celeridade e o compartilhamento de informações foram fortalecidos por seu advento.

A lavratura de escrituras públicas eletronicamente; os registros imobiliários e de documentos pela internet, envio de títulos e cancelamento de protestos eletrônico mostram que os livros e fichas podem ser modernizados sem distanciar-se da segurança jurídica. Para tanto, contudo, procedimentos rigorosos e claros devem ser seguidos. Os notários e registradores devem observar em sua atuação os princípios constitucionais da legalidade, moralidade, publicidade e eficiência (artigo 37 da Constituição Federal de 1988), assim como devem garantir a publicidade, autenticidade, segurança e eficácia dos atos jurídicos (artigo 1º da Lei 8.935, de 18 de novembro de 1994).

O objetivo deste estudo, a partir de pesquisa bibliográfica de caráter exploratório, é refletir sobre o Sistema Eletrônico dos Registros Públicos, enquanto instrumento de concentração de dados sobre patrimônios e pessoas, e, a adequação dos serviços extrajudiciais às normas de *compliance*.

2. A INCLUSÃO DAS SERVENTIAS NOTARIAIS E REGISTRAIS NO SISTEMA DE *COMPLIANCE*

Os serviços notariais e registrais, apesar da gestão privada, possuem natureza pública, são titularizados pelo Estado e delegados aos particulares. Nesse sentido, os atos praticados precisam considerar a supremacia do interesse público sobre o privado, a fim de promover o bem de todos.

A prestação dos serviços instalados é obrigatória e o princípio da legalidade incide sem sombra de dúvidas, emanando do caput do artigo 37 da Constituição Federal. Para assegurar a autenticidade, eficiência e segurança dos atos praticados fisicamente ou por meio eletrônico é imprescindível a observância do arcabouço normativo e principiológico que rege a atividade notarial e registral. Esta conformidade com os ditames legais, o respeito aos seus princípios e regras, é o que se pode referir como *compliance*.

Compliance, enquanto disciplina, pode ser abordada com diversas ênfases, como, por exemplo, empresarial, trabalhista, ambiental, procedimentos internos e anticorrupção. Não se trata de disciplinas independentes, mas de noções complementares que devem existir dentro de uma mesma organização para que, dentro de seu ramo de atividade, mantenha conformidade com a legislação e políticas aplicáveis.

Um sistema de *compliance* não é um conjunto de procedimentos proforma, para justificar atos da gestão, mas deve refletir os valores propagados pela instituição para manter sua integridade. Deve assegurar o cumprimento de princípios, leis e normas administrativas que regem a atividade.[1]

Nos termos do artigo 41 do Decreto 8.420/2015, um programa de integridade ou *compliance*, consiste em um

> conjunto de mecanismos e procedimentos internos de integridade, auditoria e incentivo à denúncia de irregularidades e na aplicação efetiva de códigos de ética e de conduta, políticas e diretrizes com objetivo de detectar e sanar desvios, fraudes, irregularidades e atos ilícitos praticados contra a administração pública, nacional ou estrangeira.[2]

É pertinente dizer que o programa deve se pautar no tripé: prevenir, mitigar e responder. Isto é, primeiro, são analisados os riscos potenciais, tem-se um processo de aprendizagem por intermédio do qual se conscientiza e dissemina uma visão de longo prazo acerca dos procedimentos e melhores práticas para mitigar os riscos. Após, os valores são fortalecidos e, finalmente, se algo ocorrer, a organização terá em mãos ferramentas que permitem identificar e responder de forma rápida e eficaz ao problema.

Para tanto, a implantação de um programa de *compliance* contempla, basicamente, cinco etapas, a saber: a) avaliação de riscos, confecção da matriz de riscos ou *due dilligence*; b) sensibilização e construção da cultura de *compliance*; c) concepção do programa, elaboração das diretrizes e dos documentos norteadores; d) divulgação e treinamento; e) controle e monitoramento.

A consolidação de um programa de *compliance* deriva da efetiva adoção de boas práticas de governança corporativa, propiciando a autorregulação.[3] Para que essas práticas sejam introduzidas em uma organização seus valores devem se sólidos, a fim de nortear sua própria atuação e a dos públicos com os quais se relaciona. Como no diálogo de Sócrates e Trasímaco, é necessário honrar as próprias verdades com a prática.

As serventias extrajudiciais, como braços da justiça, auxiliam na produção de confiança e pacificação social, devendo seguir as normas administrativas editadas pelo Conselho Nacional de Justiça e pelas Corregedorias dos Tribunais pelos quais são fiscalizadas. A valoração ética, em sua acepção ampla, para criação de diretrizes não é um desafio trivial. Sem comprometer a independência dos ser-

---

1. VERDE et al., 2021.
2. BRASIL, 2015.
3. ANDRADE, ROSSETTI, 2009.

viços, as normas editadas pretendem alinhar políticas responsáveis e cautelosas para a atividade.

As inovações tecnológicas são, por exemplo, aliadas no combate à corrupção, transações fraudulentas, violação de dados pessoais e crimes eletrônicos. A Agenda 2030 da Organização das Nações Unidas para o desenvolvimento sustentável, consubstanciada no documento "Transformando o Nosso Mundo", firmado por 193 países membros da ONU em 2015, traz dentre seus objetivos, o de número 16 (ODS 16), que abrange o acesso à justiça por intermédio de instituições eficazes, responsáveis e inclusivas em todos os níveis.

O judiciário brasileiro aderiu à referida Agenda e por meio da Portaria CNJ 133 de 28 de setembro de 2018, a Presidência do Conselho Nacional de Justiça instituiu Comitê Interinstitucional, destinado a proceder estudos e apresentar proposta de integração das metas do Poder Judiciário com as metas e os indicadores da Agenda 2030, sobretudo, do ODS 16.

Neste cenário, surgem o Provimento CNJ 85, de 19 de agosto de 2019 – que dispõe sobre a adoção dos ODS pelas Corregedorias do Poder Judiciário e pelo Serviço Extrajudicial, e, o Provimento CNJ 88, de 1º de outubro de 2019 – com alterações promovidas pelo Provimento CNJ 90 de 12 de fevereiro de 2020 –, o qual, considerando que os notários e registradores estão sujeitos aos deveres de colaboração impostos pela lei como medidas de prevenção à lavagem de dinheiro e ao financiamento do terrorismo, versa sobre a política, os procedimentos e os controles a serem adotados pelos notários e registrados visando à prevenção destes crimes.

Consequências severas da lavagem de dinheiro e corrupção são a perda de recursos nacionais, desenvolvimento insustentável, distribuição desequilibrada da riqueza, aumento da pobreza, economia instável, má prestação de serviços públicos, estagnação do crescimento, perda de interesse de investimento estrangeiro, aumento custos administrativos e de gestão, bem como os custos políticos e instabilidade.[4]

No que diz respeito à prevenção de crimes, o Provimento CNJ 88/2019 aplica-se, nos termos de seu artigo 2º, a titulares e interinos dos serviços de notas, protestos, registro de imóveis, registro de títulos e documentos e registros civis de pessoas jurídicas.

A análise jurídica dos agentes delegados, portanto, deve considerar a avaliação da existência de suspeita nas operações dos usuários, com especial atenção aquelas incomuns seja no que se refere a partes envolvidas, valores transacionados, forma de realização, finalidade, instrumentos ou pela falta de fundamentos

---
4. JOSEPH et al., 2019.

econômicos que possam configurar sérios indícios dos crimes previstos na Lei 9.613, de 1998.

A norma impõe aos delegatários a realização de procedimentos mínimos de controle (art. 7º), quais sejam: a) destinados à promoção de diligência razoável para a qualificação das partes, beneficiários finais e demais envolvidos nas operações que realizarem; b) obtenção de informações sobre o propósito e a natureza da relação de negócios; c) identificação de operações ou propostas de operações suspeitas ou de comunicação obrigatória; d) mitigação dos riscos de que novos produtos, serviços e tecnologias possam ser utilizados para a lavagem de dinheiro e para o financiamento do terrorismo; e) verificação periódica da eficácia da política e dos procedimentos e controles internos adotados.

Para além, especificamente, da prevenção de crimes, outras normas devem ser observadas pelos agentes delegados para manutenção da integridade dos atos praticados, como, por exemplo, a Lei Geral de Proteção de Dados e a própria lei dos notários e registradores,[5] quando traz o princípio da conservação, o dever de manter os livros, papéis e documentos em ordem e segurança, praticando, para tanto, os atos que forem necessários (art. 41 e 46).

Diante do avanço tecnológico, a Corregedoria Nacional de Justiça regulamentou a criação de diversas centrais de serviços extrajudiciais para, entre outras finalidades, promover a interligação dos notários e oficiais de registros públicos na execução de suas atividades, propiciando o intercâmbio de informações e a universalização do acesso dos usuários.

Diante da natureza constitucional dos serviços notariais e registrais (art. 236 da Constituição Federal e Lei 8.935/94), a arquitetura regulamentada pelo Poder Judiciário, buscando respeitar a estrutura posta, não centraliza efetivamente os dados, mas franqueia o acesso amplo do usuário a cada unidade por intermédio de serviços eletrônicos compartilhados.

As centrais eletrônicas não se confundem com os próprios serviços notariais e registrais, isto é, não se requer a informação ao próprio titular do serviço em que os dados estão, mas a uma espécie de *longa manus* dos delegatários. Tais centrais, tal qual concebidas, são dirigidas pelas entidades associativas dos notários e registradores brasileiros para a prática de atos inerentes à atividade.

Considerando que a atividade extrajudicial é serviço público, exercido em caráter privado, cujos valores dos emolumentos, com natureza jurídica de taxa, pressupõem a prévia existência de lei estadual ou distrital, o Provimento CNJ 107, de 24 de junho de 2020, dispõe atualmente que é proibida a cobrança de qualquer valor do usuário final relativamente aos serviços prestados pelas centrais registrais

---

5. Lei 8.935/94.

e notariais, de todo o território nacional, ainda que travestidas da denominação de contribuições ou taxas, sem a devida previsão legal.

Em todo caso, é fundamental que as centrais eletrônicas também desempenhem suas atividades de forma adequada, desenvolvendo programas de boa gestão para garantia da integridade institucional.

De todo o exposto, extrai-se a importância da gestão e controle de riscos em qualquer sistema de *compliance*.[6] A atividade de gestão de riscos é a mais abrangente de todo o programa de *compliance*, dado que requer uma avaliação sistêmica das incertezas e riscos de maior relevância a que a serventia estará exposta na prática dos atos inerentes à prestação do serviço delegado.

Assim, a efetiva implementação e funcionamento de um sistema eletrônico dos registros públicos a permitir a recepção de títulos e o fornecimento de informações por meio eletrônico com total segurança, em respeito aos princípios e regras da atividade, demanda a existência de um suporte eletrônico idôneo. Um sistema que permita conciliar celeridade, publicidade e prevenção aos riscos. O Sistema Eletrônico dos Registros Públicos – SERP surge com esta finalidade.

3. A CRIAÇÃO DO SISTEMA ELETRÔNICO DOS REGISTROS PÚBLICOS E SEU IMPACTO NAS CENTRAIS ELETRÔNICAS

O artigo 37 da Lei 11.977/09, com a redação dada pela Medida Provisória 1.085, de 27 de dezembro de 2021 (convertida na Lei 14.382/2022), dispõe que os serviços de registros públicos de que trata a Lei 6.015, de 31 de dezembro de 1973, promoverão a implantação e o funcionamento adequado do Sistema Eletrônico dos registros públicos – SERP.

A Lei 13.097/2015, alterando a redação do artigo 41 da Lei 11.977/09, dispôs que a partir da implementação do sistema de registro eletrônico de que trata o artigo 37 acima referido, os serviços de registros públicos disponibilizarão ao Poder Judiciário e ao Poder Executivo Federal, por meio eletrônico e sem ônus, o acesso às informações constantes de seus bancos de dados, conforme regulamento.

Já no ano de 2014, o CNJ, por intermédio da Recomendação 14, estruturou as referências do Sistema de Registro Eletrônico de Imóveis (SREI) para implantação do modelo em território nacional, considerando que o aperfeiçoamento dos serviços registrais imprimiria maior celeridade e segurança em prol da população. Com intuito de fortalecer as bases dos registros públicos, então, o SREI, na forma do artigo 76 da Lei 13.465/2017, promoveu a integração das unidades registrais brasileiras.

---

6. SOUSA MENDES, PALMA, SILVA DIAS, 2018.

Nesse sentido é o artigo 8º do Provimento 89/2017 do CNJ, que dispõe que o Sistema de Registro Eletrônico de Imóveis – SREI tem como objetivo a universalização das atividades de registro público imobiliário, a adoção de governança corporativa das serventias de registros de imóveis e a instituição do sistema de registro eletrônico de imóveis previsto no art. 37 da Lei 11.977/2009, devendo observar padrões técnicos, critérios legais e regulamentares, proporcionando a interconexão das serventias.

A Medida Provisória 1.085, publicada em dezembro de 2021, posteriormente convertida na Lei 14.382/2022, teve por intuito modernizar e simplificar os procedimentos relativos aos registros públicos de atos e negócios jurídicos.

Dentre as muitas alterações propostas, destaca-se a significativa redução de prazos para análise e registro de títulos e emissão de certidões, bem como os avanços pretendidos com os objetivos do SERP (art. 3º da Lei 14.382/2022), de que são exemplos, entre outros: a) o registro público eletrônico dos atos e negócios jurídicos, b) a interconexão das serventias dos registros públicos; c) a interoperabilidade das bases de dados entre as serventias dos registros públicos e entre as serventias dos registros públicos e o SERP; d) o atendimento remoto aos usuários de todas as serventias dos registros públicos, por meio da Internet; e) a recepção e o envio de documentos e títulos, a expedição de certidões e a prestação de informações, em formato eletrônico, inclusive de forma centralizada, para distribuição posterior às serventias dos registros públicos competentes; f) a visualização eletrônica dos atos transcritos, registrados ou averbados nas serventias dos registros públicos.

A respeito, importante mencionar que, antes mesmo da instituição do SERP, as serventias registrais já contavam com centrais eletrônicas que permitiam a interconexão das serventias de acordo com suas respectivas competências, os quais foram implementados visando proporcionar a melhor prestação de serviços, com acessibilidade isonômica aos usuários.

Nesse cenário, por meio do Provimento 46, de 16 de junho de 2015, o Conselho Nacional de Justiça instituiu a Central de Informações de Registro Civil das Pessoas Naturais – CRC. No ano seguinte, o CNJ publicou o Provimento 48, de 16 de março de 2016, estabelecendo diretrizes gerais para o Sistema de Registro Eletrônico de Títulos e Documentos e Civil de Pessoas Jurídicas – Central RTDPJ Brasil. Na sequência, o CNJ implementou o Sistema de Registro Eletrônico de Imóveis – SREI, por meio do Provimento 89, de 18 de dezembro de 2019. No mesmo ano, foi publicado o Provimento 87, de 11 de setembro de 2019, criando a Central Nacional de Serviços Eletrônicos dos Tabeliães de Protesto de Títulos – CENPROT. Por fim, o CNJ publicou o Provimento 100, de 26 de março de 2020, instituindo o sistema e-Notariado.

O SERP, por sua vez, nasce com uma finalidade ainda maior, pois prevê a existência de um operador nacional, com competências para gerir todos os procedimentos relativos aos registros públicos. Assim, caberá ao SERP coordenar as centrais de cada especialidade, permitindo aos usuários que acionem apenas a central unificada para atendimento de suas demandas.

Ainda que não expresso sobre todas as centrais, inclusive, a própria Lei que instituiu o SERP, prevê no artigo 7º, V e VI, que caberá à Corregedoria Nacional de Justiça do Conselho Nacional de Justiça disciplinar, dentre outros, a forma de integração do SREI e da Central RTDPJ Brasil ao SERP.

Para verificação da identidade das partes e usuários dos registros públicos, o artigo 9º da Lei 14.382/2022 dispõe que as bases de dados públicas poderão ser acessadas, a critério dos responsáveis por cada base e mediante pactuação prévia, por notários e oficiais dos registros públicos, observado disposto na Lei 13.709, de 14 de agosto de 2018 (Lei Geral de Proteção de Dados – LGPD), e na Lei 13.444, de 11 de maio de 2017, que dispõe sobre identificação civil nacional – ICN.

A adoção de medidas de integração das centrais eletrônicas ao SERP é extremamente relevante para garantia da continuidade dos trabalhos que já veem sendo desenvolvido pelas centrais, assegurando aos usuários a certeza da segurança e a confiabilidade do sistema eletrônico utilizado.

4. A ADEQUAÇÃO DO SERP ÀS BOAS PRÁTICAS PARA PRESERVAR A INFORMAÇÃO

O advento das novas tecnologias, sobretudo da internet, tem transformado continuamente a realidade humana. Vive-se numa "sociedade de vigilância", onde o trânsito de informações pessoais é fenômeno irreparável. O "poder informacional" é capaz de ocasionar novas situações de dominação da sociedade, podendo gerar desequilíbrio ao sistema democrático,[7] especialmente considerando que o Estado é o maior concentrador de dados pessoais, desde o nascimento, com o registro, até depois da morte, com o inventário e partilha dos eventuais bens deixados.

No Brasil, a privacidade é direito fundamental, consoante artigo 5º da Constituição Federal, que trata da inviolabilidade da intimidade e da vida privada, bem como de sigilos específicos.

Em razão disso, diversas normativas foram expedidas visando garantir o direito à privacidade, especialmente sobre como devem agir as instituições que possuem competências para lidar com informações patrimoniais e pessoais de seus usuários.

---

7. RODOTÀ, 2008.

Assim, consoante evolução da sociedade informacional, leis como o Código de Defesa do Consumidor (Lei 8.078/1990), a Lei de Acesso à Informação (Lei 12.527/2011) e o Marco Civil da Internet (Lei 12.965/2014), foram essenciais para o estabelecimento de princípios, garantias, direitos e deveres vinculados à utilização de informações privadas.

Nesse contexto, o desenvolvimento de boas práticas de gestão de informação se revela fundamental para a atividade notarial e registral, posto que cotidianamente trabalha com dados dos seus usuários.

Ressalte-se que as serventias extrajudiciais lidam com uma grande quantidade de informações que são coletadas, trabalhadas, compartilhadas e arquivadas, sendo fundamental a adoção de medidas que assegurem à segurança da informação e a implementação de tecnologias adequadas.

Em razão disso, o Conselho Nacional de Justiça publicou o já mencionado Provimento 74, de 31 de julho de 2018, dispondo sobre padrões mínimos de segurança da informação para as serventias extrajudiciais.

A importância da temática foi reforçada com a publicação da Lei 13.709, de 14 de agosto de 2018 (LGPD), ao incluir os notários e registradores como agentes de tratamento de dados (artigo 23, § 4º), prevendo, inclusive, a aplicação de sanções pela da Autoridade Nacional de Proteção de Dados – ANPD em caso de violações.

Referidas normativas, somada a Lei dos Cartórios (Lei 8.935/94), preveem uma série de deveres que visam às boas práticas de gestão para preservação das informações pessoais e patrimoniais dos usuários, tais como: a) respeitar padrões de segurança da informação (artigos 46 a 49 da LGPD); b) arquivar todos os livros e atos eletrônicos praticados de forma a garantir a segurança e a integridade de seu conteúdo, com backups (artigo 3º, caput e § 1º do Provimento 74); c) manter documentos da serventia em ordem e segurança (artigo 30, I, da Lei 8.395).

A criação do SERP, por sua vez, representa um marco para a inovação tecnológica ao instituir um sistema unificado de cartório digital. Ainda que sua implantação cause conflitos entre os estudiosos do direito notarial e registral, sobretudo, em razão da divergência entre o centripetismo registral e o princípio da especialidade, fato é que sua instituição é uma realidade e precisa ser devidamente analisada para que a sua implementação ocorra dentro dos padrões legais supramencionados.

Nesse compasso, apresenta-se como medida necessária de *compliance* a adequação do SERP às boas práticas e normas de segurança tecnológicas a que estão submetidas todas as instituições que lidam com informações pessoais e patrimoniais dos cidadãos.

No intuito de manter a segurança e integridade da informação, bem como a continuidade da prestação dos serviços públicos, o SERP deverá observar os padrões e requisitos de documentos, de conexão e de funcionamento estabelecidos pela Corregedoria Nacional de Justiça do Conselho Nacional de Justiça, consoante disposto no art. 7º, III, da Lei 14.382/2022 – aqui, mais uma vez restou enfatizada a importância do desenvolvimento de programas de *compliance* para adequação às demandas de proteção de dados.

Em termos operacionais, o SERP deverá contar com um Sistema de Gestão de Segurança e Proteção de Dados, com a finalidade de criar um conjunto de normas e procedimentos visando garantir a gestão e proteção dos dados, minimizando os riscos e diminuindo a vulnerabilidade dos sistemas de dados.[8] A implementação dessa medida garante a atuação conforme do SERP na proteção dos arquivos eletrônicos e mídia digital que integram o acervo das serventias extrajudiciais.

De igual modo, a criação de uma plataforma única via SERP potencializará a segurança jurídica, com a adoção de medidas de segurança adequadas, tal como o serviço de *backup* em nuvem, com a finalidade de arquivar com segurança os dados registrais, evitando os riscos de ataques cibernéticos ou perda de dados.

Uma medida que já está sendo implementada na era digital é da *Tecnologia Blockchain*, que é, em apertada síntese, um protocolo de registro distribuído, no qual cada bloco pertencente à cadeia é protegido por um código criptografado e, quando validado, junta-se aos demais blocos de modo linear e cronológico. A estrutura de dados é, em outras palavras, um livro-razão (*ledger*) que pode conter transações digitais, registros de dados e executáveis.[9]

Essa inovação permite a escrituração transparente de informações, a redução de fraudes, alterações ou ações de *hackers*, uma vez que os blocos formados não são alterados. A adoção dessa medida de segurança permite a realização de autenticação e validação de documentos de forma segura, eficiente e econômica.

Ademais, mostra-se de suma importância que o SERP adote como parâmetro a norma ISO 27001, já que se trata de uma norma internacional de gestão de segurança da informação, amplamente reconhecida, que visa analisar o contexto da organização, a avaliação dos riscos, os controles operacionais, a análise de eficiência e a melhoria.

Desse modo, é fundamental criar e seguir um conjunto de documentos para melhorar o gerenciamento de riscos de segurança. Os padrões *frameworks*, por exemplo, apresentam condutas e recomendações para gerenciamento de riscos e melhoria da segurança cibernética.

---

8. JABUR, MARTINELLI, 2021.
9. ANDONI et al., 2019.

A pretexto desburocratizar e fomentar a agilidade na prestação de serviços públicos, é certo que não se pode descurar da segurança jurídica, da transparência e respeito à privacidade dos usuários. O ganho de eficiência econômica que a interligação propiciada pelas centrais eletrônicas é inquestionável, contudo, independente da tecnologia que será adotada, é fundamental que o SERP implemente programas de *compliance* para compatibilizar suas atividades às demandas de proteção de dado.

5. CONCLUSÃO

Conforme visto, as serventias notariais e registrais desempenham funções sobre dados pessoais e patrimoniais dos usuários, sendo medida necessária o desenvolvimento de um sistema de *compliance* que assegure o cumprimento das leis e normativas que regem a atividade.

Mais, o desenvolvimento tecnológico permitiu a adoção de medidas que simplificam os procedimentos extrajudiciais. Aliás, embora a Lei 8.935/94 possibilite aos notários e registradores a prática dos atos de sua alçada mediante a adoção de sistemas eletrônicos (art. 41), fato é que, somente a partir do ano de 2015, com a publicação pelo CNJ, do Provimento 46, de 16 de junho de 2015 (relativo aos Registros Civil de Pessoas Naturais), do Provimento 48, de 16 de março de 2016 (relativo aos Registros de Títulos e Documentos e Civil das Pessoas Jurídicas), do Provimento 87/2019 (relativo aos tabelionatos de protestos), do Provimento 89/2019 (relativo aos registros de imóveis), e, do Provimento 100/2019 (relativo aos tabelionatos de notas), que as serventias extrajudiciais passaram a dispor de regulamentações específicas em âmbito nacional para a prestação de serviços de forma eletrônica.

A sobreposição do desenvolvimento tecnológico com o direito fundamental à privacidade, fomentaram a expedição de diversas normativas visando garantir à privacidade e o cuidado com o tratamento de dados pessoais, tendo os notários e registradores sido incluídos como agentes fundamentais no tratamento de dados.

Nesse cenário, a criação do Sistema Eletrônico dos Registros Públicos – SERP, veio como boa medida para padronização, modernização e interligação dos atos e negócios jurídicos atinentes a atividade extrajudicial, o que certamente facilitará a realização de atos à distância, a uniformização dos procedimentos e a economicidade.

Nada obstante, para que o SERP observe todos os regramentos vigentes sobre a proteção de dados, é essencial que desenvolva um programa de *compliance* para o desenvolvimento de boas práticas de gestão da informação.

6. REFERÊNCIAS

ANDONI, Merlinda, ROBU, Valentin, FLYNN, David, ABRAM, Simone, GEACH, Dale, JENKINS, David, MCCALLUM, Peter. PEACOCK, Andrew. Blockchain technology in the energy sector: A systematic review of challenges and opportunities. *Renewable & Sustainable Energy Reviews*, v. 100, 143-174. [s.l], 2019.

ANDRADE, Adriana; ROSSETTI, José Paschoal. *Governança corporativa*. 4. ed. São Paulo: Atlas, 2009.

ANDRADE, Henrique dos Santos; BARBOSA, Marco Antonio. Cartório Digital na Sociedade da Informação. *Revista do Direito Público*, v. 11, n. 1, p. 85-112, jan./abr. 2016, *on-line*.

DIP, Ricardo. Medida provisória 1.085/2021: um passo a mais. *Publicações INR – Informativo Notarial e Registral*. Disponível em: https://inrpublicacoes.com.br/site/boletim/opiniao/2909/medida-provisria-1.0852021-um-passo-a-mais. Acesso em: 03 jan. 2021.

FÉLIX, Rafaela de Souza; KARAM, Marcelo Monte; KARAM, Lucas Monte. Cartórios do futuro: uma análise dos provimentos que implementaram os serviços eletrônicos nas serventias extrajudiciais. In: TEIXEIRA, Tarcisio et. al. *LGPD e cartórios*: implementação e questões práticas. São Paulo: Saraiva Educação, 2021.

JABUR, Mirian Aparecida Esquárcio; MARTINELLI, Anielle Eisenwiener. A influência da segurança da informação no Provimento n. 74 e na LGPD. In: LIMA et al (Org.). *LGPD e cartórios*: implementação e questões práticas. São Paulo: Saraiva Educação, 2021.

JOSEPH, Corina; GUNAWAN, Juniati; MADI, Nero; JANGGU, Tamoi; RAHMAT, Mariam; MOHAMED, Nafsiah. Realising sustainable development goals via online integrity framework disclosure: Evidence from Malaysian and Indonesian local authorities. *Journal of Cleaner Production*, v. 215, p. 112-122, [s.l], 2019.

MAZITELI NETO, Celso; BRANDELLI, Leonardo. *Blockchain e o registro de imóveis*. *Revista de Direito Imobiliário*, v. 87, p. 63-95, jul./dez. 2019, *on-line*.

PEIRÓ, Nicolás Nogueroles; García; Eduardo J. Martinez. Blockchain e os sistemas de registro de imóveis. *Revista de Direito Imobiliário*, v. 86, p. 321-349, , jun. 2019, *on-line*.

PERLINGIERI, Pietro. *Perfis do Direito Civil*. Trad. Maria Cristina de Cicco. Rio de Janeiro: Renovar, 1999.

RODOTÀ, Stefano. *A vida na sociedade de vigilância*: a privacidade hoje. Organização, seleção e apresentação de Maria Celina Bodin de Moraes. Rio de Janeiro: Renovar, 2008.

SOUSA MENDES, Paulo de; PALMA, Maria Fernanda; SILVA DIAS, Augusto. *Estudos sobre law enforcement, compliance e direito penal*. Lisboa: Almedina, 2018.

VERDE, Hilda Glícia Cavalcanti Lima; STINGHEN, João Rodrigo; TEIXEIRA, Tarcício. Motivações para a adequação das serventias extrajudiciais à LGPD: mudança cultural e conscientização. In: LIMA et al (Org.). *LGPD e cartórios*: Implementação e questões práticas. São Paulo: Saraiva Educação, 2021.

A GRATUIDADE NOS SERVIÇOS NOTARIAIS E REGISTRAIS E A CONFORMIDADE NORMATIVA DO *COMPLIANCE*

Pedro Rocha Passos Filho

Ricardo Santiago Teixeira

Sumário: 1. Introdução – 2. Conformidade sistêmica do compliance jurídico da gratuidade – 3. A gratuidade nos serviços extrajudiciais e a Constituição Federal de 1988 – 4. A gratuidade nos serviços extrajudiciais e a legislação infraconstitucional; 4.1 A Lei de emolumentos e a criação de fundos de ressarcimento para a gratuidade; 4.2 A isenção dos emolumentos e os demais serviços notariais e registrais; 4.3 Distinção entre gratuidade judicial e da extrajudicial – 5. Considerações finais – 6. Referências.

1. INTRODUÇÃO

O artigo foi pensado diante do cenário do avanço dos serviços extrajudiciais notariais e registrais gratuitos, sem ressarcimento, com foco no Estado do Pará.

O tema trata de assuntos diretamente da Constituição Federal do Brasil, com base em direitos fundamentais à cidadania, bem como da necessidade de obediência ao sistema legislativo, dentro da seara tributária e do direito financeiro, além da estrita necessidade de haver conformidade entre os pedidos, execução dos serviços e criação das normas autorizadoras, para se evitar problemas de várias ordens, como procedimento administrativo, de perda da delegação e casos de desvios funcionais dentro da serventia para execução do serviço, tema conhecido atualmente como Compliance.

O estudo se justifica pelo fato de que a execução de serviços notariais e registrais dentro das serventias deve ser realizado consoante normas federais ou estaduais. Nelas se busca o objetivo geral de analisar as normas incidentes geradoras de gratuidades, com objetivo específico de verificar a obediência sistêmica constitucional da norma, para tratar do problema de isenção de atos notarias e registrais sem ressarcimento. O intuito é responder à pergunta sobre em que medida a emissão de ato notarial e registral gratuito respeita ou não a conformidade normativa dentro da sistemática de Compliance.

A metodologia de pesquisa aplicada é de interpretação técnica jurídica, com leitura positivista das normas, para extrair uma conclusão analítica e empírica.

A temática da gratuidade no âmbito dos serviços extrajudiciais no estado do Pará, usado como orientação de estudo, e repetido em normas de outros Estados da Federação, não tem a pretensão de ser conclusivo, mas estabelecerá alguns balizamentos observando sempre o princípio da legalidade estrita, ao qual estamos submetidos.

O artigo inicia com uma rápida informação sobre a conformidade sistêmica do Compliance, seguindo pelas normas de gratuidades existentes na CRFB de 1988 e normas do Estado do Pará no capítulo 3 e, logo em seguida, trata das normas infraconstitucionais no capítulo 4, detalhando a criação de fundos de ressarcimento, isenção, bem como a distinção entre a gratuidade judicial e extrajudicial, para então tratar das considerações finais.

2. CONFORMIDADE SISTÊMICA DO COMPLIANCE JURÍDICO DA GRATUIDADE

O Compliance surgiu em uma lei norte americana, nos Estados Unidos da América, na década de 1970, denominada FCPA (Foreign Corrupt Practices Act), a qual estabelecia Cláusulas Antisuborno e sobre Livros e Registros Contábeis da Lei Americana Anticorrupção no Exterior, com intuito de diminuir a corrupção empresarial e ter um controle sobre as ocorrências com penalização.

No ano 2.000, por meio do Decreto 3.678 (30.12.2000), o Brasil ratificou os termos das normas estrangeiras nas transações comerciais internacionais do Conselho da Organização para a Cooperação Econômica e o Desenvolvimento (OCDE). Em 2013 houve a promulgação da Lei Anticorrupção no Brasil, 12.846, regulamentada em 2015 por meio do Decreto Federal 8.415, quando o termo estrangeiro da língua inglesa Compliance foi traduzido para integridade, criando uma conformidade do sistema.

O ato de "ser ou estar Compliant" é condizente o verbo "*to comply*", para estar conforme à norma, à ética, à moral, por "estar em conformidade com leis, regras e regulamentos". A aderência legislativa, em verdade, configura um aspecto raso do seu alcance segundo Giovanini.[1]

Pensado para o mundo comercial internacional, o termo Compliance passou a integrar várias áreas, setores, para ajustar condutas e diminuir formas de atuação antiéticas, chegando ao mundo social, em que os pleitos da sociedade afetam os serviços públicos, bem como os delegados aos particulares para serem executados,

---

1. Giovanini (2014, p. 20).

como os delegatários (ou cartorários) de serventias extrajudiciais, por atuar no sentido de prevenir, detectar e remediar a ocorrência de fatos (principalmente os provocados pelos próprios seres humanos, através de suas condutas e escolhas diárias) capazes de causar danos reputacionais (à imagem), ambientais (inclusive ao meio ambiente laboral) e operacionais (relativos à viabilidade da forma de execução de uma determinada atividade, por exemplo).

Por esse motivo, revela-se a peculiar importância de um sistema de Compliance efetivo, o qual atua principalmente sob a perspectiva da mudança de cultura organizacional, de forma a fomentar e disseminar as boas práticas almejadas em determinado contexto de atuação de cada indivíduo.

A gratuidade dos serviços registrais e notariais ingressam diretamente no tema do direito tributário, pois o valor pago, como emolumento, pelo serviço registral tem natureza jurídica de taxa[2] e, com isso recebe o tratamento de tributo individual, fazendo parte do custo operacional tributário,[3] incluindo ainda os custos administrativos do Poder Público para legislar, arrecadar, cobrar, julgar.[4] E tudo isso é multiplicado por cada município brasileiro,[5] conhecido como o 'compliance costs of taxation', o custo de conformar a atividade às normas tributárias, de acordo com a forma estabelecida pelo Poder Público.[6]

O Compliance notarial e registral, como garantidor de vários direitos da cidadania, efetividades da Justiça, não poderia ser diferente, por haver grande necessidade da conformidade da execução dos serviços, gratuitos ou pagos, com obediência integral ao sistema normativo Constitucional e infraconstitucional para proteger os direitos de quem executa o serviço e quem requer pelo serviço. Vejamos, então, essas normas garantidoras da gratuidade dos serviços notariais e registrais das pessoas naturais.

3. A GRATUIDADE NOS SERVIÇOS EXTRAJUDICIAIS E A CONSTITUIÇÃO FEDERAL DE 1988

Os direitos fundamentais, em regra, pressupõem a inserção do indivíduo no contexto do sistema dos registros públicos, nessa ótica entendeu o legislador constitucional no art. 5º, LXXVI, da CRFB/88, que são assegurados gratuitamente o registro civil de nascimento e a certidão de óbito.

---

2. BRASIL. Supremo Tribunal Federal. Pesquisa de jurisprudência – STF. Decisão que define a natureza jurídica do emolumento como taxa.
3. Sandford, 1989.
4. Bertolucci, 2001.
5. Lemes, 2018, p. 24.
6. Bertolucci (2001).

O registro público, serviço realizado pelas serventias extrajudiciais, é relativo ao assento de fatos da vida da pessoa natural como o nascimento, casamento, óbito, emancipação, interdição, ausência, segundo Diniz;[7] ou um conjunto de atos autênticos tendentes a ministrar prova segura e certa do estado das pessoas,[8] com publicidade para provar a situação jurídica do registrado e torná-la conhecida de terceiros. E por Gonçalves[9] o registro civil é a perpetuação, mediante anotação por agente autorizado, dos dados pessoais dos membros da coletividade e dos fatos jurídicos de maior relevância em suas vidas, para fins de autenticidade, segurança e eficácia.

E essa segurança, proveniente de atos de registros em serventias extrajudiciais é entendida como libertação do risco, em decorrência de seus sistemas de controle com remissões recíprocas de atos registrados, construindo uma malha completa de informações, conforme afirma Ceneviva.[10]

Ao tratar da garantia constitucional da cidadania a norma delimitou a gratuidade do registro civil de nascimento, bem como a certidão de óbito, aos reconhecidamente pobres, na forma da lei.

A cidadania, garantida pelo registro de nascimento, por ser o documento comprobatório da existência, com publicidade, segurança jurídica, origem das futuras anotações quando vier a casar, divorciar, morrer, mudar de nome, por isso de sua grande importância, como ensina Bulos[11] que a cidadania credencia os cidadãos a exercerem prerrogativas e garantias constitucionais; e por Dallari[12] é um conjunto de direitos que dá à pessoa a possibilidade de participar ativamente da vida e do governo de seu povo; por final Farah[13] aduz que cidadania é o estatuto que rege tanto o respeito quanto a obediência do cidadão ao estado, criando a proteção e os serviços pelo Estado aos cidadãos.

Trata-se da única espécie de gratuidade prevista expressamente na Constituição Federal específica para o serviço extrajudicial, chamada de gratuidade universal.

Vale lembrar que o regime jurídico de notários e registradores possui assento constitucional no art. 236[14] da Constituição Federal, devendo ser respeitado,

---

7. Diniz (2010, p. 498).
8. Monteiro, 2011, p. 93.
9. Gonçalves (2011, p. 149).
10. Ceneviva (2010, p. 42).
11. Bulos (2011, p. 501).
12. Dallari (1998, p. 14).
13. Farah (2001, p. 356).
14. BRASIL. Constituição (1988) Art. 236. Os serviços notariais e de registro são exercidos em caráter privado, por delegação do Poder Público. § 1º Lei regulará as atividades, disciplinará a responsabilidade civil e criminal dos notários, dos oficiais de registro e de seus prepostos, e definirá a fiscalização de seus

seguido, bem como ponderado com a gratuidade do serviço a ser realizado, considerando a necessidade de manutenção do serviço para a população.

A gratuidade delimitada na CRFB para as emissões de registro e sua respectiva certidão doe nascimento e óbito são imunidades tributárias, uma renúncia de receita tributária e suas outras formas de gratuidades são isenções, as quais deverão ser sempre por lei específica e da mesma entidade que criou o tributo.

Já houve discussão sobre as emissões gratuitas de certidões, definidas na Constituição Federal quando da expedição de certidão para fins do art. 5º, XXXIV da Constituição Federal, onde 'são a todos assegurados, independentemente do pagamento de taxas, a obtenção de certidões em repartições públicas, para defesa de direitos e esclarecimento de situações de Interesse pessoal', já foi muito confundido com as certidões emitidas nos serviços extrajudiciais, porém sem aplicação prática, pelo simples fato de não serem os cartórios órgãos públicos e sim delegações a particulares de serviços públicos.

O Conselho Nacional de Justiça já se manifestou contrário à aplicabilidade do dispositivo constitucional, citado acima, aos serviços extrajudiciais, com ênfase na gratuidade delimitada aos cartorários especificada em lei, no Pedido de Providências – 0010624-11.2018.2.00.0000:[15]

O STF firmou o entendimento de que as custas e os emolumentos pagos pelos serviços nos cartórios têm natureza de taxas, que só podem ser fixados por lei e de forma expressa, dado o princípio constitucional da reserva legal para a instituição do aumento de tributos, estando revogado o 2º do art. 769 da CLT (Recurso Extraordinário 116.208-2 Ac. 20.04.90).[16]

A gratuidade, verificada na atividade extrajudicial, tendo em vista a natureza jurídica de taxa conferida aos emolumentos, possui natureza tributária de isenção. A isenção é causa de exclusão do crédito tributário, nos termos do art. 175, do CTN.[17]

---

atos pelo Poder Judiciário. § 2º Lei federal estabelecerá normas gerais para fixação de emolumentos relativos aos atos praticados pelos serviços notariais e de registro. § 3º O ingresso na atividade notarial e de registro depende de concurso público de provas e títulos, não se permitindo que qualquer serventia fique vaga, sem abertura de concurso de provimento ou de remoção, por mais de seis meses. Disponível em: planalto.gov.br.

15. BRASIL. Conselho Nacional de Justiça. Pedido de Providências. Pedido de Providências 0010624-11.2018.2.00.0000. "(...) a gratuidade de taxas se refere às certidões destinadas a qualquer direito relativo à pessoa humana, não se refere a qualquer direito da pessoa. Assim, devem ser gratuitas as seguintes certidões: a) o registro civil de nascimento; b) a certidão de óbito" Disponível em: cnj.jus.br.

16. BRASIL. Supremo Tribunal Federal. Recurso Extraordinário. 116.208-2 Ac. 20.04.90.

17. BRASIL. Código Tributário Nacional. Dispõe sobre o Sistema Tributário Nacional e institui normas gerais de direito tributário aplicáveis à União, Estados e Municípios. Art. 175. Excluem o crédito tributário: I – a isenção; Disponível em: planalto.gov.br.

A isenção é a dispensa do pagamento de um tributo devido em face da ocorrência de seu fato gerador. Constitui exceção instituída por lei à regra jurídica da tributação (ADI 286,[18] Min. Maurício Corrêa).

A isenção tributária decorre de lei. É o próprio poder público competente para exigir tributo que tem o poder de isentar. A União, com o advento da atual Constituição Federal, não pode mais instituir isenções de tributos da competência dos Estados, do Distrito Federal ou dos Municípios conforme prevê o art. 151, inciso III, da Constituição Federal 1988, quando diz que é vedado à União instituir isenções de tributos da competência dos Estados, do Distrito Federal ou dos Municípios. A isso se dá o nome de vedação à isenção heterônoma, onde um ente federal não pode isentar tributo que não lhe pertença. Também conhecido como limitação ao poder de não tributar ou isentar, Baleeiro.[19]

Paulsen[20] afirma que a citada vedação é de aplicação interna, no Brasil, não tendo aplicabilidade em âmbito internacional, quando se tratar de tratados internacionais sobre exportação. Assim, a lei federal não pode conceder isenções de tributo estaduais e municipais, sob pena de ser declarada inconstitucional pelo Supremo Tribunal Federal.

Já houve decisão no STF[21] sobre a tentativa da União de isentar taxa de custas judiciais em procedimento do INSS, tanto que se criou a súmula 178 do

---

18. Ação Direta de Inconstitucionalidade. (...) 2. A não incidência do tributo equivale a todas as situações de fato não contempladas pela regra jurídica da tributação e decorre da abrangência ditada pela própria norma. 3. A isenção é a dispensa do pagamento de um tributo devido em face da ocorrência de seu fato gerador. Constitui exceção instituída por lei à regra jurídica da tributação. 4. A norma legal impugnada concede verdadeira isenção do ICMS, sob o disfarce de não incidência. 5. O artigo 155, § 2º, inciso XII, alínea "g", da Constituição Federal, só admite a concessão de isenções, incentivos e benefícios fiscais por deliberação dos Estados e do Distrito Federal, mediante convênio. Precedentes. Ação julgada procedente, para declarar inconstitucional o inciso VI do artigo 4º da Lei 223, de 02 de abril de 1990, introduzido pela Lei 268, de 02 de abril de 1990, ambas do Estado de Rondônia. (ADI 286, Relator(a): Maurício Corrêa, Tribunal Pleno, julgado em 22.05.2002, DJ 30.08.2002 PP-00088 EMENT VOL-02080-01 PP-00001).
19. Baleeiro (1997, p. 2).
20. Paulsen (2012, p. 42).
21. BRASIL. STF. Decisão: Trata-se de agravo cujo objeto é a decisão que inadmitiu recurso extraordinário interposto em face de acórdão da Terceira Câmara de Direito Público do Tribunal de Justiça do Estado de Santa Catarina, assim ementado (eDOC 8, p. 16): (...) "As autarquias federais, quando vencidas na Justiça Estadual, devem arcar com apenas a metade das custas processuais (art. 33, parágrafo único, da Lei Complementar Estadual 156/97, com a redação dada pela LCE 161/97). Isso porque, 'O INSS não goza de isenção do pagamento de custas e emolumentos, nas ações acidentárias e de benefícios propostas na Justiça Estadual' (Súmula 178, do Superior Tribunal de Justiça). (...) Confira-se, a propósito, a ementa do acórdão: "Custas e emolumentos cobrados da Fazenda Pública pelo Judiciário estadual. Controvérsia quanto à subsistência de isenção na legislação estadual. Discussão restrita ao âmbito infraconstitucional. Repercussão geral rejeitada." (...) Publique-se. Brasília, 16 de dezembro de 2021. Ministro Edson Fachin, Relator (STF – ARE: 1310371 SC 0001791-67.2012.8.24.0057, Relator: Edson Fachin, Data de Julgamento: 16.12.2021, Data de Publicação: 07.01.2022).

STJ[22] vedando isenção do pagamento de custas nas ações acidentárias na Justiça Estadual, devendo pagar a conta.

E, no caso das certidões de registro civil, de nascimento e óbito, o STF convalidou o regulamento da lei 9.534/97[23] para poder assegurar o art. 5º, LXXVI, da CFRB/88, garantindo a gratuidade do serviço, com fins de convalidar a cidadania.

Apesar do art. 236, § 2º, da Constituição Federal/1988, dispor que Lei Federal estabelecerá normas gerais para fixação de emolumentos[24] relativos aos atos praticados pelos serviços notariais e de registro, tal regra constitucional não pode ser interpretada de forma a abranger a instituição de isenções tributárias referentes a serviços prestados em caráter específico pelos Cartórios Extrajudiciais, em face da competência estadual, sob pena de ofensa direta ao art. 151, III, da Constituição Federal/1988.

A Lei de Responsabilidade Fiscal, Lei Complementar 101/00,[25] é clara no sentido de que as isenções deverão estar acompanhadas de medidas de compensação, pois estabelece normas de finanças públicas voltadas para a responsabilidade na gestão fiscal, constando no seu art. 14 a concessão ou ampliação de incentivo ou benefício de natureza tributária, da qual decorra renúncia de receita, deverá estar acompanhada de estimativa do impacto orçamentário-financeiro no exercício em que deva iniciar sua vigência e nos dois seguintes, atender ao disposto na lei de diretrizes orçamentárias e a pelo menos uma das seguintes condições, (a que interessa para nossa análise), em seu inciso II, estar acompanhada de medidas de compensação, no período mencionado no *caput*, por meio do aumento de receita, proveniente da elevação de alíquotas, ampliação da base de cálculo, majoração ou criação de tributo ou contribuição. E, quando se tratar de renúncia, o mesmo artigo trata em seu parágrafo primeiro que compreende anistia, remissão, subsídio, crédito presumido, concessão de isenção em caráter não geral, alteração de alíquota ou modificação de base de cálculo que implique redução discriminada

---

22. BRASIL. STJ. Súmula 178: "O INSS não goza de isenção do pagamento de custas e emolumentos, nas ações acidentarias e de benefícios, propostas na justiça estadual."
23. BRASIL. Supremo Tribunal Federal. Constitucional. Declaração de constitucionalidade. Atividade notarial. Natureza. Lei 9.534/97. Registros públicos. Atos relacionados ao exercício da cidadania. Gratuidade. Princípio da proporcionalidade. Violação não observada. Precedentes. Procedência da ação. I – A atividade desenvolvida pelos titulares das serventias de notas e registros, embora seja análoga à atividade empresarial, sujeita-se a um regime de direito público. II - Não ofende o princípio da proporcionalidade lei que isenta os "reconhecidamente pobres" do pagamento dos emolumentos devidos pela expedição de registro civil de nascimento e de óbito, bem como a primeira certidão respectiva. III – Precedentes. IV – Ação julgada procedente. (ADC 5, Relator(a): Nelson Jobim, Relator(a) p/ Acórdão: Ricardo Lewandowski, Tribunal Pleno, julgado em 11.06.2007, DJe-117 Divulg 04.10.2007 Public 05.10.2007 DJ 05.10.2007 PP-00020 EMENT VOL-02292-01 PP-00001 RT v. 97, n. 868, 2008, p. 125-131).
24. BRASIL. Lei geral de emolumentos 10.169/2000. Disponível em: planalto.gov.br.
25. BRASIL. Lei de responsabilidade fiscal. Disponível em: planalto.gov.br.

de tributos ou contribuições, e outros benefícios que correspondam a tratamento diferenciado.

Mello[26] em parecer sobre a necessidade de haver ou não equilíbrio financeiro sobre as gratuidades de serviços prestador pelos cartórios, em políticas públicas governamentais, se concluiu pelo indispensável suporte remuneratório para a atividade, em meio econômico-financeiro, quando for cumprir política pública estatal de forma gratuita, aplicando o regime jurídico análogo ao da concessão de serviço público também para as delegações (serventias extrajudiciais).

Quando se fala em renúncia se está incluindo, também, isenção, com aplicação do art. 150,[27] § 6º, da CRFB/88, em decorrência da terminação de necessidade normativa exclusiva. Trata-se de matéria de interesse social ou econômico, por eximir o sujeito passivo da constituição do crédito tributário, Martins e Nascimento,[28] de forma a uma isenção de caráter geral, impedindo o lançamento do tributo, a taxa do serviço de registro de nascimento e óbito.

E, devido a isenção ser uma renúncia de receita, mesmo sendo um serviço público prestado pelo particular, há necessidade de uma compensação racional, pois é certo que o objetivo de estimular a atividade empresarial não pode ocasionar prejuízos à economia, Martins e Nascimento.[29]

Isso nos faz retornar ao tema da segurança jurídica das relações sistemática das normas, com intuito de sempre haver uma conformidade normativa, para se evitar problemas ou deixar de criar problemas, mantendo a boa relação institucional de 'compliance', pois a segurança jurídica, por Canotilho[30] no Estado democrático e social de direito abrange a garantia do mínimo existencial, como a proteção da confiança e da continuidade da ordem jurídica, bem como da segurança contra medidas retroativas; e na linha de Carvalho[31] a segurança jurídica é dirigido para coordenar fluxo das interações inter-humanas, com intuito de haver previsibilidade dos efeitos jurídicos da regulação da conduta, com possibilidade de planejamento de ações futuras, conhecendo a disciplina jurídica, confiante em sua plena aplicação; nos ensinamentos de Ávila[32] a segurança jurídica é fruto de uma construção que ocorre a partir da interpretação sistemática da Constituição; para

---

26. Mello (2009, p. 35).
27. BRASIL. CRFB/88. Art. 150. (...) § 6º Qualquer subsídio ou isenção, redução de base de cálculo, concessão de crédito presumido, anistia ou remissão, relativos a impostos, taxas ou contribuições, só poderá ser concedido mediante lei específica, federal, estadual ou municipal, que regule exclusivamente as matérias acima enumeradas ou o correspondente tributo ou contribuição, sem prejuízo do disposto no art. 155, § 2.º, XII, g.
28. Martins e Nascimento (2012, p. 102).
29. Martins e Nascimento (2012, p. 104).
30. Canotilho (2010, p. 68).
31. Carvalho (2011, p. 158).
32. Ávila (2003, p. 22).

Reale[33] trata-se da condição primeira de toda possibilidade de desenvolvimento das sociedades humanas; e, conforme Barroso[34] a segurança jurídica designa existência de poder e garantias com respeito ao princípio da legalidade, com atos do Poder Público regido pela boa-fé e razoabilidade, combinada com estabilidade das relações jurídicas, anterioridade das leis relacionada aos fatos e conservação de direitos em face da lei nova, provocando uma previsibilidade comportamental e tratamento igual na lei e perante a norma, com soluções isonômicas para situações idênticas ou equivalentes.

E essa segurança jurídica também pelo Poder Público deve ser respeitada, seguida a sua legalidade intrínseca, sistêmica, constitucional, para poder ter uma boa aplicação de política pública terceirizada pelas serventias extrajudiciais.[35]

Embora se trate um serviço prestado pelo particular uma parte da taxa recebida, como emolumento na prestação de um serviço pelas serventias extrajudiciais, é repassada ao Poder Judiciário, no caso do Pará é de 15% (quinze por cento) do valor da taxa repassada para o Fundo de Reaparelhamento do Judiciário, logo, qualquer isenção afeta os cofres públicos do Poder Judiciário.

Então, a cada isenção de pagamento de uma taxa sobre um serviço prestado pela serventia extrajudicial (Cartório), deverá ter uma compensação financeira, já que nem o prestador do serviço recebe pagamento pelo executado, nem mesmo o Poder Judiciário receberá sua parcela deste tributo não pago, isentado, renunciado, faltando com a segurança jurídica das relações normativas.

Vejamos as normas infraconstitucionais e estaduais sobre o tema.

4. A GRATUIDADE NOS SERVIÇOS EXTRAJUDICIAIS E A LEGISLAÇÃO INFRACONSTITUCIONAL

A primeira regulamentação do dispositivo constitucional previsto no art. 5º, LXXVI acerca da gratuidade no Registro Civil de Pessoas Naturais ocorreu com a edição da Lei 7844/89[36] que alterou o art. 30 da Lei 6015/73.[37]

---

33. Reale (2003, p. 33).
34. Barroso (2006, p. 50).
35. Teixeira, 2021, p. 1.579 a 1.596.
36. BRASIL. Lei 7.844. Art. 1º O art. 30 da Lei 6.015, de 31 de dezembro de 1973, passa a vigorar com a seguinte redação: "Art. 30. Das pessoas reconhecidamente pobres não serão cobrados emolumentos pelo registro civil de nascimento e pelo assento de óbito e respectivas certidões. § 1º O estado de pobreza será comprovado por declaração do próprio interessado ou a rogo, em se tratando de analfabeto, neste caso acompanhada da assinatura de duas testemunhas. § 2º A falsidade da declaração ensejará a responsabilidade civil e penal do interessado." (planalto.gov.br).
37. BRASIL. Lei 6.015 (planalto.gov.br).

Nova modificação, responsável pela redação atual do art. 30 da Lei 6015/73 ocorreu com a Lei 9534/97.[38]

O estudo da Lei 9.534, de 1997, é necessário na compreensão do regime jurídico da gratuidade nos serviços extrajudiciais. A referida lei decorre do projeto de Lei 2.353, de 1996, publicado no Diário da Câmara dos Deputados em 15 de outubro de 1996. O escopo primordial da referida lei foi a alteração do art. 30 da Lei 6.015/73, a alteração do art. 1º da Lei 9.265/ 1996 e a alteração do art. 45 da Lei 8.935/1994, todos relacionados à gratuidade no Registro Civil de Pessoas Naturais.

A Lei 9.265/ 1996[39] regulamenta o inciso LXXVII do art. 5º da Constituição Federal, dispondo sobre a gratuidade dos atos necessários ao exercício da cidadania.

A Lei 8935/94,[40] por uma sua vez, acrescenta ao tema que 'são gratuitos os assentos do registro civil de nascimento e o de óbito, bem como a primeira certidão respectiva'. Há alguns dispositivos da Lei 9.534/97 que tratavam do custeio da gratuidade e o que tratava da vigência da gratuidade, independentemente da implementação da fonte de custeio, porém foram vetados:

§ 4º As despesas com a gratuidade prevista neste artigo serão custeadas pelos demais serviços notariais e de registro, igualmente exercidos em caráter privado.

§ 5º É obrigatória a participação de todos os notários e registradores, que exerçam a atividade em caráter privado, na arrecadação dos valores destinados ao custeio previsto.

§ 6º Os valores arrecadados serão administrados, para fins de recolhimento e repasse, por um colegiado composto exclusivamente por notários e registradores de cada especialidade, que exerçam a atividade em caráter privado.

§ 7º É vedada a incidência, sobre os emolumentos, de qualquer taxa, contribuição, acréscimo ou percentual em favor de terceiros.

§ 8º A vigência da gratuidade prevista nesta Lei não depende da observância ao que prescrevem os §§ 4º, 5º,6º e 7º deste artigo.

Ausentes as fontes de custeio, por força do veto, um imenso vácuo surgiu no tocante à eficácia e ao início da vigência desse ato normativo e foi iniciado um importante momento para notários e registradores na busca por uma fonte de

---

38. BRASIL. Lei 9.534. "Art. 30. Não serão cobrados emolumentos pelo registro civil de nascimento e pelo assento de óbito, bem como pela primeira certidão respectiva. § 1º Os reconhecidamente pobres estão isentos de pagamento de emolumentos pelas demais certidões extraídas pelo cartório de registro civil. § 2º O estado de pobreza será comprovado por declaração do próprio interessado ou a rogo, tratando-se de analfabeto, neste caso, acompanhada da assinatura de duas testemunhas. § 3º A falsidade da declaração ensejará a responsabilidade civil e criminal do interessado. (planalto.gov.br).
39. BRASIL. Lei 9265. Art. 1º São gratuitos os atos necessários ao exercício da cidadania, assim considerados: (...) VI – O registro civil de nascimento e o assento de óbito, bem como a primeira certidão respectiva. (Incluído pela Lei 9.534, de 1997). Disponível em: planalto.gov.br.
40. BRASIL. Lei 8935. Disponível em: planalto.gov.br.

custeio da novel isenção criada. Nessa ocasião, iniciou-se um descompasso do modelo constitucional para o modelo infraconstitucional de gratuidade

A legislação infraconstitucional inovou na Lei 6.015/73, trazendo em seu art. 30, por ocasião da edição da Lei 7.844/89, já modificada, a chamada gratuidade universal, aquela concedida a todos, indistintamente e sem necessidade de qualquer tipo de comprovação notadamente para o registro civil relativa para a emissão de certidões de nascimento e óbito. O termo "inovou" justifica-se em face de que art. 5º, LXXVI utiliza o termo "reconhecidamente" e este não se harmoniza com termo "por declaração do próprio interessado". Algo que, seguindo a orientação jurisprudencial e a própria CRFB/88, deveria ter sido declarada inconstitucional.

Diante disso, vejamos a lei criadora dos emolumentos e o problema do ressarcimento.

4.1 A Lei de emolumentos e a criação de fundos de ressarcimento para a gratuidade

A Lei 10.169/2000,[41] lei federal que trata dos emolumentos, trouxe uma interessante previsão acerca da gratuidade no âmbito do registro civil acerca da importância da criação de fundos de ressarcimento pelos atos gratuitos, sem qual a atividade ficaria inviabilizada.

A Lei estadual do estado do Pará 6.831/06,[42] criou o Fundo de Ressarcimento do Registro Civil, juntamente como Decreto 1.492, de 22 de janeiro de 2009,[43] alterado pelo Decreto 1.284/ 2015.

A sistemática do fundo, embora demande aperfeiçoamentos, proporcionou um alento aos registradores civis quando estabeleceu um vínculo lógico-financeiro entre a gratuidade universal, concedida pela lei federal 6.015/73, e a sustentabilidade econômica do serviço extrajudicial de registro civil de pessoas naturais, porém vedou o repasse do custo de arrecadação do fundo ao usuário final,[44] ou seja, uma lei estadual contrária ao que determina a lei federal. Veja a seguir.

---

41. BRASIL. Lei 10169. Art. 8º Os Estados e o Distrito Federal, no âmbito de sua competência, respeitado o prazo estabelecido no art. 9º desta Lei, estabelecerão forma de compensação aos registradores civis das pessoas naturais pelos atos gratuitos, por eles praticados, conforme estabelecido em lei federal. Parágrafo único. O disposto no caput não poderá gerar ônus para o Poder Público. Disponível em planalto.gov.br.
42. BRASIL. PARÁ. Art. 1º Fica criado o Fundo de Apoio ao Registro Civil do Estado do Pará – FRC, vinculado à Secretaria Executiva de Estado de Trabalho e Promoção Social – SETEPS, com o objetivo de prover a gratuidade prevista na Lei Federal 9.534, de 10 de dezembro de 1997, bem como de atender às determinações do art. 8º da Lei Federal 10.169, de 29 de dezembro de 2000. Disponível em: mppa.mp.br.
43. BRASIL. PARÁ. Disponível em: alepa.pa.gov.br.
44. BELÉM. PARÁ. Lei 6831/2006. Art. 30, (...) § 1º O valor da Taxa de Custeio do FRC devida pelos titulares dos serviço notariais e de registro deverá ser repassado ao FRC através de boleto bancário, até o dia 10 de cada mês, em conta especial do Fundo, e em hipótese alguma será acrescido aos emolumentos.

Há necessidade de expor, neste momento, acerca da integridade do sistema consoante art. 28, da Lei 8.935 de 1994, o qual é expresso ao afirmar que os emolumentos são integrais ao oficial de registro ou tabelião quando "(...)têm direito à percepção dos emolumentos integrais pelos atos praticados na serventia (...)". Assim, o valor arrecadado para o fundo deverá ser repassado para o usuário do serviço, acrescentando o percentual sobre o valor final exposto em tabela.

A conformidade às normas, ao sistema como um todo, para respeitar o formato de Compliance, só ocorre como respeito das normas entre si, para manter a boa segurança jurídica das relações normativas, mesmo que de mesmo patamar, como leis federais, infraconstitucionais, com temáticas complementares. Faltando, neste caso, uma conformidade de arrecadação de valores e respeito a integridade do recebimento do emolumento pelo seu prestador do serviço.

4.2 A isenção dos emolumentos e os demais serviços notariais e registrais

Na esteira da reflexão que estamos fazendo temos outra ordem de isenções incidentes no sistema notarial e registral, aquelas que recaem sobre as demais especialidades, que não o Registro Civil de Pessoas Naturais, quais sejam o Registro de Imóveis, Tabelionato de Notas e Protesto, o Registro Civil de Pessoas Jurídicas e Títulos e Documentos e o Tabelionato e Registro de Contratos Marítimos. Neste breve ensaio daremos ênfase ao Tabelionato de Notas.

É notório o crescimento da demanda por gratuidade no Tabelionato de Notas. A lei 11.441/2007[45] trouxe importante alterações ao Código de Processo Civil criando a possibilidade de inventário, partilha e divórcio extrajudiciais, com possibilidade ser 'gratuito àqueles que se declararem pobres sob as penas da lei', ou seja, criou uma isenção tributárias genérica.

---

45. BRASIL. Lei 11.441/2007. Art. 982. Havendo testamento ou interessado incapaz, proceder-se-á ao inventário judicial; se todos forem capazes e concordes, poderá fazer-se o inventário e a partilha por escritura pública, a qual constituirá título hábil para o registro imobiliário. Parágrafo único. O tabelião somente lavrará a escritura pública se todas as partes interessadas estiverem assistidas por advogado comum ou advogados de cada uma delas, cuja qualificação e assinatura constarão do ato notarial. Art. 983. O processo de inventário e partilha deve ser aberto dentro de 60 (sessenta) dias a contar da abertura da sucessão, ultimando-se nos 12 (doze) meses subsequentes, podendo o juiz prorrogar tais prazos, de ofício ou a requerimento de parte. (...) Art. 1.124-A. A separação consensual e o divórcio consensual, não havendo filhos menores ou incapazes do casal e observados os requisitos legais quanto aos prazos, poderão ser realizados por escritura pública, da qual constarão as disposições relativas à descrição e à partilha dos bens comuns e à pensão alimentícia e, ainda, ao acordo quanto à retomada pelo cônjuge de seu nome de solteiro ou à manutenção do nome adotado quando se deu o casamento. (...) § 3º A escritura e demais atos notariais serão gratuitos àqueles que se declararem pobres sob as penas da lei. Disponível em: planalto.gov.br.

No tocante ao inventário extrajudicial não houve na Lei 11.441/2007 a previsão de gratuidade, porém, em relação à separação e ao divórcio extrajudiciais o parágrafo terceiro previu a gratuidade para aqueles que se "declararem pobres".

Em que pese o louvável benefício estabelecido em favor dos hipossuficientes economicamente, a previsibilidade de gratuidade impacta negativamente na sustentabilidade econômica dos Tabelionatos de Notas, como é o caso, se não forem estabelecidos mecanismos de compensação, consoante determina o sistema tributário e financeiro vigentes, acima citados, em diálogo com a fonte notarial e registral, todos da própria CRFB/88, detalhado pela lei 8.935/94, com a necessidade de obediência à integralidade dos emolumentos pelo serviço prestado.

A resolução 35/2007 do CNJ[46] que disciplinou, na esfera extrajudicial, a aplicação da Lei 11441/2007 tratou sobre a gratuidade prevista na norma adjetiva, detalhando-a como a que compreende as escrituras de inventário, partilha, separação e divórcio consensuais. E que para a obtenção da gratuidade pontuada nesta norma, basta a simples declaração dos interessados de que não possuem condições de arcar com os emolumentos, ainda que as partes estejam assistidas por advogado constituído. Detalhe, na lei citada, n. 11.441/2007, não consta gratuidade para o ato do inventário e partilha, apenas separação e divórcio.

A previsibilidade de gratuidade prevista na Lei 11.441/2007 e na Resolução 35/2007 do CNJ para divórcios, inventários e partilhas não possui aplicabilidade direta na esfera estadual, por conta da vedação acerca da isenção heterônoma, necessitando ser replicada a resolução do CNJ pela Corregedoria estadual, bem como incluída a regra isentiva em lei estadual específica para este fim, consoante entendimento de Teixeira e Dias.[47]

Há necessidade de que ela esteja prevista expressamente em lei estadual. A Lei 8.331/2015,[48] do Pará, em sua Tabela de Emolumentos[49] anexa, com vigência a partir de 1º.04.2016 não previa qualquer gratuidade na confecção de escrituras públicas para divórcio, como pretendeu a Resolução 35 do CNJ, alterada pela Resolução 326 de 2020 do CNJ. Ocorre que na tabela atual de 2021, publicada por portaria administrativa do TJE/PA, já possui a previsão da isenção nos moldes do previsto na Lei 11.441/2007, como se constata na tabela III do Tabelionato de Notas, item 8 (oito),[50] com a afirmação de gratuidade aos que se declararem pobres sobe as penas da lei.

---

46. BRASIL. Conselho Nacional de Justiça. Resolução 35/2007. Disponível em: https://atos.cnj.jus.br/atos/detalhar/179. Acesso em: 30 jul. 2021.
47. Teixeira e Dias (2020, p. 6 a 25).
48. BRASIL. PARÁ. Disponível em: alepa.pa.gov.br.
49. BRASIL. PARÁ. Disponível em: tjpa.jus.br.
50. [08] – Os atos notariais e de registro civil no caso de separação e divórcio consensuais serão gratuitos àqueles que se declararem pobres sob as penas da Lei.

O que preocupa é a falta de conformidade da norma isentiva estadual com a previsão constitucional de isenção de taxa tributária, pois não é possível isentar tributo por atualização administrativa, por portaria, com inclusão de isenção de taxa em tabela anexa de lei, destinada apenas para a sua atualização de valores originários.

Há necessidade de ser por lei exclusiva, expressa, para criar a isenção e, lembrando, que para toda isenção deve ser criada também uma compensação, ou seja, uma forma de ressarcimento pelo serviço prestado, até porque da parte deste pagamento não realizado se deixará de recolher valor correspondente da taxa ao Poder Judiciário, afetando os cofres públicos.

Desta feita, a forma de isenção para os atos notariais se encontra em desconformidade jurídica, descumprindo a sistemática normativa nacional, e desrespeitando a regra constitucional, faltando-lhe aplicação do compliance jurídico.

4.3 Distinção entre gratuidade judicial e da extrajudicial

Há de separar os atos e suas normas judiciais da extrajudicial, pois há regras específicas processuais para cada tipo de procedimento.

A norma judicial é baseada no processo, logo existe o Código de Processo Civil e o Código de Processo Penal. A norma que nos interessa aqui é a de Processo Civil, onde constam algumas regras de isenção de pagamentos de emolumentos judiciais e extrajudiciais.

A regra de isenção de norma judicial segue a regra padrão, por ser uma lei específica de processo e já isenta seu custo em alguns casos delimitados, ou seja, exclusivo. Já quanto a isenção de atos extrajudicial deixa de ser conforme, pois não se trata de uma norma de regra extrajudicial, sendo uma norma federal, isentando uma taxa estadual, de uma norma criadora do tributo estadual, sem criar uma compensação financeira ou ressarcimento.

Se a União não pode isentar, de forma heterônoma, uma taxa estadual, como uma norma de Processo, de aplicabilidade ao Poder Judiciário, isentaria uma taxa estadual, cobrada pelo serviço prestado por uma serventia extrajudicial, com a simples decisão do julgador no caso concreto?

Trata-se, na verdade, de outra gratuidade não ressarcida, não conforme, decorrente da concessão de gratuidade da justiça em processos judiciais, com aplicação também nos serviços extrajudiciais.

Não resta dúvida de que, em havendo necessidade constatada de gratuidade, no âmbito judicial, é de se imaginar que a necessidade persista na esfera extrajudicial, porém o regime jurídico de ambas as instituições é diametralmente oposto. Enquanto o Poder Judiciário é mantido com recursos públicos, o serviço extrajudicial é mantido com emolumentos pagos pelo usuário. Ao estender a gratuidade da justiça ao serviço extrajudicial se quebrará o equilíbrio econômico e financeiro da serventia, sendo necessário que ela esteja amparada num sistema de ressarcimento.

A gratuidade delimitada no art. 98,[51] do CPC/15, é clara ao dizer que 'tem direito à gratuidade da justiça' os emolumentos devidos a notários ou registradores em decorrência da prática do ato necessário à efetivação de decisão judicial no qual o benefício tenha sido concedido.

Ocorre que o sistema das serventias é de atos extrajudiciais, tanto que assim são chamadas (serventias extrajudiciais), e nem fazem parte dos serviços essenciais da Justiça, na CRFB/88, composto do capítulo IV (arts. 127 a 135, da CFRB/88), sendo a seção I referente ao Ministério Público; seção II sobre a Advocacia Pública; seção III da Advocacia; e seção IV sobre a Defensoria Pública. Estão as serventias extrajudiciais se encontram localizadas no art. 236, sobre as disposições constitucionais gerais.

Desta forma resta evidente a falta de conformidade entre a gratuidade autorizada por lei federal, de uma taxa estadual, por uma lei de assunto afeto ao Poder Judiciário, para um ato judicial, com uma repercussão administrativa de isenção de uma taxa originária de uma norma estadual de aplicação restrita.

A segurança jurídica não foi respeitado quando da falta de isonomia do tratamento da gratuidade pelo próprio CPC/15, quando da aplicação do benefício da justiça gratuita para os casos de perícias, pois o art. 95, do CPC/15, aduz que cada parte adiantará a remuneração do assistente técnico que houver indicado, sendo a do perito adiantada pela parte que houver requerido a perícia ou rateada quando a perícia for determinada de ofício ou requerida por ambas as partes e, quando o pagamento da perícia for de responsabilidade de beneficiário de gratuidade da justiça ela poderá ser custeada com recursos alocados no orçamento do ente público e realizada por servidor do Poder Judiciário ou por órgão público conveniado; e paga com recursos alocados no orçamento da União, do Estado ou do Distrito Federal, no caso de ser realizada por particular, hipótese em que o valor será fixado conforme tabela do tribunal respectivo ou, em caso de sua omissão, do Conselho Nacional de Justiça.

---

51. BRASIL. CPC/15. Art. 98. A pessoa natural ou jurídica, brasileira ou estrangeira, com insuficiência de recursos para pagar as custas, as despesas processuais e os honorários advocatícios tem direito à gratuidade da justiça, na forma da lei. § 1º A gratuidade da justiça compreende: (...) IX – os emolumentos devidos a notários ou registradores em decorrência da prática de registro, averbação ou qualquer outro ato notarial necessário à efetivação de decisão judicial ou à continuidade de processo judicial no qual o benefício tenha sido concedido.

Questão relevante dentro desse debate também é a fixação de parâmetros quantitativos de renda como requisitos para a concessão do benefício. A Defensoria Pública do Pará estabeleceu em ato normativo próprio do Conselho Superior da Defensoria Pública (CSDP) 180, do ano de 2016,[52] que o valor para enquadramento nos critérios de atendimento daquele órgão são 03 (três) salários-mínimos analisados individualmente, sem levar em consideração os dados da renda geográfica por municípios. Nesse prisma um casal com renda conjunta de 06 (seis) salários-mínimos mensais integra o sistema de gratuidade na visão do órgão, valor este que seria capaz de pagar pelos emolumentos dos serviços notariais.

A base de atendimento da Defensoria Pública do Estado do Pará se baseia na hipossuficiência de recursos de forma objetiva, com teto de valores, receita mensal, patrimônio ou investimento financeiro, criando uma base de possíveis necessitados para uma forma geral de gratuidade especial, aplicando um termo de mera declaração pessoal para a sua comprovação da necessidade econômica, porém isso viola o 5º, LXXIV,[53] da Constituição Federal de 1988, uma vez que o dispositivo estabelece a necessidade de comprovação da insuficiência de recursos para ser merecedor da emissão gratuita de certidão, ou seja, necessita comprovar, não apenas, dizer que é pobre no sentido da lei para a obtenção do benefício, pois o simples ato de atendimento na DPE resulta em uma eventual futura isenção de taxa de serviços notariais e registrais, quando da necessidade do serviço, deixando de ser a mera declaração de pobreza o instrumento hábil para ser atendido pela Defensoria Pública, mas sim para receber serviço gratuito nas serventias extrajudiciais, sem que exista a mesma base isentiva por lei.

Quando o CPC/15 tratou da gratuidade para atos judiciais houve o respeito para o ressarcimento pelo serviço realizado, mas não se seguiu a mesma metodologia quando da gratuidade par o serviço extrajudicial, faltando-lhe segurança jurídica, falta de conformidade jurídica, descumprindo a previsibilidade sistemática, quando descumpriu a vedação de isenção heterônoma.

Outra importância que deve ser dada atenção é que, o procedimento realizado quando se ingressa no Poder Judiciário é o do CPC/15 aplicada aos jurisdicionados; já os procedimentos nas serventias extrajudiciais são administrativos, com base em lei específica diferente, com sistema normativo diverso, baseado também na CRFB/88, ou seja, também deixa de haver uma conformidade normativa, falta de Compliance, quando se isenta um ato tributário (taxa) por norma sem aplicação válida para um ato administrativo.

---

52. BRASIL. PARÁ. Site da Defensoria Pública do Estado do Pará. Resolução CSDP 180/2016 – Estabelece os parâmetros para deferimento de assistência jurídica integral.
53. BRASIL. CRFB/88. ART. 5º (...) LXXIV – o Estado prestará assistência jurídica integral e gratuita aos que comprovarem insuficiência de recursos.

Em resumo o custeio da gratuidade de emolumentos concedidos pelo Poder Judiciário deveria receber o mesmo tratamento jurídico das perícias, sendo imperativo que a classe busque a implementação dessa prerrogativa compelindo o Poder Público a cumprir com seu dever legal ou abster-se da concessão da gratuidade extensiva enquanto não implementado o regime de ressarcimento previsto no CPC.

5. CONSIDERAÇÕES FINAIS

O presente estudo iniciou com a informação do que é compliance e como é possível a sua aplicação jurídica, em especial a sua conformidade sobre as gratuidades de atos realizados pelas serventias extrajudiciais nos serviços de registros e notas. Em seguida foi analisada a gratuidade de atos com base na Constituição Federal Brasileira e, logo depois, em leis infraconstitucionais.

Demonstrou-se a necessidade de uma conformidade sistêmica entre atos e gratuidades, com ressarcimento em decorrência da renúncia fiscal e paridade com concessão de serviço público, aplicando o equilíbrio econômico-financeiro.

Ao chegar na gratuidade estadual do Pará, sobre escrituras públicas de divórcio se analisou o tema de forma puramente jurídica e, com isso, os Tabelionatos de Notas do Estado do Pará encontram-se obrigados à concessão da gratuidade por força da vigente nota 08 da Tabela III de emolumentos do Pará. Ocorre que lhe falta conformidade da norma de isenção, bem como o seu complemento sobre a forma de ressarcimento pela prestação do serviço, pois a eficácia desse tipo de isenção está vinculada à existência de um fundo de compensação. E, em caso de uma busca ao Poder Judiciário é possível suspender a eficácia da norma por falta de amparo legal originário.

Sob o ponto de vista econômico-financeiro da sustentabilidade das serventias, resta delimitar as "medidas de compensação" para dar suporte aos Tabelionatos de Notas, sendo que o início da vigência da isenção deve coincidir com o início das medidas compensatórias (fundo de ressarcimento), e criação de norma estadual específica, exclusiva, de isenção da taxa do serviço acompanhado da criação do fundo de ressarcimento, até para poder respeitar a norma definidora dos emolumentos integrais ao prestador do serviço público, delegado ao particular. Não sendo razoável que o delegatário suporte esse ônus com seus ganhos líquidos.

Os emolumentos têm natureza jurídica de taxa, segundo decisão do Supremo Tribunal Federal (Recurso Extraordinário 116.208-2 Ac. 20.04.90[54]).

---

54. BRASIL. STF. Custas e emolumentos. Natureza jurídica. Necessidade de lei para sua instituição ou aumento. Esta corte já firmou o entendimento sob a vigência da Emenda Constitucional 1/69, de que as custas e os emolumentos têm a natureza de taxas, razão por que só podem ser fixadas em lei, dado o

A imunidade é determinada pela Constituição Federal sobre tributação de certas pessoas ou certos fatos, enquanto a isenção é o exercício da competência do ente da federação consubstanciada pelo Código Tributário Nacional, aplicada em leis específicas e exclusivas a nível federal, estadual ou municipal.

O Estado prestará assistência jurídica em face da insuficiência de recursos como está previsto no artigo 5º, LXXIV, da Constituição Federal de 1988, porém isso também tem sido aplicado para não pagar os emolumentos nos cartórios do Brasil, em várias situações, autorizados por leis ferais ou estaduais, quando atendidos pela Defensoria Pública, é portanto uma imunidade genérica aplicada em decorrência de uma garantia constitucional de assistência jurídica, que exige, sob o ponto de vista constitucional comprovação da referida condição, ou melhor, da sua falta de condição de custear os emolumentos judiciais.

Proibida a isenção heterônoma (RE 229.096/RS Min. Carmen Lúcia) conclui-se que a obediência a regramentos de gratuidade previstos em lei federal relativos às isenções só são aplicáveis no âmbito estadual quando previstos expressamente em leis estaduais. Nenhum outro ato normativo tem o poder de instituir isenção no plano estadual.

Notários e registradores do estado do Pará, portanto, deveriam estar obrigados a conceder gratuidade somente mediante apresentação de lei estadual que preveja expressamente a referida isenção, não apenas em uma nota explicativa incluída em atualização de valores anuais, onde todos devem obediência, por ser uma norma da administrativa do Poder Judiciário ainda não contestada.

A Lei estadual do Pará Lei 7.766/2013, alterada pela Lei 8.331/2015, ambas alteradoras da Lei 6.094, de 17 de dezembro de 1997 é a Lei que atualmente rege a gratuidade de emolumentos no estado do Pará a previsão de gratuidade. A referida traz em suas notas a partir Lei 8.331/2015 algumas isenções superando, neste caso, a vedação da isenção heterônoma, salvo as inseridas posteriormente por portaria administrativa. Podemos destacar as notas referentes à inventário e divórcio extrajudiciais, já citado item 8 da tabela.

Uma vez estabelecida as bases normativas da gratuidade em termos de legalidade outra reflexão igualmente relevante e necessária é sobre o estabelecimento legal de isenções para o serviço extrajudicial sem a correspondente previsão de mecanismos de compensação, bem como sobre a restrição da eficácia legal do instituto antes do estabelecimento de tal mecanismo de compensação por lei.

---

princípio constitucional da reserva legal para a instituição ou aumento de tributo. Portanto, as normas dos artigos 702, i, 'g', e 789, § 2º, da Consolidação das Leis do Trabalho não foram recebidas pela Emenda Constitucional 1/69, o que implica dizer que estão elas revogadas. Recurso extraordinário conhecido e provido (RE 116208, relator(a): Moreira Alves, Tribunal Pleno, julgado em 20.04.1990, DJ 08.06.1990 pp-05242 ement vol-01584-02 pp-00317).

A classe notarial e registral, em essência, possui vocação voltada à publicidade, autenticidade, segurança jurídica e eficácia de atos, escopo sintonizado com o exercício de direitos básicos do cidadão. Definitivamente não é comprometendo a estabilidade financeira da atividade, que não recebe verbas públicas para sua gestão, com a concessão de gratuidade indiscriminada e sem a comprovação concreta e objetiva da necessidade de se fazer uso dela, que se servirá melhor à sociedade.

A sugestão é de que de imediato a classe se posicione de forma contundente no sentido de que a concessão de gratuidade sem ressarcimento viola regras básicas de direito financeiro e que, a exemplo do Registro Civil de Pessoas Naturais, criem-se fundos próprios para o ressarcimento dos atos e, paralelamente, seja perseguido o objetivo, no âmbito estadual, de não permitir a isenção sem comprovação de ausência necessidade financeira equiparando o tratamento do regime de gratuidade entre as esferas judicial e extrajudicial, lembrando que na esfera judicial a comprovação da necessidade financeira é regra.

Não se confirmou haver obediência sistêmica constitucional das normas de isenção da taxa de emolument dos serviços de notas no Estado do Pará, além de não haver previsão do ressarcimento, respondendo à pergunta inicial de que o ato gratuito não respeita a conformidade normativa dentro da sistemática de compliance.

6. REFERÊNCIAS

ÁVILA, Humberto. *Teoria dos Princípios*: da definição à aplicação dos princípios jurídicos. 2. ed. São Paulo: Malheiros, 2003.

BALEEIRO, Aliomar. Limitações constitucionais ao poder de tributar. 7. ed. atual. por Misabel Abreu Machado Derzi. Rio de Janeiro: Forense, 1997.

BARROSO, Luís Roberto. *Temas de direito constitucional*. 2. ed. Rio de Janeiro: Renovar, 2006. t. I.

BERTOLUCCI, A.V; NASCIMENTO, D. T. Quanto custa pagar tributos? *Revista Contabilidade & Finanças*, v. 13, n. 29, p. 55-67, 2002.

BULOS, Uadi Lammêgo. *Curso de direito constitucional*. 6. ed. São Paulo: Saraiva, 2011.

CANOTILHO, José Joaquim Gomes; CORREIA, Marcus Orione Gonçalves; CORREIA, Érica Paula Barcha. *Direitos fundamentais sociais*. São Paulo: Saraiva, 2010.

CARVALHO, Paulo de Barros. *Curso de direito tributários*. 23. ed. São Paulo: Saraiva, 2011.

CENEVIVA, Walter. *Leis dos Notários e Registradores comentada* (Lei 8.935/95). 20. ed. São Paulo: Saraiva, 2010.

DALLARI, Dalmo. *Direitos e deveres da cidadania*. Disponível em DHnet – Direitos Humanos na Internet. Acesso em: 1º fev. 2022.

DINIZ, Maria Helena. *Dicionário jurídico universitário*. São Paulo: Saraiva, 2010.

FARAH, Elias. *Cidadania*. São Paulo: Editora Juarez de Oliveira, 2001.

GIOVANINI, Wagner. *Compliance*: a excelência na prática. São Paulo: 2014.

GONÇALVEZ, Carlos Roberto. *Direito Civil 1* – Esquematizado. São Paulo: Saraiva, 2011.

LEMES, Vladimir Pereira. *O compliance tributário nas pequenas e médias empresas como ferramenta de gestão*. Dissertação de mestrado. PUC-SP. 2018.

MARTINS, Ives Gandra. NASCIMENTO, Carlos Valder. Comentários à Lei de responsabilidade fiscal. In: MARTINS, Ives Gandra da Silva; NASCIMENTO, Carlos Valder do (Org.). *Adendo especial Damásio de Jesus*. 6. ed. São Paulo: Saraiva, 2012.

MELLO, Celso Antônio Bandeira de. *Parecer sobre a obrigatoriedade de prestação de serviços gratuitos sem a correspondente previsão de algum tipo de compensação econômico-financeira*. 2009. Disponível em: anoregsp.org.br. Acesso em: 1º fev. 2022.

MONTEIRO, Washington de Barros. PINTO, Ana Cristina de Barros Monteiro França. *Curso de direito civil*. 43. ed. São Paulo: Saraiva, 2011. v. 1.

PAULSEN, Leandro. *Curso de direito tributário*: completo. 4. ed. rev. atual. e ampl. Porto Alegre: Livraria do Advogado Editora, 2012.

REALE, Miguel. *Teoria tridimensional do direito*. São Paulo: Saraiva, 2003.

SANDFORD, C. *Administrative and Compliance Costs of Taxation*. Association Fiscale Internationale. Cahiers de Droit Fiscal International. Roterdam, Holanda: Kluwer Law, 1989.

TEIXEIRA, Ricardo S. / DIAS, Jean. A (in)validade do Provimento 107 do CNJ segundo Joseph Raz. *Filosofia do direito e Cátedra Luís Alberto Warat* [Recurso eletrônico on-line]. In: BERTASO, João Martins; ROCHA, Leonel Severo (Coord.). Florianópolis: CONPEDI, 2020.

TEIXEIRA, Ricardo S. A política pública terceirizada pelo cartório (ofício da cidadania). In: EL DEBS, Martha (Coord.); SHWARZER, Márcia Rosália e FERRO JÚNIOR, Izaías Gomes (Org.). *O registro civil na atualidade*: a importância dos ofícios da cidadania na construção da sociedade atual. Salvador: JusPodivm, 2021.

COMPLIANCE TRIBUTÁRIO E AS ATIVIDADES NOTARIAIS E DE REGISTRO

Antonio Herance Filho

Sumário: 1. A governança empresarial e um de seus mais relevantes princípios, o da conformidade *(compliance)* – 2. O delegatário de notas e de registro como *contribuinte* – 3. O delegatário de notas e de registro como *substituto tributário* – 4. O delegatário de notas e de registro como *responsável de terceiro;* 4.1 A responsabilidade de terceiros nos inventários e divórcios (ITBI / ITCD) – 5. O delegatário de notas e de registro como sujeito passivo de *obrigações tributárias acessórias* – 6. Considerações finais e o *aconselhamento das partes* – 7. Referências.

---

1. A GOVERNANÇA EMPRESARIAL E UM DE SEUS MAIS RELEVANTES PRINCÍPIOS, O DA CONFORMIDADE (*COMPLIANCE*)

Em qualquer área da atividade econômica, definitivamente, estar em conformidade não é virtude, mas, sim, dever. Trata-se de cumprimento de regras vigentes. Como um dos princípios da *Governança*, o *compliance*, que significa estar "*em conformidade com*", é fundamental para que a administração da empresa possa ser bem avaliada. No que concerne ao direito tributário, *compliance* nada mais é do que estar em conformidade com as disciplinas legais e infralegais que sujeitam a pessoa – física ou jurídica –, ao cumprimento de obrigações tributárias – principais e acessórias –, além de, no caso de notários e de registradores, obrigá-los a recusa da prática de ato de seu respectivo ofício legal na hipótese de o usuário de seus serviços, interessado no ato, não apresentar a prova de quitação de tributo, cujo fato gerador ocorra com o pretendido ato, ou não comprovar a inexistência de débitos (certidão negativa), relativos a determinados tributos quando a lei assim exigir.

O *compliance* tributário, então, é estar em conformidade com a legislação tributária e a *Governança*, um conceito mais amplo, é o conjunto de procedimentos próprios da gestão da empresa que existe para proporcionar a garantia do processo administrativo, em especial, o que envolva tributação, valendo-se, para tal, de princípios, entre eles o do *compliance*.

Noutro dizer: estar em conformidade é fundamental para que a gestão da empresa (do "cartório") produza bons frutos. Estar em conformidade com a *legislação tributária* é concorrer para que a empresa ("cartório") não gaste com acréscimos moratórios e, realizando periódicas e regulares auditorias, evite surpresas com a fiscalização realizada pelo sujeito ativo ou com as correições ordinárias e extraordinárias a cargo das corregedorias do tribunal respectivo e do Conselho Nacional de Justiça.

Ainda por oportuno, particularmente no âmbito dos serviços notariais e de registro, é necessário considerar que o titular (notário ou registrador), do ponto de vista tributário, é *contribuinte, substituto tributário, responsável de terceiro, sujeito de obrigações acessórias*, além de *aconselhador das partes* em relação a obrigações tributárias que nem lhe dizem respeito, figuras sobre as quais discorreremos nos itens seguintes.

Fonte: autoria própria

2. O DELEGATÁRIO DE NOTAS E DE REGISTRO COMO *CONTRIBUINTE*

Papel fundamental cumpre o delegado dos serviços notariais e de registro enquanto contribuinte, sobretudo porque seus rendimentos (emolumentos), estão sujeitos à tributação do imposto de renda das pessoas físicas,[1] calculado e recolhido consideradas as regras do chamado Recolhimento Mensal Obrigatório (Carnê-Leão). Grosso modo, a base de cálculo do IRPF incidente sobre os rendimentos percebidos pelos notários e registradores (emolumentos), é determinada deduzindo-se, do valor mensal dos emolumentos, os valores relativos aos dependentes, à contribuição previdenciária pessoal, à pensão alimentícia e às despesas escrituradas em livro Caixa.[2] É contribuinte, também, do ISSQN, tributo de

---

1. O Decreto 9.580/2018 (BRASIL, 2018), no inciso I do art. 118, prevê que os emolumentos percebidos pelo delegado dos serviços notariais e de registro, quando este não for remunerado exclusivamente pelos cofres públicos, estão sujeitos ao IRPF Recolhimento Mensal Obrigatório – Carnê-Leão. Diário Oficial da União, Brasília, 23.11.2018.
2. HERANCE FILHO, Antonio. *Manual do Livro Caixa*. 2. ed. São Paulo: INR – Informativo Notarial e Registral, 2016.

competência dos municípios, além da sujeição às contribuições previdenciárias (*pessoal*, na condição de segurado da previdência e *patronal*, incidente sobre a remuneração que paga a seus prepostos com os quais mantém vínculo laboral).

É de se deixar consignado, *ab initio*, que o tratamento tributário destinado ao notário e ao registrador é o da pessoa física, e a obrigatoriedade de inscrição dos serviços ("cartório") no Cadastro Nacional da Pessoa Jurídica (CNPJ)[3] não lhe atribui personalidade jurídica. O "cartório" é um lugar onde o delegatário pratica os atos de seu ofício, mas, do ponto de vista legal, é ente despersonalizado, ou seja, não é pessoa (nem física, nem jurídica), logo, não existe, como não existem os lugares em que outros profissionais liberais realizam seus respectivos trabalhos (consultório, escritório, estúdio, salão etc.).

Em muitos outros momentos da vida como cidadão, o titular dos serviços notariais e de registro aparece no cenário da relação do Fisco com os contribuintes, na condição de sujeito passivo de tributos (IPVA, IPTU etc.).

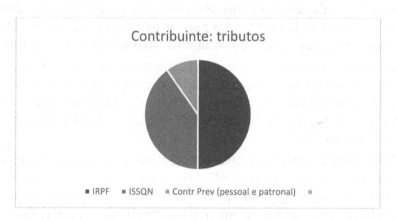

Fonte: autoria própria

3. O DELEGATÁRIO DE NOTAS E DE REGISTRO COMO *SUBSTITUTO TRIBUTÁRIO*

A lei pode atribuir, de modo expresso, a responsabilidade pelo crédito tributário a terceira pessoa vinculada ao fato gerador da respectiva obrigação, excluindo a responsabilidade do contribuinte ou atribuindo-a a este em caráter supletivo

---

3. A Instrução Normativa RFB 1863, de 27 de dezembro de 2018 (BRASIL, 2018), baixada pelo Secretário da Receita Federal, no inciso IX do art. 4º, insere entre os obrigados à inscrição no Cadastro Nacional da Pessoa Jurídica – CNPJ os serviços notariais e registrais (cartórios), confirmando norma administrativa editada na década de 1970, motivada pela instituição da obrigação acessória conhecida como DOI – Declaração sobre Operações Imobiliárias –, sobre a qual faremos breves considerações no item 5 deste trabalho.

do cumprimento total ou parcial da referida obrigação, conforme prescreve o art. 128 do Código Tributário Nacional – CTN, aprovado pela Lei 5.172/1966.[4]

Há, pois, na substituição tributária duas figuras distintas; uma, o *substituto* a quem é atribuída a responsabilidade pelo cumprimento da obrigação, e outra, o *substituído*, contribuinte e beneficiário do tributo.

Essa questão da substituição tributária nos remete à Lei 8.137/90, que deu novos contornos aos crimes contra a ordem tributária, antes disciplinados no Código Penal e na Lei 4.729/65, que define o crime de sonegação fiscal, estabelecendo que constitui crime contra a ordem tributária deixar de recolher, no prazo legal, valor de imposto retido ou de contribuição social descontada dos substituídos.

Duas entre as mais conhecidas e praticadas substituições tributárias de que se têm notícias são a retenção do imposto incidente sobre a renda (IRRF) e o desconto das contribuições previdenciárias (CP), ambos presentes na rotina dos serviços notariais e de registro.

São substituídas as pessoas físicas ou jurídicas que percebem rendimentos sujeitos à retenção do imposto, pelas pessoas físicas ou jurídicas consideradas fontes pagadoras, e sob a ótica aqui vista, chamadas substitutos tributários.

São muitas as relações jurídicas que dão ensejo à retenção do imposto de renda, mas apenas uma alcança o titular dos serviços notariais e de registro, qual seja o pagamento de rendimentos do trabalho assalariado a seus prepostos, hipótese que está regulada pelos artigos 681 e seguintes do RIR/2018, aprovado pelo Decreto 9.580/2018.[5]

Todas as demais hipóteses legais de retenção terão, necessariamente, como fonte pagadora a figura de uma pessoa jurídica, requisito não preenchido pelos serviços notariais e de registro, porque, como já visto, recebe o seu titular tratamento tributário de pessoa física, ainda que sua serventia esteja compulsoriamente inscrita no CNPJ.

Com efeito, embora seja prática frequente no meio notarial e registral, não deve o delegatário reter o imposto de renda incidente sobre os rendimentos pagos a título de aluguel do prédio onde está instalada sua Unidade, porque, nessa hipótese, somente às pessoas jurídicas cumpre tal dever.[6]

---

4. Lei 5.172/1966 (CTN). Art. 128. Sem prejuízo do disposto neste capítulo, a lei pode atribuir de modo expresso a responsabilidade pelo crédito tributário a terceira pessoa, vinculada ao fato gerador da respectiva obrigação, excluindo a responsabilidade do contribuinte ou atribuindo-a a este em caráter supletivo do cumprimento total ou parcial da referida obrigação.
5. Decreto 9.580/2018 (BRASIL, 2018): "Art. 681. Ficam sujeitos à incidência do imposto sobre a renda na fonte, calculado na forma prevista no art. 677, os rendimentos do trabalho assalariado *pagos ou creditados por pessoas físicas* ou jurídicas (Lei 7.713, de 1988, art. 7º, *caput*, inciso I; e Lei Complementar 150, de 1º de junho de 2015, art. 34)" (original sem destaques). Diário Oficial da União, Brasília, 23.11.2018.
6. Decreto 9.580/2018 (BRASIL, 2018): "Art. 688. Ficam sujeitos à incidência do imposto sobre a renda na fonte, calculado de acordo com as tabelas progressivas constantes do art. 677, os rendimentos de-

Mas, se o titular autorizar seja feita a retenção, por não resistir à pressão do administrador do imóvel, que ignora o fato de ser o "cartório" ente despersonalizado, atrairá para si os efeitos do artigo 128 do CTN, tornando-se, voluntária e espontaneamente, substituto tributário, sem que a lei o tenha estabelecido.

Destarte, as pessoas físicas que recebem aluguel de outras pessoas físicas devem oferecer tais rendimentos à tributação do IRPF – Recolhimento Mensal Obrigatório (Carnê-Leão).

Do mesmo modo, ao descontar de seus prepostos o valor por eles devidos, a título de contribuição previdenciária, ao INSS (Instituto Nacional do Seguro Social), assume o notário ou o registrador (empregador) o papel de substituto tributário, posto que as contribuições sociais são espécies do gênero tributo.

Como já examinado acima, constitui crime contra a ordem tributária deixar de repassar aos cofres públicos o imposto retido na fonte e a contribuição previdenciária descontada (artigo 168-A do Código Penal e artigo 2º, inciso II, da Lei 8.137/90).

Não se pode olvidar que o notário e o registrador, em relação à parte dos emolumentos que não lhes é devida, também exerce o importante papel de substituto tributário.

O Pretório Excelso já decidiu que os emolumentos têm natureza tributária e que a parte que é exigida pelo notário e pelo registrador para a prática dos atos notariais e de registro, mas que a eles não pertencem (que devem ser repassadas aos respectivos cofres), constitui fato gerador da substituição tributária que por eles (notário e registrador), deve ser levada a efeito.

Assim, o notário e o registrador recebem do usuário, repassam aos cofres respectivos e cumprem, uma vez mais com relevância, o papel de substitutos.

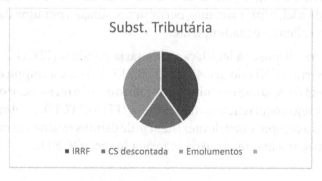

Fonte: autoria própria

---

correntes de aluguéis ou *royalties* pagos por pessoas jurídicas a pessoas físicas (Lei 7.713, de 1988, art. 7º, inciso II)" (original sem destaques). Diário Oficial da União, Brasília, 23.11.2018.

4. O DELEGATÁRIO DE NOTAS E DE REGISTRO COMO *RESPONSÁVEL DE TERCEIRO*

Agora, visto sob a ótica do "agente fiscal", ou seja, daquele que, dotado de poderes para tanto, exige do usuário de seus serviços o pagamento de tributos, estudaremos o papel do delegatário dos serviços notariais e de registro como responsável tributário ou como *terceiro responsável*.

O notário e o registrador, como terceiros responsáveis, não podem aplicar sanções aos usuários inadimplentes, mas devem condicionar a prática dos atos de seus respectivos ofícios, nos casos previstos legalmente, à apresentação da prova de quitação (guia de recolhimento) ou do comprovante de inexistência de débitos (certidão).

Trata-se da responsabilidade de terceiros, prevista no CTN em seu artigo 134, inciso VI, cuja redação, por importante, transcreve-se a seguir:

> Art. 134. Nos casos de impossibilidade de exigência do cumprimento da obrigação principal pelo contribuinte, respondem solidariamente com este nos atos em que intervierem ou pelas omissões de que forem responsáveis: [...]
>
> VI – os tabeliães, escrivães e demais serventuários de ofício, pelos tributos devidos sobre os atos praticados por eles, ou perante eles, em razão do seu ofício [...].

Desta maneira, respondem os notários e os registradores pessoalmente, mas a responsabilidade não é solidária, como sugere a literalidade do *caput* do transcrito artigo 134 do CTN, exatamente porque a responsabilidade aqui tem caráter subsidiário ou supletivo porque acessório, admitindo o chamado benefício de ordem, isto é, pressupõe inexistência ou insuficiência de bens do devedor, sujeito passivo direto da obrigação tributária não cumprida.

Com efeito, a responsabilidade tributária do notário e do registrador inexistirá quando a lei, expressamente, permitir a assunção, por uma das partes, das obrigações do alienante inadimplente.

Conforme dispuser a legislação tributária estadual (ITCD[7]), a municipal (ITBI) e a federal (CND do art. 47 da Lei 8.212/1991), e a responsabilidade de terceiro poderá pesar sobre os ombros do notário e ou do registrador que praticar o ato que der ensejo à ocorrência do fato gerador (ITBI e ITCD), e à obrigatoriedade da exigência do comprovante de inexistência de débitos relativos às contribuições sociais destinadas à manutenção da seguridade social (CND).

---

7. HERANCE FILHO, Antonio. *Manual do ITCMD paulista.* São Paulo: INR – Informativo Notarial e Registral, 2011.

4.1 A responsabilidade de terceiros nos inventários e divórcios (ITBI / ITCD)

A responsabilidade tributária descrita no artigo 134 do CTN, antes da edição da Lei 11.441/2007, relativamente aos tributos devidos em decorrência da realização de inventários, separações e divórcios, pertencia ao inventariante (inciso IV) e ao registrador imobiliário (inciso VI).

A partir de 5 de janeiro de 2007, contudo, entrou em vigor a nova lei, e, preenchidos os requisitos legais, os inventários, separações e divórcios com partilha passaram a ser admitidos por escritura pública e em relação a eles, surge o notário como responsável tributário, condicionando a realização de tais atos, inseridos em sua nova competência profissional, à apresentação prévia da prova de quitação (guia de recolhimento) ou do comprovante de inexistência de débitos relacionados com os tributos devidos (certidão).

Seguramente, a carga de responsabilidade do notário como terceiro responsável aumenta de modo significativo a partir da autorização legal para a realização de inventários e divórcios com partilha.

Fonte: autoria própria

5. O DELEGATÁRIO DE NOTAS E DE REGISTRO COMO SUJEITO PASSIVO DE *OBRIGAÇÕES TRIBUTÁRIAS ACESSÓRIAS*

Pese embora, como visto até aqui, já seja bastante intenso o envolvimento dos notários e dos registradores com o direito tributário – considerando serem *contribuintes, substitutos tributários* e *terceiros responsáveis* –, eles ainda são *sujeitos passivos de várias obrigações acessórias*.

A lista pode ser grande se consideradas as competências dos municípios, dos estados, do Distrito Federal e da União, mas fiquemos com as principais.

- DAA, DIRF e livro Caixa;
- DOI, DOITU (e declarações similares, porventura, instituídas pelos municípios de atuação do notário e do registrador);
- Declarações municipais sobre o ITBI;
- Declarações municipais sobre o ISSQN;
- Declarações estaduais sobre o ITCD etc.

Sobre o IRPF a que se sujeitam o notário e o registrador, incidente sobre o valor líquido dos emolumentos, vale ressaltar a necessidade de escrituração de receitas e de despesas em livro Caixa,[8] a fim de que seja possível a apuração do "Carnê-leão", no mês a mês, e o preenchimento, uma vez por ano, da DAA – Declaração de Ajuste Anual, visando à derradeira prestação de contas ao órgão fazendário da União do imposto devido sobre todos os rendimentos tributáveis percebidos no ano.

União, Estados, Distrito Federal e Municípios, todos têm muito interesse em conhecer as operações imobiliárias quando são escrituradas, registradas, averbadas, enfim, quando são objeto de atos notariais e de registro, daí a existência de obrigações acessórias sujeitando os notários (tabeliães de notas) e os registradores (de imóveis e de títulos e documentos), tais como: DOI[9] e DOITU,[10] no plano federal, sendo esta devida à Secretaria do Patrimônio da União e aquela à Receita Federal do Brasil. Quanto às de mesma natureza que tenham, porventura, sido instituídas pelos municípios, vale consultar a legislação do município onde instalada a serventia notarial ou dos que compõem a circunscrição imobiliária do registrador. As declarações (DOI, DOITU e as municipais/estaduais), não entregues no prazo fixado pela legislação de regência sujeita o notário e o registrador às penalidades previstas.

---

8. O livro Caixa de que trata a legislação tributária federal (Lei 8.134/1990, art. 6º, Decreto 9.580/2018, art. 68 e IN-RFB 1.500/2014, art. 104), não se confunde com o livro Diário Auxiliar da Receita e da Despesa disciplinado pelo Provimento CNJ 45/2015 e pelas normas das corregedorias dos respectivos Tribunais de Justiça. O Caixa tem por propósito a apuração do IRPF do titular da delegação, enquanto o Diário Auxiliar visa permitir o controle da saúde financeira da Unidade e a fiel aplicação da tabela de emolumentos por seu responsável legal (titular, interino ou interventor).
9. HERANCE FILHO, Antonio. *Manual da DOI*. São Paulo: INR – Informativo Notarial e Registral, 2015.
10. HERANCE FILHO, Antonio. *DOITU* – Roteiro prático e legislação. Encarte do Manual da DOI São Paulo: INR – Informativo Notarial e Registral, 2021.

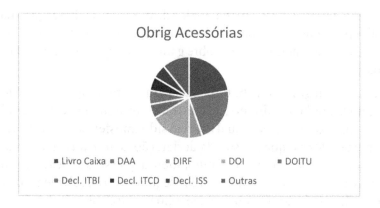

Fonte: autoria própria

6. CONSIDERAÇÕES FINAIS E O *ACONSELHAMENTO DAS PARTES*

A determinação da base de cálculo do IR incidente sobre ganhos de capital auferidos na alienação de bens e de direitos não é tarefa das mais fáceis. O contribuinte, quando leigo em matéria tributária, quase sempre desconhece as regras legais que regem o tema, de modo que errará se não for devidamente instruído.

É cediço que o notário não é terceiro responsável em relação ao IRPF sobre ganhos de capital, mas, nem por isso, deixará ele de orientar o usuário de seus serviços (em última análise, seu cliente), a cumprir de modo adequado a legislação vigente.

O notário como aconselhador das partes desempenhará papel relevante no momento em que a decisão será tomada pelo usuário, contribuindo para que ele – alienante do bem –, não se arrependa no futuro.

Entre outras questões controvertidas, na transferência de direito de propriedade por sucessão, nos casos de herança, legado ou por doação em adiantamento da legítima, os bens e direitos poderão ser avaliados a valor de mercado ou pelo valor constante da declaração de bens do *de cujus* ou do doador.

Poucos conhecem a regra do art. 20 da IN-SRF 84/2001, que permite a escolha por um entre dois critérios possíveis, mas a interpretação dessa disposição está pacificada no âmbito administrativo do órgão fazendário da União.[11]

---

11. "Ganho de capital – Transferência de propriedade por sucessão. Na transferência de direito de propriedade por sucessão, nos casos de herança ou legado, os bens e direitos poderão ser avaliados a valor de mercado ou pelo valor constante da declaração de bens do *de cujus*. Se a transferência for efetuada a valor de mercado, a diferença a maior entre esse e o valor pelo qual constavam da declaração de bens do *de cujus* sujeitar-se-á à incidência de imposto. Dispositivos legais: art. 123 da Lei 5.172/66 (CTN); art. 96 da Lei 8.333/91; art. 49, I; 119, §§ 1º, 2º e 5º, I; 139, § 4º, e 823 do Dec. 3.000/99 (RIR/99); art. 21,

Se a transferência for efetuada a valor de mercado, a diferença a mais entre ele e o valor pelo qual constavam da declaração de bens do *de cujus* ou do doador sujeitar-se-á à incidência do IRPF sobre ganhos de capital na alienação de bens e direitos.

Prescreve a legislação tributária que, para efeito de apuração de ganho de capital relativo aos bens e direitos de que trata este item, será considerado como custo de aquisição o valor pelo qual tiverem sido transferidos, e a diferença positiva entre este valor e o que constar da declaração do *de cujus* ou do doador será tomada como base de cálculo do tributo, sobre a qual será aplicada a alíquota de 15% (quinze por cento), conforme art. 128 e seguintes do Regulamento do Imposto de Renda – RIR/2018, aprovado pelo Decreto 9.580/2018.

Ressalta-se, por oportuno, que, as disposições acima referidas aplicam-se, também, aos bens ou direitos atribuídos a cada cônjuge, na hipótese de dissolução da sociedade conjugal ou da unidade familiar.

Depreende-se de tais disposições que as partes devem, ao atribuir os valores aos bens a serem partilhados, atentar para a questão tributária relacionada com a incidência do IR, caso haja diferença positiva entre o valor atribuído e o que consta da declaração do *de cujus*, ou dos cônjuges.

Em algumas situações, a escolha do valor constante da declaração do IR do transmitente se mostrará mais vantajosa, contudo, noutras o melhor será assumir o valor de mercado do bem transmitido, dependendo, com efeito, do caso concreto o caminho a ser escolhido.

Destarte, é preciso, para finalizar a presente mensagem, compreender a importância do notário e do registrador para o direito tributário. Primeiro, porque é recolhedor de tributos, quer como sujeito passivo direto (*contribuinte*, v. item 2, supra), quer como sujeito passivo indireto (*substituto tributário*, v. item 3, supra). Em segundo, porque ele pratica atos de seus ofícios em momento especial da alienação de bens, fazendo com que os usuários cumpram as suas obrigações tributárias no tempo certo (*responsabilidade de terceiro*, v. item 4, supra). Ademais, com as obrigações acessórias, notários e registradores alimentam as administrações tributárias para que possam imprimir mais eficiência ao trabalho de fiscalização e arrecadação de tributos.

---

§§ 2º e 4º e 18 da Instrução Normativa SRF 48/98 [revogada pela Instrução Normativa SRF 84/2001]; art. 8º da Instrução Normativa SRF 39/93; Portaria MF 80/79, 1, e Parecer Cosit 48/99" (Processo de Consulta 152/01 – Órgão: SRRF/7ª Região Fiscal – *DOU* 18.09.2001).

7. REFERÊNCIAS

HERANCE FILHO, Antonio. *DOITU* – Roteiro prático e legislação. Encarte do Manual da DOI. São Paulo: INR – Informativo Notarial e Registral, 2021.

HERANCE FILHO, Antonio. *Manual da DOI*. São Paulo: INR – Informativo Notarial e Registral, 2015.

HERANCE FILHO, Antonio. *Manual do ITCMD paulista*. São Paulo: INR – Informativo Notarial e Registral, 2011.

HERANCE FILHO, Antonio. *Manual do Livro Caixa*. 2. ed. São Paulo: INR – Informativo Notarial e Registral, 2016.

COMPLIANCE COMPORTAMENTAL: CONTRIBUIÇÕES PRELIMINARES DO *VISUAL LAW* AO *COMPLIANCE* NOTARIAL E REGISTRAL

Juliana Justo B. Castello

Sumário: 1. Introdução – 2. A organização: gatilhos organizacionais; 2.1 Cultura organizacional: elementos formais e informais; 2.2 Economia comportamental: os dois sistemas de raciocínio – 3. *Compliance* jurídico *by design*: inserindo *nudges* na interface; 3.1 Influenciando (*nudging*) pela estruturação da informação; 3.2 *Visual law: nudging* pela interface jurídica (um exemplo) – 4. Conclusão – 5. Referências.

1. INTRODUÇÃO

Um programa de *compliance* – também chamado de conformidade ou, na ordem jurídica brasileira, chamado mais especificamente de programa de integridade –[1] é, em linhas gerais, o conjunto de medidas de autorresponsabilidade adotado pelas organizações, consoante orientação fixada pelo Poder Público, para que seus dirigentes e colaboradores cumpram com os comandos normativos, internos e externos, bem como princípios gerais de conduta.

Pretende-se, com isso, evitar infrações de ordens diversas, bem como cenários de fraude, corrupção ou de má-conduta organizacional.

O tema e os estudos sobre compliance no Brasil, embora já enraizados em determinados setores negociais como o bancário e o financeiro,[2] avançou no país após a edição da "Lei Anticorrupção" (Lei 12.846/13). A referida lei passou a prever a responsabilização objetiva – administrativa e civil – de pessoas jurídicas pela prática de atos lesivos contra a administração pela prática de corrupção, com a previsão de sanções que são graduadas desde a aplicação de multa e a publicização da decisão condenatória na esfera administrativa até à dissolução compulsória da pessoa jurídica na esfera judicial.

---

1. Nomenclatura adotada pela Lei 12.846/13, na forma regulamentada pelo Decreto 8.420/2015, que aborda a Lei Anticorrupção.
2. Resolução 2.554/1998, do Conselho Monetário Nacional, que abordava normas de compliance/sistema de controles internos para o mercado financeiro.

Mais especificamente, para as serventias extrajudiciais, foi o Provimento 88/2019 do Conselho Nacional de Justiça, que formalizou a exigência de que as serventias tenham uma política de prevenção a atos lesivos decorrentes da prática de corrupção (com a implantação das políticas, procedimentos e controles internos de prevenção à lavagem de dinheiro e ao financiamento do terrorismo no âmbito da serventia). Para esse fim, deverá ser nomeado um oficial de cumprimento (figura próxima a de um *compliance officer*).

Mas, não obstante a aparente clareza do conceito de compliance supracitado, há diferentes abordagens e nomenclaturas na literatura atual sobre o programa de conformidade, de acordo com o escopo e a função buscados pelo programa.

Há abordagens vocacionadas ao "compliance by detection"[3] que enfatiza a verificação das desconformidades durante a execução das regras de negócio ou da operacionalização da organização, o que ainda parecer ser a estratégia mais popular e conhecida na ordem jurídica. É de que destacar, todavia, outras abordagens, que se referem ao "compliance by design ou through design".[4] Nessa abordagem, antecipam-se medidas de autorresponsabilidade na fase do próprio desenho do negócio ou da organização, antes mesmo de execução ou operação organizacional, de modo que as medidas de autorresponsabilidade são embebidas nas próprias regras de negócio.

Considerando as diferentes abordagens e vertentes do compliance, em destaque para os aspectos "by detection" e "by ou through design", é necessário estabelecer inicialmente uma maior precisão linguística, alinhando o sentido de compliance adotado no presente trabalho: tratar-se-á do compliance jurídico by/through design. Nesse contexto, compliance não deve ser sobre consultoria ou interpretação jurídica, tampouco o é sobre mera detecção de desconformidades ou sobre punibilidade de comportamentos desconformes. O compliance jurídico by design,[5] de que se tratará neste artigo, refere-se ao desenho estratégico e intencional do programa de conformidade para regulação comportamental dos seus destinatários aos fins normativamente devidos.

Sob essa perspectiva, compliance é, ainda, sobre construir um programa efetivo que previna as falhas éticas, encontre riscos e regularize más-condutas eventualmente ocorridas, engajando e empoderando colaboradores da organi-

---

3. Nesse sentido, conferir: LOHMANN, N. Compliance by Design for Artifact-Centric Business Processes. Information Systems, *Special section on BPM 2011 conference*, v. 38, n. 4, 606-618p, 2013.
4. Nesse sentido, conferir: CASANOVAS, Pompeu; GONZÁLEZ-CONEJER, Jorge; KOKER, Louis de. Legal Compliance by Design (LCbD) and through Design (LCtD): Preliminary Survey. *Proceedings of the 1st Workshop on Technologies for Regulatory Compliance*. TERECOM@JURIX, 2017.
5. Para facilitar a comunicação, adotar-se-á a nomenclatura "by design" apenas. Ressalta-se, todavia, que existem diferenças específicas no desenho jurídico chamado *by design* e *through design*, especificidade que não será abordada no presente trabalho.

zação à tomada de decisão ética. Mas, embora o aparato formal do programa de compliance continue a contar com um código de ética, ou com políticas internas, com um canal de denúncias e investigações internas, o *medium* do programa de compliance deixa de ser a mera criação e operação organizacional desse aparato formal do programa e passa a ser o próprio comportamento.

Nessa linha de raciocínio, o presente artigo visa a investigar o compliance jurídico *by design*, cujo *medium* de atuação é o comportamento, a partir dos avanços e influxos das pesquisas de economia comportamental (*behavioral economics*) e do desenho jurídico da informação (uma das vertentes do *visual law* ou direito visual/multissensorial).

2. A ORGANIZAÇÃO: GATILHOS ORGANIZACIONAIS

No Brasil, especialmente, é comum o discurso de que o comportamento antiético e reprovável praticado dentro de organizações, sejam elas, empresas ou entidades governamentais, é fruto da falha de caráter ou da pura leviandade e cobiça dos partícipes dessa organização. Parte-se, todavia, aqui, de premissa diversa: o contexto cultural da organização assume protagonismo no grau de eticidade dessa organização e, por consequência, no atingimento dos escopos do programa de compliance e de integridade.

Daí, a preocupação com o fator cultural na estruturação dos programas de compliance se justifica. Embora sejam escassos os estudos[6] que investiguem os processos mentais que levam ao comportamento antiético e desconforme aos princípios e regras corporativos, há pesquisas suficientes – inclusive empíricas – indicando que a cultura organizacional é uma grande influenciadora no processo de tomada de decisão ética nas organizações.

O comportamento antiético decorre, em regra, de um conjunto de características individuais e de circunstâncias contextuais da organização. Embora seja mais comum a imputação da responsabilidade ao caráter moral do indivíduo, o ambiente organizacional é considerado, segundo Cohen,[7] um fator crítico de impacto e de gatilho para o comportamento desconforme.

Normas e valores organizacionais, alinhados ao ambiente, aos rituais, às histórias, às anedotas, às reais práticas vivenciadas pelas organizações, criam um

---

6. Nesse sentido, sobre a escassez dos estudos empíricos e sobre as pesquisas já realizadas, conferir: RUSS-EFT, Darlene. Corporate ethics: A learning and performance problem for leaders? *Human Resource Development Quarterly*, v. 14, n. 1, 1-3p, 2003; ARDICHVILI, Alexandre; JONDLE, Douglas; KOWSKE, Brenda. Dimensions of ethical business cultures: Comparing data from 13 countries of Europe, Asia, and the Americas. *Human Resource Development International*, v. 13, n. 3, 299-315p, 2010; ARIELY, Dan. *A (honesta) verdade sobre a desonestidade*. Trad. Ivo Korytowski. Rio de Janeiro: Sextante, 2021.
7. COHEN, 1993, p. 343.

clima e uma consciência ética compartilhada que exercem um poderoso impacto na motivação e na capacidade de os indivíduos, membros dessa organização, tomarem a decisão adequada.

Pesquisas empíricas[8] revelam a íntima conexão entre o comportamento antiético, individualmente adotado por um membro da organização, e os gatilhos organizacionais – por vezes, velados – que influenciam a adoção desse comportamento reprovável.

> O comportamento antiético decorre tanto das intenções morais individuais quanto dos fatores contextuais da organização. É preciso observar a interação não sequencial dessas variáveis no agir ético.

Vamos mais longe ainda! As organizações são agentes morais, independentemente da moralidade individual dos seus membros. Embora esse não seja o escopo dessa investigação e o argumento gere debates apaixonados, é válido citar Peter A. French na medida em que esse autor nos fornece insights poderosos sobre o impacto influenciador que o ambiente organizacional gera nos indivíduos, que integram essa categoria.

Segundo French,[9] toda organização é formada por uma estrutura interna de decisão, composta por (i) flowchart organizacional, que delineia as esferas de decisão e poder, e (ii) regras pressupostas e fundamentais de decisão, normalmente chamadas de políticas corporativas, que orientam as tomadas de decisão pelos agentes corporativos.

As escolhas dessa coletividade, seus valores, e as práticas da organização são próprias e não se se reduzem aos seus membros individuais ou a soma deles, tampouco a alteração de alguns membros individuais impacta a estrutura da corporação. Assim, como destaca Newman,[10] a partir do momento em que as coletividades são irredutíveis aos seus membros, suas intenções e escolhas também são objeto de julgamento morais.[11]

Muito bem. Considerando que a organização é irredutível aos seus membros individuais, ela também tem uma cultura própria – a cultura organizacional – hábil a impactar a motivação e a capacidade de seus indivíduos em adotar uma decisão ética.

---

8. Nesse sentido, vale conferir: RUSS-EFT, Darlene. Corporate ethics: A learning and performance problem for leaders? *Human Resource Development Quarterly*, v. 14, n. 1, 1-3p, 2003; TREVINO, Linda. Ethical decision making in organizations: a person-situation interactionistic model. *Academy of management review*, v. 11, n. 3, 601-617p; 1986. MEYERS, Christopher. Institutional culture and individual behavior: creating an ethical environment. *Science and engineering ethics*, v. 10, n. 2, 269-276p, 2004.
9. FRENCH, 1995, p. 41-43.
10. NEWMAN, 2011, p. 111.
11. No Brasil, o Supremo Tribunal Federal já decidiu que a responsabilidade da pessoa jurídica por crime ambiental independe da responsabilidade da pessoa física que agiu presentando a pessoa jurídica, afastando com isso a teoria da dupla imputação (RE 548181/PR).

Essa cultura organizacional – forjada no seio das coletividades, de suas práticas, de seus códigos, de seus valores, de estruturas informais de poder – pode encorajar e empoderar o membro, individualmente considerado, na adoção de um comportamento ético. Ou, noutro giro, essa cultura pode desencorajá-lo a agir e naturalizar práticas reprováveis.

Nisso reside a relevância e a justificativa em se aferir o fator cultural e comportamental na implantação dos elementos formais e dos frameworks organizacionais de programas de compliance. As boas práticas, os standards normativos e todo o aparato formal de criação do programa de compliance, embora necessários na construção e gestão de um programa, não transfere cultura ética, tampouco altera necessariamente comportamento.

A regulação do comportamento dos destinatários (também podem ser denominados de usuários) do programa de compliance em direção aos fins normativamente desejáveis implica, portanto, compreender os elementos formais e os elementos informais de um programa de compliance.

2.1 Cultura organizacional: elementos formais e informais

Para estabelecer o background dessa discussão, a literatura é farta em detalhar o significado de cultura organizacional. Um dos trabalhos mais influentes foi o de Edward H. Schein,[12] que define cultura organizacional como aquilo que é dado como certo em uma organização. São as respostas aprendidas com base nas crenças e suposições compartilhados que modelam a visão que a organização tem de si mesma.

Outros conceitos relevantes, na mesma linha, merecem ser mencionados. A cultura organizacional é definida como padrões comportamentais aceitos dentro dos limites de um grupo especificado, guiados por um padrão de crenças, tradições e princípios aprendidos e compartilhados que dominam a organização.[13] E, ainda, a cultura organizacional é considerado como sendo o ambiente real da organização, insuscetível de controle pelos membros individuais. O curioso é que a cultura é formada pelas presunções compartilhadas e são essas crenças que, em troca, influenciarão o que será percebido como ambiente real da organização.[14]

A organização é aquilo que se acredita que ela é. E essa crença é construída não apenas com base nos elementos formais, como a mensagem do CEO, os valores inegociáveis publicados em códigos de éticas, as políticas de conflitos de interesses ou canais de investigação, mas também pelas histórias e anedotas e

---

12. EDWARD H. SCHEIN, 2004, p. 37.
13. ARDICHVILI; JONDLE; MITCHELL, 2008, p. 1.
14. FREDERICK, 1995, p. 89.

outros elementos informais que permeiam a organização. Uma anedota para exemplificar o tema: era uma vez um gerente que bateu a meta de produtividade, para isso ele "precisou" subornar um agente do governo, pagar

> A cultura ética é fruto do alinhamento do aparato formal do programa de compliance e a intenção moral dos agentes com o reconhecimento das práticas informais.

vantagens e presentes a fornecedores, fechar os olhos para o assédio que uma funcionária estava sofrendo. Ele foi promovido pelos resultados alcançados. Outro gerente fez igual. Essa história é passada de colaborador para colaborador. Com isso, cria-se uma percepção diferente da organização, diversa dos códigos, que revela como as coisas efetivamente funcionam.

A cultura organizacional é, enfim, um conjunto de artefatos ou elementos formais – códigos, políticas, procedimentos – e de elementos informais, menos tangíveis da organização, como as anedotas, as regras do jogo, as histórias sobre os líderes, os rituais de tomada de decisão que inspiram os demais colaboradores no mesmo processo.

Segundo Cohen,[15] Trevino[16] e Frederick[17] os artefatos e as criações são os elementos mais tangíveis da cultura organizacional. Mas, é a tecnologia (o instrumental de como se faz), é a arte (experiências estéticas, histórias, anedotas) e são os padrões comportamentais audíveis e visíveis que impactam a forma como a organização existe e que ensinam aos demais quais são os padrões de sucesso para eles.

Em resumo, o que essas várias pesquisas demonstram é que a cultura ética de uma organização não decorre da simples estruturação de um programa de compliance e do manejo dos artefatos formais, como canais de denúncias, códigos de ética, procedimentos de investigação interna. Ainda que esses sejam reconhecidamente valorosos e ostensivamente mencionados pelas lideranças e pelas gerências, são insuficientes no propósito último do programa: afastar condutas reprováveis e antiéticas e, acima de tudo, empoderar e engajar o colaborador (sócio ou empregado) à reflexão ética e à ação ética.

A cultura ética é fruto do alinhamento dos artefatos e estruturas formais – que definem as políticas e processos com alto valor de integridade organizacional – com o reconhecimento informal dos rituais que inspiram a organização e seus membros a se comportarem de maneira consistente aos altos padrões éticos antes e normativamente estabelecidos.

---

15. COHEN, 1993, p. 349.
16. TREVINO, 1986, p. 601.
17. FREDERICK, 1995, p. 87.

Em linguagem mais prática, a cultura organizacional não diz respeito aos casos em que os colaboradores praticam, por exemplo, assédio moral na empresa ou qualquer outra conduta reprovável. Essa é uma questão de fato, de natureza empírica. É possível fazer um inventário na organização dos casos típicos de práticas antiéticas e reprováveis, dar publicidade a reprovabilidade desses comportamentos, e, mesmo assim, seria duvidosa a eficácia isolada dessa ação na mudança do comportamento futuro dos colaboradores.

A cultura organizacional tampouco diz respeito sobre as práticas convencionadas como reprováveis pela empresa e, por isso, vedadas. Isso é uma questão normativa. É possível divulgar o código de ética dessa organização e colher a assinatura de cada funcionário e colaborador sobre a leitura desse código e, mesmo assim, seria duvidosa a eficácia isolada dessa ação na mudança do comportamento futuro dos colaboradores da organização.

Se quisermos descobrir qual é a cultura daquela organização, é preciso investigar *o processo pelo qual o membro da organização racionaliza sobre a conduta a ser adotada*[18] em uma situação conflitante e como ele toma a decisão naquela hipótese: se naquela circunstância ele reflete sobre a correção ou não de sua conduta e quais são os fatores situacionais que são gatilhos para a tomada da decisão inadequada e reprovável.

Como diz Trevino,[19] para explicar e prever a etiologia do comportamento decisório das pessoas nas organizações, não basta olhar para as variáveis individuais, tampouco apenas para as regras convencionadas pela organização. É preciso compreender a interação entre esses indivíduos (intenção) e elementos situacionais/contextuais da empresa (formais ou não).

E, para essa finalidade, é preciso atentar-se para regras não escritas, implícitas, que se aprende, por vezes, pela observação ou pelos conselhos sussurrados. Trata-se das cartilhas não escritas para o sucesso na empresa, são as regras do jogo que precisam ser jogadas para aceitação entre os colegas, é, enfim, aquele velho brocardo corporativo: "esse é o jeito que fazemos as coisas por aqui". Os standards normativos – aqueles que pululam nos guias de boas práticas de compliance e que, por vezes, se tornam tendências globais – são, assim, apenas artefatos de uma organização, insuscetíveis de, por si só, alterar comportamentos de seus membros.

Considerando, assim, a necessidade de desenhar um programa de compliance que vise a alteração comportamental aos fins normativamente desejáveis, indo além do mero aparato formal, é preciso investigar o processo pelo qual o membro

---

18. TREVINO, 1986, p. 601.
19. TREVINO, 1986, p. 601.

da organização racionaliza sobre a conduta a ser adotada – como é o processo de tomada de decisão ética ou não?

2.2 Economia comportamental: os dois sistemas de raciocínio

Quando nos deparamos com uma decisão, podemos reservar um tempo para identificar e deliberar pela melhor resposta ou podemos decidir nos contentar com uma resposta que seja "boa o suficiente", a partir de um critério ou filtro de aceitabilidade. O perigo reside na qualidade desse critério ou filtro: nem sempre o critério eleito é a escolha racional.

Um exemplo: um colaborador precisa avaliar se deve informar eventual conflito de interesses ao programa de compliance, revelando o relacionamento amoroso que ele mantém eventualmente com uma colega de trabalho. Então, ele avalia mentalmente quais foram os casos de relacionamento amorosos casuais ocorridos na empresa que geraram alguma repercussão para a organização. Como ele não consegue acessar na memória nenhum exemplo digno de nota, ele também deixa de revelar seu relacionamento amoroso (afinal, "*é tão casual e íntimo, desnecessário comunicar isso*", pensa ele!). E, a ausência de exemplos disponíveis sobre essa situação, por ele vivenciada, o faz avaliar como sendo de baixa probabilidade o risco consistente na omissão ao dever de *disclosure*. Há descumprimento da política organizacional? Sim, mas esse descumprimento foi justificado com parâmetro em regras de praxe.

Esse comportamento, embora irracional, decorre de uma heurística denominada de heurística da disponibilidade.[20] A heurística da disponibilidade consiste em um atalho mental ou regra de praxe/geral em que se avalia a probabilidade de um evento a partir da "facilidade com que as ocorrências vêm à mente".[21] Talvez, seja mais provável que esse colaborador tenha mais medo ou considere mais arriscado participar de um esquema de lavagem de capitais – risco bem mais alardeado e conhecido pela organização, bem como nos jornais e mídias pelo país – do que o risco de se omitir em revelar um simples conflito de interesses do qual nunca ouviu falar.

Essa forma de pensamento é chamada por Herbert Simon[22] de *satisficing*, é uma combinação dos termos 'satisfazer' e 'suficiente'. Segundo essa estratégia, as pessoas não buscam refletir sobre a melhor solução possível sobre um problema, computando razões e argumentos favoráveis e contrários, suportado ou derrotado

---

20. Sobre a heurística da disponibilidade, conferir: KAHNEMAN, Daniel; TVERSKY, Amos. Availability: a heuristic for judging frequency and probability. *Cognitive Psychology*, v. 5, p. 207-232, 1973.
21. KAHNEMAN, 2012, p. 166.
22. HERBERT SIMON, 1955, p. 101.

pelas evidências. Em regra, as pessoas operam dentro do que Simon chamou de "racionalidade limitada",[23] segundo a qual o tempo, a atenção escassa e as limitações cognitivas são fatores relevantes para influenciar a decisão, em busca da maior eficiência (menor custo e maior benefício).

Isso significa que, para evitar uma sobrecarga cognitiva, há uma tendência humana por operar de forma suficiente e satisfatória na tomada decisão, atuando com o menor esforço possível (menor custo cognitivo) para a melhor benefício (decisão aceitável). Para isso, em vez de um raciocínio analítico em busca da decisão ótima, são invocadas regras gerais, filtros ou simplificações mentais para facilitar o processo de tomada de decisão eficiente.

Embora Herbert Simon tenha identificado o raciocínio *satisficing*, foi Kahneman e Tversky[24-25] que mapearam as áreas em que esse raciocínio ocorre, bem como exploraram as heurísticas e vieses do raciocínio simplificado ou limitado. Concluíram, ainda, que o raciocínio simplificado ou o recurso a esses atalhos mentais não são excepcionais. Há uma tendência no funcionamento do cérebro humano que, guiando-se por simplificações ou atalhos mentais, tomam decisões sistematicamente tendenciosas ou enviesadas.

Kahneman e Frederick[26] subdividem, ainda, o funcionamento do cérebro humano em duas formas de raciocínio: o raciocínio do sistema S1 e o raciocínio do sistema S2. O sistema S1 é considerado rápido, automático e associativo e o sistema S2 é considerado lento, deliberativo e reflexivo. Em regra, o sistema S1 procede a decisões baseadas em regras gerais ou atalhos mentais, desobedecendo regras de escolha racional, lógica e dedutiva.

Voltando ao exemplo do nosso colaborador: ele tomou uma decisão por não revelar um conflito de interesses baseado na acessibilidade de sua memória, isto é, com base na sua capacidade de se lembrar de exemplos em que o conflito gerou riscos ou prejuízos à organização. Não encontrando nenhum exemplo, justificou sua omissão com base nesse parâmetro de acesso rápido e, por isso, tomou a decisão por não revelar o seu conflito de interesses.

Estatisticamente, todavia, talvez tenham sido os conflitos de interesses não revelados aqueles que geraram os maiores prejuízos e a responsabilização empresarial, embora esses fatos não tenham sido publicizados, isto é, eram menos visíveis e acessíveis. Conclui-se: decidir pelo risco baseando-se na disponibilidade

---

23. SIMON, 1955, p. 113.
24. KAHNEMAN e TVERSKY, 1983, p. 341.
25. Nesse sentido, para aprofundar: KAHNEMAN, Daniel; TVERSKY, Amos (Org.) *Choices, values and frames*. Cambridge: Cambridge University Press, 2000.
26. KAHNEMAN e FREDERICK, 2005, p. 272.

da informação sobre esse risco não é um critério de escolha racional, podendo incorrer em decisões tendenciosas.

Embora esse comportamento possa aparentar ser um desvio ou uma excepcionalidade menor, o que vigora, em verdade, é a realidade contraintuitiva: segundo Kahneman,[27] grande parte dos julgamentos e das escolhas humanas são realizadas intuitivamente, não se tratando de uma exceção. O raciocínio humano não é marcado por pequenos desvios ou anomalias intuitivas, que o afasta do clássico agente racional. Pelo contrário, o raciocínio humano é pautado marcadamente não "pelo que eles [humanos] são capazes de calcular, mas pelo que eles conseguem perceber ou ver em dado momento".[28] A percepção intuitiva e rápida sobre uma dada situação é mais influente para tomar uma decisão, do que efetivamente raciocinar e computar argumentos favoráveis ou contrários.

O relacionamento entre o sistema automático e reflexivo não é vetorial, linear, ou sequencial, tampouco estabelece relações acuradas e seguras entre si. Segundo o modelo desenvolvido por Kahneman e Frederick,[29] o raciocínio intuitivo opera em paralelo (sistema S1), sendo, continuamente, monitorado pelo raciocínio reflexivo (sistema S2), a quem cabe confirmar, refutar ou modificar o julgamento intuitivo.

Mas, em verdade, conforme Sloman,[30] embora o sistema deliberativo possa suprimir o sistema automático e intuitivo, é esse último que tende a prevalecer em muitos casos. Considerando que o sistema intuitivo é sempre um raciocínio rápido, eficiente e confiante, ele é, muitas vezes, priorizado, neutralizando respostas baseadas no raciocínio lógico-racional. O sistema deliberativo pode atenuar ou suprimir o processamento intuitivo, mas não é suscetível de inibi-lo completamente.[31]

E mais, a irracionalidade tende a se instalar de modo tão previsível e predicável, que se torna possível desenhar artefatos que funcionam – com maior eficiência – à medida em que se considera previamente o comportamento desse usuário. Sendo um comportamento previsível, o artefato criado no design é preditivo, ele já nasce alinhado às expectativas, às necessidades, à jornada, às tarefas e até aos vieses do ser humano. Enfim, o comportamento humano futuro – mas previsível – orienta a arquitetura e a construção dos artefatos produzidos no presente, alinhando-se ao usuário.

---

27. KAHNEMAN, 2003, p. 1450.
28. KAHNEMAN, 2003, p. 1469.
29. KAHNEMAN e FREDERICK, 2005, p. 287.
30. SLOMAN, 2002, p. 395.
31. SLOMAN, 2014, p. 15.

Em linguagem simples, se você sabe como o usuário se comporta e quais erros ele comete, é possível desenhar um artefato (pode ser uma política organizacional, um sistema de gestão, uma informação) que já previna, obste ou desincentive esse comportamento humano esperado. Nessa linha é o que sustenta Don Norman[32] para artefatos do dia a dia, o que foi extrapolado por Dan Ariely[33] para qualquer artefato ou técnica que demande interação.

Robert Thaler,[34] por sua vez, extrapolou os insights e os achados da psicologia comportamental para a economia, abordando o tema da economia comportamental. O autor conclui pela necessidade de incluir o comportamento humano errático/limitado para melhorar as predições da teoria econômica clássica. Inaugura, com isso, uma teoria perspectiva da economia, cuja missão é construir modelos econômicos que retratem "acuradamente o comportamento humano".[35] Cass Sunstein e Thaler[36] notabilizou-se, por sua vez, especialmente, por explorar o tema no direito e, especialmente, nos aspectos regulatórios[37] e no desenho de políticas públicas.

Com isso, pode-se dizer que os insights da economia comportamental favorecem, em alguma medida, o desenho adequado dos programas de compliance, para além do mero aparato de controle. Ao explorar o "porquê" por trás de nossa tomada de decisão e entender os fundamentos essenciais de como os membros de uma organização raciocinam, as organizações e seus programas de compliance logram antecipar eventuais tendências comportamentais, predizer erros sistemáticos na observância de suas regras e ajustar seus programas para incentivar os fins normativamente devidos.

A questão que se coloca, agora, é como desenhar um programa de compliance com incentivos ao comportamento normativamente desejável e com desincentivos aos atos reprováveis? A resposta inicial é valer-se do *nudging* e do design persuasivo na arquitetura do programa de compliance.

Nudge é o nome em inglês, que, segundo Sunstein e Thaler,[38] significa um pequeno incentivo ou empurrão na direção certa, admissível no paternalismo libertário. Consiste na estratégia de estruturar um espaço, uma interface (pode

---

32. NORMAN, Donald A. *O design do dia a dia*. Trad. Ana Deiró. Rio de Janeiro: Anfiteatro, ano?.
33. Nesse sentido: ARIELY, Dan. *Previsivelmente irracional*: as forças invisíveis que nos levam a tomar decisões erradas. Trad. Ivo Korytowski. Rio de Janeiro: Sextante, 2020.
34. Conferir, nesse sentido: THALER, Robert H. *Misbehaving*: a construção da economia comportamental. Trad. George Schlesinger. Rio de Janeiro: Intrínseca, 2019.
35. THALER, 2019.
36. CASS SUNSTEIN e THALER (2019, p. 87).
37. Para aprofundar o tema: SUNSTEIN, Cass R. Too much information: understanding what you don't want to know. Cambridge: Massachussetts, 2020.
38. SUNSTEIN e THALER, 2019, p. 12.

ser um texto, uma tela, um aplicativo), ou um ambiente (uma sala ou um espaço físico), enfim, qualquer *medium* ou plataforma no qual há a tomada de decisão, orientando o usuário em direção à escolha normativamente adequada, observado sempre o melhor interesse do usuário e os limites éticos.

3. *COMPLIANCE* JURÍDICO *BY DESIGN*: INSERINDO *NUDGES* NA INTERFACE

Consoante Todd Haugh[39] embora o *nudge* tenha sido concebido originariamente como uma ferramenta de políticas públicas, os incentivos não são limitados ao governo. Considerando que inserir *nudges* consiste em intervenções simples que influenciam o comportamento, a estratégia também pode ser utilizada por organizações, seja para a negociação e gestão negocial propriamente dita, seja para influenciar a observância das normas jurídicas, regras e políticas internas em decorrência do programa de compliance.

É importante destacar que o *nudge* não consiste em manipulação silenciosa dos destinatários do programa de compliance. Sunstein e Thaler[40] destacam que os *nudges* visam a maior percepção de justiça e ao incentivo ao sistema deliberativo de raciocínio, de modo transparente e ético.

Trata-se de desenhar incentivos e desincentivos de modo que as pessoas, autonomamente, possam tomar decisões que, de qualquer forma, adotariam se estivessem prestando "atenção e se tivessem todas as informações necessárias, capacidade cognitivas ilimitadas e total autocontrole",[41] afastando os resultados tendenciosos do sistema intuitivo. Trata-se apenas de incentivar o sistema deliberativo e reflexivo, e evitar os erros previsíveis ou tendenciosos, permitindo o desenviesamento.

3.1 Influenciando (*nudging*) pela estruturação da informação

Embora não exista uma listagem exaustiva ou classificação segura dos nudges que possam ser inseridos numa interface para incentivar comportamentos, Robert Baldwin[42] oferece uma tipologia, classificando os nudges conforme o grau de intrusão na autonomia volitiva:

(i) primeiro grau: nudges orientados a instigar a decisão reflexiva. Ex. o ato de o colaborador assinar e declarar comprometimento a uma dada política organizacional tende a ampliar a observância espontânea da-

---

39. TODD HAUGH, 2017, p. 684.
40. SUNSTEIN e THALER, 2019, p. 13.
41. SUNSTEIN, THALER, 2019, p. 14.
42. ROBERT BALDWIN, 2014, p. 7.

quela, pois invoca um comportamento de atenção e a responsabilização do colaborador.

(ii) segundo grau: nudges orientados à mudança de comportamento, pela inserção de heurísticas que facilitam a ação em dada direção, como ancoragem ou default *etc*. Ex. o ato de criar uma configuração padrão de que os colaboradores estão imediatamente incluídos em dada norma ou política organizacional, podendo excepcionalmente se autoexcluírem (*opt-out*), tende a reduzir a margem de exclusão, pela tendência de manutenção do *status quo*.

(iii) nudges de terceiro grau: nudges orientados à mudança de comportamento, pela inserção de heurísticas que engajam a ação em dada direção, pela associação ou emoção. A invocação de efeitos negativos – ex. imagem de doenças causadas pelo tabaco – para reduzir o consumo de cigarros.

Embora Baldwin não mencione uma quarta geração ou um quarto tipo de *nudge* em sua tipologia, acrescentaria, ainda, *nudges* de quarto grau, de natureza persuasiva a partir do uso da tecnologia e das interfaces – digitais ou não digitais.

Mais especificamente, é sabido que o uso da tecnologia digital pode influenciar comportamentos, a exemplo do uso viciante das redes sociais, que se valem de design persuasivo para engajar a ação ou influenciar o comportamento dos indivíduos em dada direção. É exatamente nesse sentido que se direcionam os estudos da captologia, tão bem desenvolvidos pelo laboratório de *design* comportamental de Stanford,[43] antes denominado laboratório de tecnologias persuasivas (*Stanford persuasive technology lab*).

Trata-se de aspectos documentados e publicizados no documentário "dilema das redes sociais", o qual retratou o processo de construção do design persuasivo na elaboração das redes sociais.

É nesse sentido que B. J. Fogg[44] salienta que captologia é o estudo dos computadores e da tecnologia digital como tecnologias persuasivas. Esta área de investigação explora o espaço de sobreposição entre a persuasão em geral (influência, motivação, mudança de comportamento etc.) e a tecnologia digital. A tecnologia, ainda segundo Fogg, torna-se uma mídia de interação (plataforma), um ator social e, ainda, uma ferramenta, tríade funcional das tarefas que a tecnologia digital desempenha de modo persuasivo.

---

43. Nesse sentido, conferir em: https://behaviordesign.stanford.edu/.
44. B. J. FOGG, 2003.

A inserção de *nudges* na gestão de programas de compliance, em qualquer grau, direcionando o comportamento dos colaboradores aos fins normativamente desejáveis e permitindo uma ação informada e racional, não consistirá, todavia, em tarefa das mais simples.

Há questões éticas a serem consideradas, especialmente sobre a observância dos limites éticos e da preservação da autonomia da vontade deliberativa do usuário, os quais escapam aos propósitos deste trabalho.[45]

Há ainda questões concernentes à eficácia da inserção de *nudges* nos programas de compliance, considerando a interação entre as vontades individuais dos membros da organização e os fatores organizacionais, bem como as similaridades e diferenças existentes entre economia comportamental e ética comportamental. Nesse sentido, literalmente:

> Se todas essas mudanças na tomada de decisões em matéria de finanças, saúde e produtos de consumo podem ser afetados por governos e atores privados utilizando os princípios da psicologia comportamental, então parece plausível que as pessoas possam usar princípios comparáveis – para melhorar sua própria tomada de decisão em questões éticas. Se as pessoas podem ser advertidas frutuosamente sobre sua vulnerabilidade às técnicas de marketing baseadas na psicologia, para que possam se proteger delas, como parece ser o caso, então talvez elas possam ser igualmente educadas sobre como evitar cometer erros éticos causados – por esses mesmos e relacionados fenômenos[46] (tradução nossa).

É preciso destacar que, na literatura, há diferentes conclusões e variáveis envolvidas quando se aborda a possibilidade de aplicar os insights das pesquisas comportamentais também ao campo da ética organizacional. Ora, destacam-se os aspectos da intenção, ora os aspectos contextuais como fatores do agir ético, ora a própria eficácia de medidas desse jaez.[47]

Stansbury & Barry[48] relatam que intervenções intrusivas, controladoras e caracterizadas como manipuladoras – é bom que se diga: distantes da doutrina do paternalismo libertário de Sunstein e Thaler – podem ter eficácia contraproducente. A tentativa de engajar o comportamento ético do colaborador pode gerar

---

45. SUNSTEIN, Cass. *The ethics of influence*: government in the age of behavioral science. New York: Cambridge, 2016. YEUNG, Karen. Nudge as fudge, *Modern L. Rev*, v. 75, n. 1, 122, 148p, 2012.
46. PRENTICE, 2015, p. 46.
47. WEAVER Gary R; TREVINO, Linda Kleber. Compliance and Values Oriented Ethics Programs: Influences on Employees' Attitudes and Behavior, *Bus. Ethics Q*, v. 9, 315-333p, 1999. BAZERMAN, Max H; GINO, Francesca. Ética comportamental: rumo a uma compreensão mais profunda do julgamento moral e desonestidade (dezembro de 2012). *Revista Anual de Direito e Ciências Sociais*, v. 8, 85-104p, 2012, Disponível em: http://dx.doi.org/10.1146/annurev-lawsocsci-102811-173815. PRENTICE, Robert. Behavioral Ethics: Can It Help Lawyers (And Others) Be Their Best Selves Notre Dame J.L. *Ethics & Pub. Pol'y*, v. 29, n. 1, 35-85p, 2015.
48. STANSBURY & BARRY, 2007.

um efeito backlash, isto é, um efeito contrário/resistido ao pretendido, que passa a desacreditar na integridade da organização.

Mas, não obstante as questões colocadas pela doutrina, e as dúvidas que ainda permeiam o campo de pesquisa, é possível dizer invariavelmente que a observância das regras e princípios jurídicos, objeto de gestão em um programa de compliance, condiciona-se: a *interação*[49] entre os aspectos individuais da tomada de decisão (processos cognitivos) dos membros dessa organização e os aspectos situacionais (aparatos formais/ aparatos informais).

Assim, mesmo diante de questões teóricas que ainda desafiam o campo de pesquisa, é necessário, de qualquer modo, aprimorar a interação entre os membros e a organização em si mesma considerada. É justamente nesse aspecto – da interação – que estudos sobre direito visual/multissensorial ou, em inglês, visual law, podem oferecer algumas respostas iniciais que favoreçam esse alinhamento: o desenho intencional da informação pode incentivar o agir ético.

O modo de justaposição e da estruturação da informação na interface, como por um exemplo de um código de ética ou de uma política organizacional (texto é interface), poderia aprimorar a interação entre os membros individualmente considerados e a organização? Essa questão é nosso próximo objetivo. Trata-se de uma contribuição preliminar sobre visual law aplicada ao compliance.

3.2 *Visual law*: *nudging* pela interface jurídica (um exemplo)

O visual law, aplicado à prática jurídica, refere-se ao desenho intencional ou estratégico de uma interface para aprofundar a interação com o usuário de um artefato jurídico. O escopo do visual law é, nessa linha de raciocínio, promover um alinhamento sinestésico e, eventualmente, persuadir ou influenciar o comportamento do usuário.

Embora parte da doutrina conceitue *visual law* como um subconjunto do legal design (design jurídico),[50] não é esse o conceito por nós adotado. O visual law compreende todos os fenômenos visuais/multissensoriais como direito, no direito e no contexto jurídico do direito,[51] sejam ele intencionais (decorrentes do

---

49. TREVINO, WEAVER, REYNOLDS, 2006, p. 979-980.
50. Nesse sentido: FALEIROS JR, José Luiz de Moura; CALAZA, Tales (Coord.). *Legal design*: *visual law, design thinking*, metodologias ágeis, experiências práticas e outros. São Paulo: Foco, 2021. SOUZA, Bernardo de Azevedo e; OLIVEIRA, Ingrid Barbosa (Org.). *Visual law*: como os elementos visuais podem transformar o direito. São Paulo: Ed. RT, 2021.
51. Nesse sentido, vale conferir: BRUNSCHWIG, Colette R. Visual Law and Legal Design: Questions and Tentative Answers. In: SCHWEIGHOFER, Erich et al (Ed.). *Cybergovernance*: Proceedings of the 24th International Legal Informatics Symposium IRIS 2021. Bern: Weblaw, 2021.

design jurídico customizado) ou aleatórios (decorrente de um design jurídico acidental/marginal).

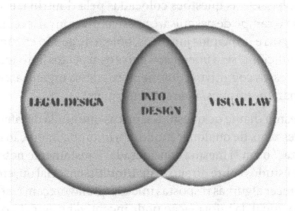

Fonte: autoria própria

A relação do visual law com o legal design apresenta-se não como um subconjunto, mas como uma intercessão entre conjuntos. A conexão entre os fenômenos ocorre apenas quando há o desenho intencional e estratégico de um conteúdo, informação ou interface. Quando há intencionalidade no desenho de um conteúdo ou de uma interface jurídica, nisso reside tanto o fenômeno visual no contexto jurídico (visual law) como também o desenho customizado (legal design ou desenho jurídico).

O legal design refere-se, pois, ao desenho jurídico customizado e centrado no usuário. Esse aspecto comunga e se comunica em parte com o visual law, naquelas hipóteses em que nesse há também o desenho de um conteúdo jurídico (contrato, peça processual) ou de uma interface jurídica (plataforma de ODR, plataforma de negociação, cortes online, processo eletrônico) igualmente customizado e centrado no usuário. Como bem ilustrado na cartilha de visual law da OAB federal,[52] legal design e visual law encontram-se quando há uma "linguagem visual intencional, especialmente desenhada, para o atingimento das finalidades perseguidas no campo jurídico".[53]

No desenho intencional da informação jurídica, no qual se incluem todos os documentos formais do programa de compliance (códigos de ética, consentimento para uso de dados pessoais, políticas organizacionais, treinamentos), é

---

52. PRESGRAVE, Ana Beatriz et al. *Visual law*: o design em prol do aprimoramento da advocacia. Brasília: OAB editora, 2021.
53. PRESGRAVE et al, 2021, p. 14.

possível uma arquitetura da informação e das escolhas[54] para tomada de decisão, suscetíveis de incentivar a reflexão e engajar o agir ético.

A estruturação do texto no espaço da interface e a justaposição de elementos visuais e textuais em um documento são *nudges* que incentivam ou influenciam o comportamento, podendo influenciar o raciocínio deliberativo ou engajar ações.

Como bem destaca Cass Sunstein,[55] a própria ordem em que revelada a informação é, em si mesma considerada, um *nudge* ou um elemento persuasivo. Diferentemente da matemática, no caso da informação, a ordem dos fatores altera o resultado. Noutros termos, o enquadramento da informação e o momento de revelação de cada informação (ajustada à tarefa de quem a usa) "tem valor instrumental"[56] podem influenciar a resposta comportamental do usuário em momento posterior. Mas, a questão que se coloca é: quais são os elementos (visuais, textuais) e em qual ordem podem ser utilizados em um caso concreto para influenciar o usuário via interface?

Uma espécie de *nudge* – que pode ser inserido na interface – são os elementos de facilitação. A facilitação da ação mediante a acessibilidade e disponibilidade do conteúdo – sem demandar sobrecarga ou esforço cognitivo – é um fator persuasivo.

Isso ocorre, segundo Kahneman[57] em razão do conforto cognitivo que a facilitação proporciona. Ainda, segundo Kahneman, se você deseja persuadir alguém, facilite para ele. O conforto cognitivo dado pela facilitação persuade para ação porque a familiaridade e o reconhecimento que a facilitação evoca tende a fazer com que a pessoa venha a "gostar do que vê, acreditar no que ouve, confiar nas suas intuições".[58] A tensão e a eventual complexidade geram o efeito oposto e intercambiável: uma maior vigilância e maior desconfiança, bem como uma maior sobrecarga cognitiva. O aumento do esforço e da complexidade na tarefa desestimula a ação e o engajamento do sujeito interessado e incentiva a procrastinação.

---

54. Arquitetura de escolhas é a expressão adotada pelos professores Cass Sunstein e Robert Thaler. Arquitetura da informação e design persuasivo são as expressões mais utilizadas no design de interação (UX design) e no estudo da tecnologias persuasivas. Ambos os conceitos partem dos mesmos fundamentos da psicologia comportamental e sobre como esses fundamentos cooperam para o design de artefatos – sistemas, informações, produtos – no nosso caso, artefatos jurídicos. Conferir: SUNSTEIN, Cass R; THALER, Robert H. *Nudge*: como tomar melhores decisões sobre saúde, dinheiro e felicidade. Trad. Angelo Lessa. Rio de Janeiro: Objetiva, 2019. FOGG, B. J. *Persuasive Technology*: using computers to change what we think and do. São Francisco: Morgan Kaufmann, 2003.
55. CASS SUNSTEIN, 2020.
56. SUNSTEIN, 2020.
57. KAHNEMAN, 2012, p. 44.
58. KAHNEMAN, 2012, p. 45.

Veja um exemplo concreto. Nesse política de conflito de interesses, criada especificamente para fins aprendizagem do visual law ou direito visual dentro do que se denominou de "compliance comportamental" (ou em inglês, *behavioral ethics*), houve a aplicação de *nudges* e de elementos design persuasivo na interface. Ilustrativamente:

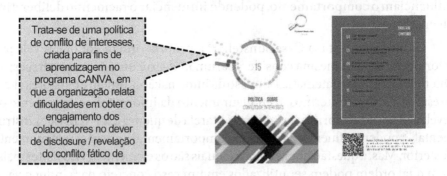

Fonte: autoria própria

Além da inserção de *nudges*, também foram utilizadas técnicas de design persuasivo. O design persuasivo refere-se, mais especificamente, aos fundamentos da construção de uma interface digital, a exemplo das técnicas utilizadas pelas redes sociais e pelas *big techs* (amazon, google, linkedin) para influenciar, engajar e converter download, subscrição e, até mesmo, vendas.

Trata-se de alinhar os padrões de UI (*user interface*) e as funcionalidades da tecnologia digital[59] com as técnicas persuasivas clássicas, objeto de estudo pela captologia. Essas técnicas de persuasão digital podem migrar, com algumas adaptações, para interfaces não digitais. E, por essa razão, podem ser igualmente aplicadas em interfaces jurídicas como plataformas, conteúdos e documentos jurídicos, a exemplo dos documentos, códigos e políticas de compliance.

Continuando a explorar o documento antes exemplificado, agora, nessa segunda página da política de conflito de interesses, além de um sumário, para facilitar a navegabilidade do usuário pelo documento, foi utilizado também um elemento de design persuasivo. Trata-se da inserção de um QR Code, que facilita o acesso ao preenchimento do formulário eletrônico para declaração de existência ou inexistência de conflito de interesses pelo colaborador/dirigente.

Note que a própria política de conflito de interesses permite – via um QR code – o acesso a um formulário eletrônico a ser preenchido por todos os colaboradores e dirigentes da organização. O formulário visa a coletar informações sobre a existência ou inexistência de situação caracterizadora de conflito de interesses. Destaca-se, ainda, que um QR code é apenas um código de barras bidimensional, cuja figura pode

---

59. FOGG, 2003.

ser inserida no texto ou interface digital, e ser escaneado pela câmera do celular ou por um aplicativo denominado QR code reader. Caso escaneado, o código dirige o usuário a um endereço eletrônico, no qual há um formulário eletrônico (ex. *google forms*) para preenchimento e assinatura digital online.

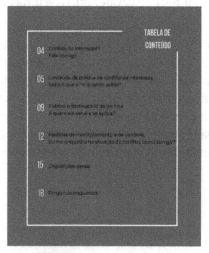

Fonte: autoria própria

Enfim, o acesso ao formulário eletrônico para preenchimento da declaração de conflito de interesses é facilitado. O formulário é acessível – e de fácil preenchimento pelo colaborador – por ocasião da própria ciência e assinatura da política de conflito de interesses da organização.

Há que se mencionar, ainda, que o envio da política de conflito de interesses aos colaboradores pode ser automatizado, via ferramentas de automação como e-mails marketing, notificando o colaborador a realizar o preenchimento. Se esse for o caso, há a combinação de uma segunda técnica de design persuasivo, denominada *kairós* (momento oportuno).[60] A tecnologia apresenta ubiquidade,[61] ela está presente em todos os lugares, consegue acessar o usuário em qualquer local e momento. Por isso, o envio recorrente de notificações e lembretes, via tecnologia, pode facilitar o encontro com o colaborador em momento mais oportuno para o preenchimento do formulário eletrônico, de modo que o colaborador esteja mais suscetível a agir.

---

60. FOGG, 2003.
61. Para aprofundar o caráter ubíquo da tecnologia, ver: gallagher, john. machine time: unifying chronos and kairos in an era of ubiquitous technologies. ***rethoric review***, v. 39, n. 4, 522-535p, 2020.

É preciso destacar, ainda, que a simples exigência de assinatura e declaração de leitura,[62] por ocasião do recebimento da política de interesses pelo colaborador e dirigente, já é considerado, por si só, um *nudge*. Trata-se de um *nudge* que visa a incentivar atenção e o raciocínio deliberativo. Isso porque o mero ato de lembrar ou de expressamente reconhecer o caráter ético de uma conduta tende a reduzir os comportamentos antiéticos.

Outro nudge inserido nessa política de conflito de interesses foi o *framing*[63] ou o enquadramento conferido à revelação do conflito. A política enfatiza que a declaração de conflito de interesses visa apenas à satisfação do dever de comunicação, de modo que basta comunicar o fato para cumprir com a exigência. Eventual conflito não será objeto de censura, mas de mero ajustamento fático para fins de preservação da atuação lídima e desinteressada dos colaboradores entre si, dos colaboradores com a organização e, ainda, com terceiros que com eles se relacionarem.

Fonte: autoria própria

---

62. HAUGH, 2017, p. 711.
63. Sobre framing: BAZERMAN, Max H. The relevance of Kahneman and Tversky's concept of framing to organizational behavior. *Journal of Management*, v. 10, n. 3, p. 333-343, 1984. TVERSKY, Amos; KAHNEMAN, Daniel. Rational choice and the framing of decisions. *Multiple criteria decision making and risk analysis using microcomputers*. Springer, Berlin, Heidelberg, 1989. p. 81-126.

E, mais, o texto da política da interesses desmistifica eventual angústia ou tensão em relação ao reconhecimento de eventual conflito de interesses. Menciona-se expressamente que um conflito de interesses não é, em si mesmo, um ato reprovável ou desconforme, fato que poderia levar a ocultação dessa informação.

A política é clara no sentido de que os conflitos de interesses são fatos da vida cotidiana. Eventualmente, é possível que surjam contextos que venham a ensejar uma situação fática de conflito. Nesse caso, não há desconformidade, mas apenas o dever de *disclosure* (revelação). O ato reprovável é o simples ato de deixar de revelar, o que pode gerar resultados nefastos, obstar ajustes organizacionais e, ainda, ensejar responsabilização administrativa à organização. A política faz, então, uma chamada clara para ação, que consiste em mera comunicação/*disclosure* do conflito.

O documento – que ora é apresentado como um case de *visual law* – ainda se vale de linguagem simplificada (*plain language*). É preciso destacar que, embora uma política organizacional seja um documento jurídico, de natureza protetiva à organização, ela é, sobretudo, um conteúdo que deve ser operacionalizado junto aos colaboradores e dirigentes da organização, que não são profissionais jurídicos. Sob essa perspectiva, mais do que um documento protetivo ou de garantia legal, trata-se de um documento de gestão organizacional e, como tal, deve ser funcional e usável por aqueles que operam com suas regras no praxe institucional.

Fonte: autoria própria

É de se notar, ainda, que o documento possui elementos de navegabilidade e um *design pattern* que permite o rápido escaneamento visual das causas que caracterizam o conflito de interesses com ícones indicadores (i) ícone para relacionamento amorosos; (ii) ícone para informação confidencial, (iii) ícone para vedações; (iv) ícone para dever de não manifestação. Os elementos de navegabilidade e de escaneamento visual atraem atenção e, ainda, conferem autonomia ao usuário, que consegue localizar rapidamente os tópicos. Veja abaixo:

Fonte: autoria própria

É preciso destacar, ainda, que a ausência de fricção na navegabilidade do usuário pelo documento aumenta a eficiência do próprio artefato e do programa de compliance. Quão mais fácil for a navegação do usuário, maior a possibilidade de o usuário cumprir as tarefas demandadas pela organização, o que se reverte em eficiência organizacional. Isso ocorre em razão de um fenômeno conhecido como paradoxo do escolha (paradox of choice).

O paradoxo da escolha, segundo Barry Schwarts,[64] ensina que quanto maior o número de opções, alternativas ou situações a que submetidas o usuário, maior a sobrecarga cognitiva e o tempo despendido na atividade para filtragem e decodificação da informação. O esforço cognitivo aumentado resulta frequentemente em insatisfação do usuário, desistência da atividade ou procrastinação. É recomendável, portanto, que as tarefas do usuário sejam de fácil navegação e que as opções/situações sejam apresentadas a ele na ordem natural de interação dele com o artefato. Ou seja, o conteúdo (limitado em suas opções) deve surgir para o usuário à medida em que, naturalmente, ele demanda esse conteúdo para cumprir uma tarefa.

Ao final, uma última técnica persuasiva foi utilizada no documento exemplificado. Trata-se da inserção de um fluxograma, que estabelece o passo-a-passo das ações exigidas pelo colaborador e pelo dirigente, no caso de aqueles efetivamente se reconhecerem em uma situação de conflito.

---

64. BARRY SCHWARTS, 2009.

Eis o passo-a-passo inserido na interface (i) leitura da política de conflito de interesses, com declaração expressa de ciência, e realização de curso online, também disponível e acessível via QR code; (ii) preenchimento eletrônico do formulário de declaração de conflito de interesses; (iii) sugestão das medidas de controle no próprio formulário eletrônico (ajustes fáticos e organizacionais, para obstar influência recíproca indevida) e (iv) agora, você pode ficar tranquilo, porque o dever era de comunicação e você o conclui com sucesso. Essa técnica persuasiva implica um efeito túnel,[65] guiando o usuário até o passo final, consistente na sugestão das medidas de controle.

Fonte: autoria própria

Esse case de visual law, aplicado ao compliance, é apenas um estudo de caso fictício. Tratando-se de uma hipótese real, demandar-se-ia pesquisa do usuário e monitoramento dos resultados ao longo do tempo. Não obstante, embora não tenha havido real pesquisa do usuário, tampouco real monitoramento dos resultados, todas técnicas utilizadas já foram relatadas em literatura e objeto de pesquisas empíricas, razão pela qual podem e devem ser objeto de experimentação no direito, observados os limites éticos e normativos.

4. CONCLUSÃO

Se os processos cognitivos mentais dos colaboradores e dirigentes e o modo como se racionaliza sobre o ato desconforme são influenciados pelos gatilhos contextuais, igual raciocínio também pode ser aplicado para influenciar o agir ético. Trata-se da proposta de desenhar intencionalmente *nudges* contextuais e

---

65. FOGG, 2003.

elementos de design persuasivo (elementos da tecnologia digital) que afastem os vieses e respostas tendenciosas, incentivem o comportamento deliberativo racional e, ainda, possa engajar ações normativamente desejáveis.

É preciso destacar, todavia, que o campo de pesquisa ainda é escasso em literatura. O uso de *nudges* ou elementos de design persuasivo podem, eventualmente, gerar um *backlash*. Se o incentivo não for vislumbrado pelo usuário como legítimo, ético e confiável, as respostas comportamentais podem ser diversas ou, até mesmo, opostas à atuação em conformidade e integridade.

Conclui-se, portanto, ainda que preliminarmente e guardadas as ressalvas antes realizadas, que as estratégias de visual law (com inserção de *nudges* e elementos de design persuasivo) podem ser manejadas, igualmente, em programas de *compliance*, para influenciar o comportamento aos fins normativamente adequados. Mas, embora essa frase possa soar uma redundância desnecessária, vale frisar que atenção à ética é fundamental.

A observância dos limites éticos nas intervenções em matéria de compliance é uma exigência da própria integridade que se busca estabelecer no programa, mas é igualmente condição para o aparecimento dos resultados. Intervenções ilegítimas ou intrusivas podem gerar efeito *backlash*: reação contrária. Atenção!

5. REFERÊNCIAS

ARDICHVILI, Alexandre A; JONDLE, Douglas J.; MITCHELL, James A. *Characteristics of ethical business cultures*. Disponível em: https://files.eric.ed.gov/fulltext/ED501640.pdf. Acesso em 11 de maio de 2020.

ARDICHVILI, Alexandre; JONDLE, Douglas; KOWSKE, Brenda. Dimensions of ethical business cultures: Comparing data from 13 countries of Europe, Asia, and the Americas. *Human Resource Development International*, v. 13, n. 3, 299-315p, 2010.

ARIELY, Dan. *A (honesta) verdade sobre a desonestidade*. Trad. Ivo Korytowski. Rio de Janeiro: Sextante, 2021.

ARIELY, Dan. *Previsivelmente irracional*: as forças invisíveis que nos levam a tomar decisões erradas. Trad. Ivo Korytowski. Rio de Janeiro: Sextante, 2020.

BAZERMAN, Max H. The relevance of Kahneman and Tversky's concept of framing to organizational behavior. *Journal of Management*, v. 10, n. 3, p. 333-343, 1984.

BAZERMAN, Max H; GINO, Francesca. Ética Comportamental: Rumo a uma compreensão mais profunda do julgamento moral e desonestidade (dezembro de 2012). *Revista Anual de Direito e Ciências Sociais*, v. 8, 85-104p, 2012, Disponível em: http://dx.doi.org/10.1146/annurev-law-socsci-102811-173815.

BRUNSCHWIG, Colette R. Visual Law and Legal Design: Questions and Tentative Answers. In: SCHWEIGHOFER, Erich et al (Ed.). *Cybergovernance*: Proceedings of the 24th International Legal Informatics Symposium IRIS 2021. Bern: Weblaw, 2021.

CASANOVAS, Pompeu; GONZÁLEZ-CONEJER, Jorge; KOKER, Louis de. *Legal Compliance by Design (LCbD) and through Design (LCtD)*: Preliminary Survey. Proceedings of the 1st Workshop on Technologies for Regulatory Compliance. TERECOM@JURIX, 2017.

COHEN, David. Creating and maintaining ethical work climates: A in the workplace and implications for managing change. *Business Ethics Quarterly*, v. 3, n. 4, 343-358p, 1993.

FALEIROS JR, José Luiz de Moura; CALAZA, Tales (Coord.). *Legal design*: visual law, *design thinking*, metodologias ágeis experiências práticas e outros. São Paulo: Foco, 2021.

FOGG, B. J. *Persuasive Technology*: using computers to change what we think and do. São Francisco: Morgan Kaufmann, 2003.

FREDERICK, William C. *Values, nature and culture in the american corporation*. New York: Oxford Press, 1995.

FRENCH, Peter A. *Colletive and corporate responsability*. New York: Columbia University Press, 1984.

GALLAGHER, John. Machine Time: Unifying Chronos and Kairos in an Era of Ubiquitous Technologies. *Rethoric review*, v. 39, n. 4, 522-535p, 2020.

HAUGH, Todd, Nudging Corporate Compliance. *American Business Law Journal*, v. 54, n. 17-54, Kelley School of Business Research Paper 2017.

KAHNEMAN, Daniel. Maps of Bounded Rationality: Psychology for Behavioral Economics. *The American Economic Review*, v. 93, n. 5, 1449-1475p, December 2003.

KAHNEMAN, Daniel. *Rápido e devagar*: dois modos de pensar. Trad. Cassio Arantes de Leite. Rio de Janeiro: Objetiva, 2012.

KAHNEMAN, Daniel; FREDERICK, Shane A Model of Heuristic Judgment. In: HOLYOAK K. & MORRISON B. (Ed.). T*he Cambridge Handbook of Thinking and Reasoning*. Cambridge University Press, 2005.

KAHNEMAN, Daniel; TVERSKY, Amos. Availability: a heuristic for judging frequency and probability. *Cognitive Psychology*, v. 5, 207-232p, 1973.

KAHNEMAN, Daniel; TVERSKY, Amos.Choices, Values, and Frames. *American Psychologist*, v. 39, n. 4, 341-350p, 1983.

LOHMANN, N. Compliance by Design for Artifact-Centric Business Processes. *Information Systems, Special section on BPM 2011 conference*, v. 38, n. 4, 606-618p, 2013.

MEYERS, Christopher. Institutional culture and individual behavior: creating an ethical environment. *Science and engineering ethics*, v. 10, n. 2, 269-276p, 2004.

NEWMAN, Dwight. *Community and collective rights*: a theoretical framework for rights held by groups. Portland: Hart Publishing, 2011.

PRENTICE, Robert. Behavioral Ethics: Can It Help Lawyers (And Others) Be Their Best Selves? Notre Dame J.L. *Ethics & Pub. Pol'*, v. 29, n. 2, 35-85p, 2015.

PRESGRAVE, Ana Beatriz et al. *Visual law*: o *design* em prol do aprimoramento da advocacia. Brasilia: OAB editora, 2021.

ROBERT BALDWIN. From Regulation to Behavior Change: Giving Nudge the Third Degree, *Moderno L. Rev.*, v. 77, 2014.

RUSS-EFT, Darlene. Corporate ethics: A learning and performance problem for leaders? *Human Resource Development Quarterly*, v. 14, n. 1, 1-3p, 2003.

SCHEIN, Edward H. *Organizational culture and leadership*. 3. ed. São Francisco: Jossey-Bass, 2004.

SCHWARTZ, Barry. *Paradox of choice*: why more is less. Revised edition. Harper-Collins, 2009.

SIMON, Herbert A. A Behavioral Model of Rational Choice. *Quarterly Journal of Economics*, v. 69, n. 1, 99-118p, February, 1955.

SLOMAN, S. Two systems of reasoning: An update. In J. W. Sherman, B. Gawronski, & Y. Trope (Ed.). *Dual-process theories of the social mind*. The Guilford Press. 2014.

SLOMAN, Steven A. Two systems of reasoning. In: GILOVICH, Thomas; GRIFFIN, Dale; KAHNEMAN, Daniel (Ed.) *Heuristics and biases*: the psychology of intuitive judgment. Cambrigde, 2002.

SOUZA, Bernardo de Azevedo e; OLIVEIRA, Ingrid Barbosa (Org.). *Visual law*: como os elementos visuais podem transformar o direito. São Paulo: Ed. RT, 2021.

STANSBURY, Jason; BARRY, Bruce. Ethics Programs and the Paradox of Control. *Business Ethics Quarterly*, v. 17, n. 2, p. 239-261, 2007.

SUNSTEIN, Cass. *The ethics of influence*: government in the age of behavioral science. New York: Cambridge, 2016.

SUNSTEIN, Cass R. *Too much information*: understanding what you don't want to know. Massachussetts: Cambridge, 2020.

SUNSTEIN, Cass R; THALER, Robert H. *Nudge*: como tomar melhores decisões sobre saúde, dinheiro e felicidade. Trad. Angelo Lessa. Rio de Janeiro: Objetiva, 2019.

THALER, Robert H. *Misbehaving*: a construção da economia comportamental. Trad. George Schlesinger. Rio de Janeiro: Intrínseca, 2019.

TREVINO, Linda K; WEAVER, Gary; REYNOLDS, Scott. Behavioral Ethics in Organizations: *A Review*, J. MGMT. v. 32, 951-967p, 2006.

TREVINO, Linda. Ethical decision making in organizations: a person-situation interactionistic model. *Academy of management review*, v. 11, n. 3, 601-617p, 1986.

TVERSKY, Amos; KAHNEMAN, Daniel. Rational choice and the framing of decisions. *Multiple criteria decision making and risk analysis using microcomputers*. Springer, Berlin, Heidelberg, 1989.

TVERSKY, Amos' KAHNEMAN, Daniel (Org.). *Choices, values and frames*. Cambridge: Cambridge University Press, 2000.

WEAVER Gary R; TREVINO, Linda Kleber. Compliance and Values Oriented Ethics Programs: Influences on Employees' Attitudes and Behavior, *Bus. Ethics Q*, v. 9, 315-333p, 1999.

YEUNG, Karen. Nudge as fudge, *Modern L. Rev*, v. 75, n. 1, 122, 148p, 2012.

AS SERVENTIAS EXTRAJUDICIAIS: SUA IMPORTÂNCIA E A TRANSFORMAÇÃO PARA A VIA DIGITAL

Rachel Leticia Curcio Ximenes de Lima Almeida

Tiago de Lima Almeida

Wilson Levy Braga da Silva Neto

Sumário: 1. Introdução – 2. A importância das atividades extrajudiciais para a sociedade – 3. A transformação dos cartórios para a era digital – 4. Os principais desafios para essa adaptação digital – 5. Conclusão – 6. Referências.

1. INTRODUÇÃO

Não há o que se olvidar da importância das serventias extrajudiciais para a sociedade brasileira. Dada a necessária importância aos delegatórios, procurou-se, nesse artigo, demonstrar de forma sucinta a importância desenvolvida pelos notários e registradores, sua busca por um maior aperfeiçoamento e o quanto o trabalho desenvolvido é de suma indispensabilidade à população, contribuindo para que as evoluções sociais sejam aparadas e que todos possam exercer seus direitos fundamentais.

Os cartórios são uma das principais instituições de confiança no papel e que viu, nos últimos anos, a criação de mecanismos e surgimento de sistemas capazes de auxiliar nesse papel prestado a toda a sociedade. A facilidade disposta nos serviços cartorários pela via remota tem se tornado, dia após dia, essencial para que os cidadãos consigam lidar com todas as demandas aos quais são submetidos.

Além da reivindicação por uma adaptação eficiente que já existia pela simples observância tecnologia, o mundo se viu diante de uma pandemia de saúde, o que fez que esse apelo fosse redobrado. Trata sobre as mudanças necessárias pelas quais passaram as serventias, para uma adaptação produtiva e eficiente as reais necessidades populacionais.

Procurou-se demonstrar, ainda, de forma sucinta a importância desenvolvida pelos notários e registradores, sua busca por um maior aperfeiçoamento e o quanto o trabalho desenvolvido é de suma indispensabilidade, possibilitando, dessa forma, que os serviços sejam prestados de forma remota, sem perder a credibilidade ao qual é inerente à atividade.

Deste modo, como bem veremos a seguir, a digitalização dos procedimentos que facilitam o acesso à justiça pela via extrajudicial não deve trazer estranhezas, embora necessitem de observações e cuidados, vistos que o processo de informatização não é novidade no mundo jurídico e a exitosa experiência em mecanismos pela via do cartório só comprovam o quanto tratado, que a via extrajudicial é um substancial apoio da justiça.

2. A IMPORTÂNCIA DAS ATIVIDADES EXTRAJUDICIAIS PARA A SOCIEDADE

O corpo social, da forma em que o conhecemos hoje, é marcado por constante mudanças e evoluções. Esses progressos fizeram com que a sociedade fosse moldando-se aos diferentes tipos de pensamento, ideias e conceitos individuais de cada cidadão, que buscam, homeopaticamente, alcançar seu local ideal junto ao resto da população, enquadrando-se em semelhança àqueles que possuem as mesmas disposições sociais e culturais.

Podemos citar como grande exemplo dessa mudança histórica o próprio conceito de núcleo familiar adotado pelo Direito brasileiro. A organização familiar sempre foi classificada como base da sociedade, sendo, com isto, descomedidamente defendida e amparada legalmente. Não é qualquer novidade que, ao olhar para trás, a família era tão somente aquela em que o homem era o chefe, sendo a mulher submissa às suas ordens e à mercê de suas vontades. Qualquer outra disposição contrária a esse formato era desconsiderada e anulava-se qualquer pretensão familiar. Nesse conceito de mudanças, percebe-se que a afetividade traz consigo uma importância que supera qualquer relação consanguínea, criando um elo que vai muito além de parentesco e de obrigações.

O tempo sendo o maior aliado das conquistas sociais, é possível observar, cada vez mais, conquistas e avanços sociais que mexeu com todo o sistema patriarcal. Essas alterações fizeram profundas rachaduras e quebras de barreiras no Direito Brasileiro, tais como o estabelecimento do direito ao Divórcio em 1977, o instituto da União Estável e a família monoparental, com o advento da Constituição Federal de 1988, a sanção da Lei 11.441 de 2007, chegando aos dias atuais como o reconhecimento de Uniões Homoafetivas, quando, em maio de 2011 o STF, por votação unânime, julgou procedente uma ação direta de inconstitucionalidade

(ADIn 4.277), trazendo a essa espécie de relação as mesmas regras aplicadas às uniões estáveis heterossexuais.

E consoante a essas alterações, temos a figura das serventias extrajudiciais que, protagonizam um papel indispensável nessa constituição de uma sociedade mais plural e abrangente. Proporcionando um acesso eficiente a direitos, as serventias extrajudiciais se estabelecem de modo a cooperar com a materialização da justiça. Tal como preceituado por Ricardo Goretti,[1] "é possível afirmar que ter acesso à justiça é obter a solução de sua controvérsia de maneira justa".

Acerca da história das serventias extrajudiciais, Lucas Almeida de Lopes Lima[2] tratou que:

> Pode-se dizer que no Brasil, a atividade notarial e registral surgiu efetivamente a partir do chamado registro do vigário (Lei 601/1850 e Dec. 1.318/1854), com o que a Igreja Católica passou a obrigar a legitimação da aquisição pela posse, através do registro em livro próprio, passando a diferençar as terras públicas das terras privadas. A aludida transmissão, com o tempo, passou a ser realizada através de contrato e, não raras vezes, necessitava de instrumento público, confeccionado por um tabelião. Finalmente, com a ampliação dos atos registráveis, passaram a se submeter ao Registro Geral (Lei 1.237/1864) todos os direitos reais sobre bens imóveis.

Galgando seu espaço perante a sociedade, as atividades extrajudiciais foram tornando-se cada vez mais imprescindível ao bom desenvolvimento social e auxílio ao judiciário. Importante, aqui, abrir um parênteses para acrescentar que a eficiência do extrajudicial não significa na ineficiência do judiciário. Muito pelo contrário. Temos hoje um poder judiciário dotado de capacidade e eficiência. O que ocorre é que no país se há uma cultura onde predomina a ideia litigiosa de resolução de conflitos e isso acaba gerando um abarrotamento, fazendo-se necessária a presença das serventias de notas e de registro para auxílio desses processos.

No panorama legislativo, foi a Lei 8935 de 1994 quem trouxe a confirmação do quanto tratado pelo art. 236 da Constituição Federal, dispondo sobre os serviços notariais e de registro, a denominada Lei dos Cartórios. A Constituição Federal é clara e direta ao tratar que a atividade extrajudicial é típica e privativa, sendo os notários e registradores "dotados de fé pública decorrente do ato de delegação". Possuem esses deveres de natureza ético-profissional, destacando-se como indispensáveis a imparcialidade, independência, confidencialidade, responsabilidade e competência técnica. Com esse entendimento, é possível vislumbrar que o titular da serventia extrajudicial ou quem o substitua na prática do ato, deve se atentar às

---

1. GORETTI, Ricardo. *Mediação e acesso à justiça*. Salvador: JusPodivm, 2017. p. 67.
2. LIMA, Lucas Almeida de Lopes. *A atividade notarial e registral e sua natureza jurídica*. Conteúdo jurídico, Brasília-DF: 19 ago. 2011. Disponível em: http://www.conteudojuridico.com.br/art.,a-atividade-notarial-e-registral-e-sua-natureza-juridica,33077.html. Acesso em: 11 mar. 2022.

disposições legais e normativas para que a situação fática desejada seja corroborada pela publicidade, autenticidade, segurança e eficácia decorrentes de sua fé pública.

Sobre a importância desenvolvida pelos notários, elucidaremos aqui o que é tratado pelo ilustre Dr. Gustavo Ige Martins,[3] que teceu comentários sobre a atuação das serventias:

> Cada vez mais, a função notarial assume posição fundamental dentro da sociedade, pois esta, no desenvolvimento, cria normas e regras numa espantosa velocidade, mal entrando uma em vigor, para outra, a curto ou médio prazo, vir a revogá-la, tornando, pois, necessária a função de um agente contrabalanceador do Estado para prestar essas informações à Sociedade. Esse dever de informação resulta da relação da prestação jurídica que dispensa a segurança absoluta nas relações sociais, havendo a necessidade de que o mesmo certifique-se que os contratantes entenderam perfeitamente o conteúdo do negócio jurídico realizado, aplicando, dessa forma, a certeza e segurança da fé que lhe foi atribuída, para o exercício da função delegada.

Por sua vez, ao tratarmos sobre Registro Civil, podemos inquerir que esses são estabelecidos na sociedade como mecanismo eficiente de garantia de segurança jurídica, tendo a publicidade como meio de concretização dos atos que são inseridos em seus livros públicos. Acerca das funções desempenhadas, Antônio Pessoa Cardoso[4] nos traz que:

> O registro civil é direito humano fundamental que possibilita o exercício da cidadania e a dignidade da pessoa humana; dá nome, individualiza a pessoa; é o primeiro documento na vida do cidadão, comprovante de sua existência no mundo da lei; depois desse documento, e em função dele, consegue-se a carteira de identidade, o título de eleitor, o CPF, a certidão de casamento.

O instituto do Protesto Extrajudicial surge como um ato público que é exercido em caráter privado pelos Tabeliães de Protesto que vem no intuito de dar reconhecimento a inadimplência de um documento ou título de dívida, tendo, após realizadas todas as suas solenidades, a consequência de isenção do devedor juntos as órgãos de proteção de crédito, caso não seja cumprido.

Nas palavras do ilustre professor Walter Ceneviva,[5] ao tratar sobre o protesto:

> Protesto é a manifestação do credor contra a omissão do devedor, sendo elemento de prova imprescindível em certas circunstâncias de que a obrigação não foi cumprida na forma e no prazo previsto pelo título, assegurando, ainda e no âmbito das relações cambiárias, direito contra eventuais avalistas e de regresso contra o endossante e o sacador do título.[6]

---

3. MARTINS, Gustavo *Ige*. Direito Notarial, 2007. Disponível em: http://www.viajus.com.br/viajus.php?pagina=art.s&id=936&idAreaSel=2&seeArt=yes. Acesso em: 11 mar. 2022.
4. CARDOSO, Antônio Pessoa. O registro civil e a cidadania: O sub-registro perdurou por muito tempo entre nós, até que a Constituição de 1988 consagrou a gratuidade dos – atos necessários ao exercício da cidadania. *Migalhas*, Brasil, 04 ago. 2016. Disponível em: Acesso em: 11 mar. 2022.
5. CENEVIVA, Walter. *Lei dos Notários e dos Registradores comentada*. 8. ed. São Paulo: Saraiva, 2010.
6. CENEVIVA, 2010, p. 101.

Com o extrajudicial ganhando cada vez mais protagonismo na luta pela desjudicialização, as atividades passaram a ser, cada vez mais, foco de estudos acadêmicos e doutrinários. Para Vitor Kümpel,[7] é nesse cenário que houve a mudança de competências de apreciação jurisdicional para o extrajudicial, especialmente em relação aos serviços delegatários dos notários e registradores. Traz ele que "os operadores do direito começaram a perceber que questões jurídicas, ainda que complexas, poderiam ser retiradas da apreciação do Poder Judiciário, observadas duas condições: a) desde que não houvesse lide; b) desde que não houvesse interesse público ou metaindividual envolvido".

Um exemplo claro e conhecido de sucesso da transferência de atribuições às serventias extrajudiciais é o surgimento da Lei 11.441 de 2007, de iniciativa do Ministro Marcio Thomas Bastos. Até o ano de 2007 a separação de direito era necessariamente judicial e tinha de ser processada por meio de jurisdição voluntária ou procedimentos de jurisdição contenciosa.

A via judicial estabelecia-se, até então, como a única alternativa disponível aos cidadãos que pretendiam satisfazer suas pretensões quanto à separação, divórcio, inventário e partilha consensual. Dada as situações fáticas, e de modo a trazer facilidade àqueles que necessitam dos mecanismos, bem como, no intuito de desafogar o Poder Judiciário, a Lei Federal em comento permitiu que os procedimentos acima fossem realizados de forma extrajudicial, por meio de escritura públicas, nos tabelionatos de todo o país, trazendo celeridade aos mecanismos.

Com isto, ganhou-se substancialmente, ao nascer no mundo jurídico a norma, que carrega consigo a segurança jurídica e a celeridade necessárias, tomando os notários à frente da resolução daquelas questões, tomando para si o protagonismo (e sucesso) na missão de resolução dos inventários, partilhas, separações e divórcios.

Sobre a norma, que é um marco na história extrajudicial, Maria Berenice Dias[8] prestou declarações. Como bem assegurou[9] "acabou com a injustificável interferência do Estado na vida dos cidadãos. Enfim passou a ser respeitado o direito de todos de buscar a felicidade, que não se encontra necessariamente na mantença do casamento. Mas, muitas vezes, com o seu fim".

Além do quanto disposto acima, outros são os mecanismos e auxílio prestados pelas serventias que trazem benefícios imensuráveis à vida da população. Tal

---

7. KÜMPEL, Vitor Frederico. Histórico da Lei 11.441/2007 e a incorporação de seus institutos pelo Código de Processo Civil de 2015. DEL GUÉRCIO NETO, Arthur et. al. *Homenagem aos 10 anos da lei federal 11.441/2007 em 10 artigos*. São Paulo: YK Editora, 2017. p. 198.
8. DIAS. Maria Berenice. *Divórcio já* – Comentários à Emenda Constitucional 66, de 13 de julho de 2010. São Paulo: Ed. RT, 2010a.
9. 2010a, p. 15.

como em 2013, o CNJ editou a resolução 175[10] que proibia a recusa de celebração de casamentos civis de casais do mesmo sexo pelos cartórios de todo o Brasil. Nas palavras do conselheiro Guilherme Calmon:

> A Resolução veio em uma hora importante. Não havia ainda no âmbito das corregedorias dos tribunais de Justiça uniformidade de interpretação e de entendimento sobre a possibilidade do casamento entre pessoas do mesmo sexo e da conversão da união estável entre casais homoafetivos em casamento". Completou com "Alguns estados reconheciam, outros não. Como explicar essa disparidade de tratamento? A Resolução consolida e unifica essa interpretação de forma nacional e sem possibilidade de recursos", ressaltou.

Para se ter ideia da dimensão e da importância desse avanço, o Colégio Notarial do Brasil[11] publicou balanço geral e, foi constatado que, até setembro de 2020, 127.217 (cento e vinte e sete mil, duzentos e dezessete) uniões civis entre casais homoafetivos. Segundo a matéria publicada, dados do Instituto Brasileiro de Geografia e Estatística (IBGE), o Brasil contabiliza 106.716 mil casamentos entre brasileiros do mesmo sexo. Houve um crescimento de 61% nos registros entre 2017 e 2018. E, no ano de 2019, o número saltou para 12.896 – aumento de 35% em relação a 2018. Um avanço imensurável à população GLBTQIA+ que sofre, diariamente, com preconceito e agressões.

Sem a intenção de demonstrar aqui todos os benefícios das serventias à sociedade, que necessitaria de um livro a parte para tal, citamos como outro exemplo o Provimento 63 de 2017 da Corregedoria Nacional de Justiça, que institui regras para a emissão de certidões de nascimentos pelos cartórios de registro civil. Segundo a norma, a nova disposição do documento não deve contar com quadros preestabelecidos para o preenchimento dos genitores, visando-se evitar lacunas para identificação do pai, no caso de desconhecido. Dentre os regramentos editados, tal como inserção do CPF na certidão de nascimento, uma se destaca pela importância do tema: a possibilidade de reconhecimento extrajudicial das filiações socioafetivas e registro dos filhos havidos por método de reprodução assistida.

Como bem assegurou a excelente doutrinadora Maria Berenice Dias,[12] ao tratar sobre a afetividade como nova concepção de conceito familiar:

> Nos dias de hoje, o elemento distintivo da família, que a coloca sob o manto da juridicidade, é a presença de um vínculo afetivo a unir as pessoas com identidade de projetos de vida e propósitos comuns, gerando comprometimento mútuo. Cada vez mais a ideia de família

---

10. Disponível em: https://atos.cnj.jus.br/atos/detalhar/1754. Acesso em: 12 mar. 2022.
11. Metrópoles: Brasil já registrou 127.217 uniões civis entre casais homoafetivos. Disponível em: https://www.cnbsp.org.br/index.php?pG=X19leGliZV9ub3RpY2lhcw==&in=MjAyMjE=&filtro=1. Acesso em: 12 mar. 2022.
12. DIAS, Maria Berenice. *Manual de direito das famílias*. 10 ed. São Paulo: Ed. RT, 2015, p. 131.

afasta-se da estrutura do casamento. A família já não mais se condiciona aos paradigmas originários: casamento, sexo e procriação.

Deste modo, é possível observar que as serventias prestam, muito além de serviços de auxílio ao judiciário, sendo verdadeiros asseguradores de direitos e pioneiros em quebra de paradigmas e barreiras, auxiliando, na verdade, a sociedade a crescer e alcançar novos patamares, identificando, respeitando e validade a verdade individual de cada um, observando princípios constitucionais de garantias individuais e prestando um serviço que contribui para que sejam alcançados os elementos da justiça, promovendo uma estrutura que permite, de maneira preponderantemente preventiva, evitar litígios ou auxiliar para sua dissipação, promovendo a pacificação social.

3. A TRANSFORMAÇÃO DOS CARTÓRIOS PARA A ERA DIGITAL

Como bem observado acima, os cartórios extrajudiciais são alçados ao patamar de indispensáveis a vida em sociedade, dada as suas disposições e prestações sociais. Os tópicos levantados anteriormente são só algumas das diversas ações imprescindíveis à sociedade e que são realizadas por esses profissionais.

Com o avanço social e, consequentemente, o avanço tecnológico, os cartórios não puderam ficar para trás e começaram a atender uma demanda social uníssona: o atendimento pelas vias remotas. Os debates acerca da realização dos atos notariais e de registros pela via remota não são novidade no meio jurídico. Sendo as atividades extrajudiciais agentes de transformação social, não podiam eles ficarem estagnados e não se adaptarem as novas tecnologias e as facilidades da era digital. Para se ter uma ideia de o quanto o assunto já é debatido há tempos, Stringher[13] tratou, em 2002, acerca da ida dos atos extrajudiciais para o "online", dada a circunstância de criação da assinatura eletrônica. Assim dispôs:

> Dentro desse diapasão, da criação da assinatura digital e dos certificados eletrônicos (grifo nosso), os Cartórios Notariais e de Registro do Brasil estão se aparelhando para atender a essa *futura demanda de autenticação e registro de documentos públicos e privados*, que necessitam de formalização para seu pleno reconhecimento legal, em juízo e fora dele.

Embora o tema fosse, e é, de suma importância ao contexto social, sempre houve grandes cuidados e ressalvas na implementação de mecanismos que fizessem essa transição. É impossível observar uma postura mais retraída, inclusive, do próprio CNJ, que sempre foi muito cometido em suas publicações e normas, buscando evitar grandes problemas quanto a isso.

---

13. STRINGHER, Ademar. *Aspectos legais da documentação em meios micrográficos, digitais e eletrônicos.* São Paulo: CENADEM. Universidade Iberapuera-Unib. 2002.

Sobre essa necessidade de mudança, Nelson Rosenvald e Felipe Braga Netto[14] tratam que "não é difícil perceber que a civilização do papel tende a desaparecer, ou pelo menos se reduzir de modo substancial (*paper less society*)." Ora, se o cartório extrajudicial é hoje a figura que se impõe como revolucionário das relações judiciais, atuando como fonte de maior acesso à justiça e a uma prestação Estatal, não há o que se olvidar de sua necessidade de inclusão nas novas tecnologias, fornecendo à população uma melhor forma de prestação dos serviços.

Como comentado acima, a ideia de transformação digital não é novidade. Em 2018, o Conselho Nacional de Justiça editou o Provimento 74, que trouxe em seu bojo as mais diversas padronizações mínimas necessárias de tecnologia da informação aos cartórios extrajudiciais. Repreendida por muitos à época, a normativa tinha a intenção de tratar sobre uma infraestrutura básica às serventias extrajudiciais, fazendo-se com que os cartórios começassem, mesmo que gradativamente, a se adequarem ao mundo digital.

Entretanto, antes disto, a implementação de atos pela via eletrônica começou a ganhar contornos com a publicação da Medida Provisória 2.200-1 de 2001, que foi posteriormente editada pela Medida Provisória 2.200-2,[15] que trouxe consigo a instituição da Infraestrutura de Chaves Públicas Brasileira (ICP-Brasil), de modo a "garantir a autenticidade, a integridade e a validade jurídica de documentos em forma eletrônica, das aplicações de suporte e das aplicações habilitadas que utilizem certificados digitais, bem como a realização de transações eletrônicas seguras".

Outro grande marco legislativo nesse sentido, foi a aprovação da Lei 11.419 de 2006, que foi fundamental à difusão da assinatura digital no país, tratando sobre a informatização do processo judicial. Outro grande destaque que merece menção foi a publicação da Lei 13.874 de 2019[16] que trata sobre a Declaração de Direito de Liberdade Econômica, e que traz, em seu escopo, o direito da pessoa, tanto natural quanto jurídica, de arquivar eletronicamente qualquer documento.

Embora lentamente, o processo de adaptação vinha ocorrendo com todas as observações necessárias para que não se atropelasse nenhum importante processo, foi a decretação de quarentena, decorrente da contaminação de Covid-19, que fez com que esse tema tomasse outros rumos. Nesse momento da sociedade, observado que os cartórios são indispensáveis para que a sociedade continuasse

---

14. ROSENVALD, Nelson; BRAGA NETTO, Felipe. *Código Civil comentado*. Salvador: JusPodivm, 2020. p. 322.
15. Disponível em: http://www.planalto.gov.br/ccivil_03/mpv/antigas_2001/2200-2.htm. Acesso em: 15 mar. 2022.
16. Disponível em: http://www.planalto.gov.br/ccivil_03/_ato2019-2022/2019/lei/L13874.htm. Acesso em: 15 mar. 2022.

com suas funções, as serventias extrajudiciais foram declaradas como atividades essenciais, resultando na não paralisação de seus trabalhos.

A partir desse momento a vida na sociedade em que conhecíamos havia mudado. E isso implicava em uma mudança direta na forma como lidarmos com os percalços do dia a dia. Com isso, foi preciso agir imediatamente. E os cartórios não ficaram para trás e começaram a procurar formar e direcionar o atendimento ao público por meio de videoconferência. E muitos eram os serviços prestados, entre eles a recepção de documentos digitais e até a realização de casamentos e divórcios. Com a adoção da medida, foi possível dar continuidade aos trabalhos prestados, de auxílio ao judiciário e à sociedade, fornecendo, ainda, uma maior ampliação de acesso à justiça.

Diante desse cenário, várias foram as atitudes tomadas pelo CNJ para tentar dar continuidade ao essencial serviço prestados pelos cartórios. O Conselho Nacional de Justiça (CNJ) editou diversos provimentos regulamentando a prestação do serviço notarial e registral (Provimentos 91, 92, 93, 94, 95, 97, 98, 100 de 2020), a fim de evitar a interrupção da atividade durante o isolamento social determinado pelo Poder Público, prevendo a possibilidade de utilização do teletrabalho pelos cartórios (art. 5º do Provimento 95 e art. 3º do Provimento 94), bem como franqueando o uso de novas tecnologias da informação, tais como aplicativo multiplataforma de mensagens instantâneas e chamadas de voz (WhatsApp).

O professor Lucas Barelli Del Guércio,[17] antes mesmo do cenário pandêmico, ainda no fim do ano de 2018, já escrevia a respeito da necessidade de uma adaptação à sociedade moderna, trazendo que:

> Permitindo que possam ser assinados digitalmente documentos notariais em livros eletrônico, sem a obrigatoriedade de comparecimento físico das partes na Serventia, desde que respeitados elementos de segurança à identificação e análise de capacidade dos envolvidos, não ensejando desrespeito ao princípio aqui estudado.

Ao se permitir a possibilidade de envio de documentos por aplicativos de mensagens, e-mails, ou qualquer outro meio eletrônico a órgãos públicos ou a pessoas jurídicas e físicas, o cidadão tem um ganho imensurável, caminhando ao encontro da simplificação e agilidade dos serviços extrajudiciais. Ao se dar valor aos documentos eletrônicos, têm-se uma facilidade nunca antes experimentada, com a facilitação de negócios.[18] É preciso ter em mente que, nos dias atuais, a

---

17. DEL GUÉRCIO, Lucas Barelli. Assinatura digital de atos notariais. *O direito notarial e registral em artigos*. v. 3, p. 121-135, São Paulo, 13 dez. 2018.
18. PLATAFORMA acelera atos notariais. *Diário do Comércio*, Belo Horizonte, 6 abr. 2021. Disponível em: https://diariodocomercio.com.br/legislacao/plataforma-acelera-atosnotariais/. Acesso em: 15 mar. 2022.

presença física faz-se como exceção e não mais como regra, dispondo, os meios digitais, de promoverem essa aproximação.

Com isto, podemos concluir que frente as necessidades experimentados no decorrer dos anos e que foi acentuada frente a crise sanitária mundial de Covid-19, a transposição para a vias digitais foram impulsionadas, trazendo benefícios imensuráveis à população e, principalmente, a prática de atos jurídicos, sem mais ser necessário o deslocamento até a serventia correspondente para tal. A efetividade e celeridade dos processos sofreu um impacto positivo direto, o que trouxe somente benefícios e otimização a todos os envolvidos.

4. OS PRINCIPAIS DESAFIOS PARA ESSA ADAPTAÇÃO DIGITAL

Como bem preceituado, a alteração do modelo tradicional à implementação da via digital era uma solicitação que há muito era feita pela sociedade. Foi preciso anos de pequenos passos e uma pandemia para que a via eletrônica ganhasse os contornos pelos quais conhecemos atualmente. Entretanto, há de se observar que toda essa mudança causa certo espanto. Isso porque estamos lidando com uma das mais essenciais atividades do país: registros e notas. Então, toda cautela ao cuidar de dados e informações de cunho pessoal é pouca.

Embora o tema seja grandioso para um debate mais aprofundado, traremos à tela aqueles pelos quais julgamos ser os principais desafios para essa adaptação ao digital.

O primeiro está ligado a própria resistência em aderir à novas tecnologias. É sabido que os cartórios são uma das instituições mais confiáveis no país[19] e, a alteração para vias não convencionais causa certo estranhezas àqueles acostumados com o método tradicional. Temos hoje no vocábulo brasileiro, o emprego do termo "ludismo"[20] como sinônimos daqueles que apresentam resistência a inovações tecnológicas. Exemplo claro disso foi com a chegada dos carros de aplicativo, em que houve resistência por parte da sociedade e dos taxistas para sua adaptação, realizando-se protestos e até mesmo chegando à agressão.

A preocupação em se antever riscos é outro fato primordial de preocupação na implementação de novas tecnologias. O avanço alçado pela humanidade no campo da ciência e tecnologia, muito além de trazer consequências diretas

---

19. Disponível em: https://escriba.com.br/cartorios-sao-a-instituicao-de-maior-credibilidade-no-brasil-revela-pesquisa-datafolha. Acesso em: 15 mar. 2022.
20. Sobre o movimento ludista e os ataques a maquinas praticados na Inglaterra durante a Revolução Industrial, ver o prefácio de Peter A. French em MARCHANT, Gary; ALLENBY, Braden R.; HERKERT, Joseph R. (Ed.). *The growing gap between emerging technologies and legal-ethical oversight*: the pacing problem. Nova York: Springer, 2011.

à produção social de riqueza, igualmente gera uma produção social de riscos.[21] Neste sentido, o contexto trazido é de que os cartórios possuem uma difícil missão em sua frente: ao mesmo tempo que devem assegurar que a sociedade utilize da melhor maneira os benefícios que são resultantes dessas inovações tecnológicas, devem estar atentos a minimizar todos e quaisquer impactos negativos que deles possam surgir.[22]

Outro ponto que merece destaque são os cartórios menores e a falta de verbas para a estruturação necessária. Desmistificando o conceito de que "dono de cartório é rico", há vários cartórios pelo país que atuam a margem das principais serventias. Isto porque, como de conhecimento, a tabela de emolumentos é estadual, tendo cada ente seus critérios para definição dos emolumentos recebimentos. Muitas das vezes, as comarcas menores, necessitam recorrer a fundos estabelecidos para sua própria gerência, como aluguel, água, luz, funcionários. E, a implementação de um sistema online, que remota em investimento, pode esbarrar nessas condições. Como bem salientado pelo magistrado Luís Paulo Aliende Ribeiro:

> A organização dos serviços no processo de regulação atende a critérios técnicos de necessidade dos usuários, do aumento ou diminuição da população ou da atividade econômica em cada comarca ou município, o que repercute na renda auferida e no número de atos praticados, tudo como previsto na Lei 8.935/94 e sem injunções de ordem política.[23]

Deste modo, é preciso ter em mente que, quando da organização dos serviços, o ponto principal é a manutenção do quadro já existente. Deverá, para as devidas alterações e implementação de tecnologia, que a autoridade que seja competente estude e verifique possibilidades adequadas para a melhor prestação dos serviços, sem deixar de levar em consideração os critérios socioeconômicos.

Posto isto, podemos concluir que, embora seja que grande valia à população brasileira, há uma série de observações a serem realizadas antes da devida implementação do sistema digital. Isso porque, em se tratando de uma mudança tão significativa, é preciso que seus impactos e resultados sejam calculados e estimados, criando-se mecanismos capazes de eliminar qualquer tipo de prejuízo e risco, para que as serventias continuem a prestar um serviço célere, de qualidade e com toda a segurança inerente à profissão.

---

21. BECK, Ulrich. *Sociedade de risco*: rumo a uma outra modernidade. Trad. Sebastiao Nascimento. São Paulo: Editora 34, 2011. p. 23-25.
22. LEITE JUNIOR, Douglas Wilson Marostica. *Um novo modelo normativo para os serviços notariais e de registro*: eficiência, concorrência e novas tecnologias. 2019. 121 f.
23. *Da regulação da função pública notarial e de registro*. São Paulo: Saraiva, 2009. p. 166.

5. CONCLUSÃO

O presente artigo buscou analisar, em um primeiro momento, a importância das serventias extrajudiciais no cotidiano do cidadão. Os cartórios estão presentes nos principais momentos de nossas vidas (nascimento, casamento, compra da casa própria, morte) e, dado essa presença são os delegatários importantes agentes na construção social.

Ao percebemos que a sociedade é mutável e que os cartórios contribuem para que essas mudanças ocorram de forma cada vez mais rápida e eficaz, tentamos imprimir a real significância desses profissionais. A possibilidade de realizar atos antes só feitos pela via judicial, tal como separação e divórcio consensual, inventários, alteração de nome, inclusão de nome social, reconhecimento de união estável hétero e homoafetiva, não deixa dúvidas quanto a confiança e êxito nas atividades prestadas pelos tabeliães e registradores do Brasil, e sua importância para alçar novos caminhos e quebrar barreiras antes estabelecidas.

Anos à frente dessas novas definições importantes para o respeito à dignidade da pessoa humana fez com que os cartórios alçassem o patamar de atividades essenciais. E, diante dessa essencialidade, foi necessária uma rápida adaptação às novas tecnologias que se instauraram no mundo. Em um mundo cada vez mais acelerado, onde as negociações são realizadas instantaneamente e de forma dinâmica, a transferência ao mundo online fez-se necessária.

A ânsia por coisas rápidas e instantâneas, que podem ser resolvidas por meio de celulares, sem presença física das partes, fez com que os cartórios se reformulassem e pudessem garantir a real vontade das partes, interpretando-as de modo a proteger suas vontades, com toda a segurança necessária. O Conselho Nacional de Justiça, ao regulamentar de forma expressa a atuação dos notários e registradores pela via remota, vai ao encontro dos anseios populares por um melhor dinamismo e fluidez das relações.

Muito embora haja diversos bônus nesse sentido, é preciso cautela e observação para que os métodos sejam adotados da melhor maneira possível, respeitando-se cada particularidade, bem como observando cada nova tecnologia para que não ocorram divergências e possíveis problemas futuros. Isto porque a alteração dos meios de atividade, adaptando-se as vias digitais representa uma significativa economia para o cartório e para o usuário, permitindo o acesso aos serviços de forma rápida e segura sem deslocamento, demonstrando, de forma clara e objetiva, mais uma vez, que os cartórios fazem jus à confiança depositada pelo Poder Público e vêm, de forma gloriosa, desempenhando suas funções em busca de resguardar direitos, trazendo conforto e segurança sem deixar de auxiliar no bom desenvolvimento e caminhar da sociedade.

6. REFERÊNCIAS

BECK, Ulrich. *Sociedade de risco*: rumo a uma outra modernidade. Trad. Sebastião Nascimento. São Paulo: Editora 34, 2011.

BRASIL. [Constituição (1988)]. Constituição da República Federativa do Brasil de 1988. Brasília, DF: Presidência da República, [2021a]. Disponível em: http://www.planalto.gov. br/ccivil_03/constituicao/constituicaocompilado.htm. Acesso em: 15 mar. 2022.

BRASIL. Lei 8.935, de 18 de novembro de 1994. Regulamenta o artigo 236 da Constituição Federal, dispondo sobre serviços notariais e de registro. Brasília, DF: Presidência da República, [2017]. Disponível em: http://www.planalto.gov.br/ccivil_03/leis/l8935.htm. Acesso em: 15 mar. 2022.

CARDOSO, Antônio Pessoa. O registro civil e a cidadania: O sub-registro perdurou por muito tempo entre nós, até que a Constituição de 1988 consagrou a gratuidade dos – atos necessários ao exercício da cidadania. *Migalhas*, Brasil, 04 ago. 2016. Acesso em: 11 mar. 2022.

CENEVIVA, Walter. *Lei dos Notários e dos Registradores comentada*. 8. ed. São Paulo: Saraiva, 2010.

DIAS. Maria Berenice. *Divórcio já* – Comentários a Emenda Constitucional 66, de 13 de julho de 2010. São Paulo: Ed. RT, 2010a.

DIAS, Maria Berenice. *Manual de Direito das Famílias*. 10. ed. São Paulo: Ed. RT, 2015.

DEL GUÉRCIO, Lucas Barelli. Assinatura digital de atos notariais. *O direito notarial e registral em artigos*. v. 3, p. 121-135, São Paulo, 13 dez. 2018.

GORETTI, Ricardo. *Mediação e acesso à justiça*. Salvador: JusPodivm, 2017.

KÜMPEL, Vitor Frederico. Histórico da Lei 11.441/2007 e a incorporação de seus institutos pelo Código de Processo Civil de 2015. DEL GUÉRCIO NETO, Arthur et. al. *Homenagem aos 10 anos da lei federal 11.441/2007 em 10 artigos*. São Paulo: YK Editora, 2017.

LIMA, Lucas Almeida de Lopes. *A atividade notarial e registral e sua natureza jurídica*. Conteúdo Jurídico, Brasília-DF: 19 ago. 2011. Acesso em: 11 mar. 2022.

LEITE JUNIOR, Douglas Wilson Marostica. *Um novo modelo normativo para os serviços notariais e de registro*: eficiência, concorrência e novas tecnologias. 2019.

MARTINS, Gustavo Ige. Direito Notarial, 2007. Disponível em: http://www.viajus.com.br/viajus. php?pagina=art.s&id=936&idAreaSel=2&seeArt=yes. Acesso em: 11 mar. 2022.

PLATAFORMA acelera atos notariais. *Diário do Comércio*, Belo Horizonte, 6 abr. 2021. Disponível em: https://diariodocomercio.com.br/legislacao/plataforma-acelera-atosnotariais/. Acesso em: 15 mar. 2022.

ROSENVALD, Nelson; BRAGA NETTO, Felipe. *Código Civil comentado*. Salvador: JusPodivm, 2020.

STRINGHER, Ademar. *Aspectos legais da documentação em meios micrográficos, digitais e eletrônicos*. São Paulo: CENADEM. Universidade Iberapuera-Unib, 2002.

VALÉRIO, Marco Aurélio Gumieri. Atos notariais por meios eletrônicos: a quarentena trouxe o futuro aos cartórios e tabelionatos. *Revista de Informação Legislativa*: RIL, v. 58, n. 231, p. 201-211, Brasília, DF, jul./set. 2021. Disponível em: https://www12.senado.leg.br/ril/edicoes/58/231/ril_v58_n231_p201. Acesso em: 11 mar. 2022.

DESJUDICIALIZAÇÃO E ATOS PROBATÓRIOS CONCERTADOS ENTRE AS ESFERAS JUDICIAL E EXTRAJUDICIAL: A COOPERAÇÃO INTERINSTITUCIONAL ONLINE PREVISTA NA RESOLUÇÃO 350 DO CNJ

Flávia Pereira Hill

Humberto Dalla Bernardina de Pinho

Sumário: 1. A desjudicialização e a valorização da atividade extrajudicial no CPC/2015 – 2. Cooperação entre as esferas judicial e extrajudicial e necessidade de desenvolvimento do "triplo c": cooperação, complementaridade e coordenação – 3. A resolução 350 do CNJ e a cooperação interinstitucional *online* em matéria probatória – 4. Conclusão – 5. Referências.

1. A DESJUDICIALIZAÇÃO E A VALORIZAÇÃO DA ATIVIDADE EXTRAJUDICIAL NO CPC/2015

Cada diploma retrata, inexoravelmente, o contexto histórico em que foi editado. As codificações processuais, em especial, por se destinarem a prever os mecanismos voltados a resguardar ou restaurar, concretamente, a esfera jurídica dos jurisdicionados, em caso, respectivamente, de ameaça ou violação a direitos, devem retratar, com ainda maior sensibilidade, as características da sociedade à qual se dirigem.

Enquanto o artigo 5º, inciso XXXV, da Constituição Federal de 1988 prevê que "a lei não excluirá da apreciação do Poder Judiciário lesão ou ameaça a direito", o artigo 3º do Código de Processo Civil preconiza que "não se excluirá da apreciação jurisdicional ameaça ou lesão a direito".

Portanto, a diferença no texto legal entre a Constituição, editada nos idos de 1988, e o CPC, editado em 2015, não é casual nem tampouco irrelevante.[1] Denota

---

1. "(...) o art. 3º do NCPC, ao se referir a apreciação jurisdicional, vai além do Poder Judiciário e da resolução de controvérsias pela substitutividade. O dispositivo passa a permitir outras formas positivas de composição, pautadas no dever de cooperação das partes e envolvendo outros atores. Desse modo, a

as profundas mudanças ocorridas no seio de nossa sociedade e de nosso sistema de justiça à medida em que atravessávamos o umbral de um novo século.

Passamos da busca por garantir o acesso *ao Judiciário* para a busca por garantir o acesso *à justiça*. Isso revela mudanças profundas no conceito de jurisdição, que deixa de ser vista como monopólio do Poder Judiciário. O aspecto subjetivo deixa de ser um elemento indeclinável para a caracterização da jurisdição.

Isso porque a atividade não perde a sua essência exclusivamente em razão de ter sido praticada *intra* ou *extra muros*, ou seja, dentro ou fora do Poder Judiciário. O foco precisa estar, pois, na *atividade* desempenhada e não em *quem* a presta.

No século XX, o sistema de justiça encontrava-se precipuamente organizado segundo a tríade Magistratura-Ministério Público-Advocacia Pública/Privada, ao passo que, no século XXI, o cenário se mostra mais complexo e multifacetado. Seja a partir do ingresso de outros personagens no centro da cena – como é o caso de mediadores, conciliadores, árbitros e delegatários de serventias extrajudiciais –, cuja atuação pressupõe uma participação mais ativa e próxima do jurisdicionado, seja com a valorização de institutos como o *amicus curiae* e os negócios jurídicos processuais no bojo do processo judicial.

A evolução dos meios de comunicação e da tecnologia também contribuiu decisivamente para que as pessoas disponham, hoje, de um acesso mais fácil às informações. Noticia-se que 74% da população brasileira dispunha de acesso à internet em 2018.[2]

---

jurisdição, outrora exclusiva do Poder Judiciário, pode ser exercida por serventias extrajudiciais ou por câmaras comunitárias, centros ou mesmo conciliadores e mediadores extrajudiciais. (...) A jurisdição é essencialmente uma função estatal. Por isso, em momentos históricos diversos, desde a Antiguidade, passando pelas Idades Média, Moderna e chegando à contemporânea, o Estado, invariavelmente, chamou para si o monopólio da jurisdição, sistematizando-a, a partir de Luiz XIV. A atuação jurisdicional, então, era um poderoso mecanismo para assegurar o cumprimento das leis. No entanto, Leonardo Greco admite que a jurisdição não precisa ser, necessariamente, uma função estatal. É claro que não se pode simplesmente desatrelar a jurisdição do Estado, até porque, em maior ou menor grau, a dependência do Estado existe, principalmente para se alcançar o cumprimento da decisão não estatal. Por outro lado, podemos pensar no exercício dessa função por outros órgãos do Estado ou por agentes privados. Nesta ótica, percebe-se o fenômeno da desjudicialização enquanto ferramenta de racionalização da prestação jurisdicional e ajuste ao cenário contemporâneo, o que leva, necessariamente, à releitura, à atualização, ou ainda a um redimensionamento da garantia constitucional à luz dos princípios da efetividade e da adequação." PINHO, Humberto Dalla Bernardina de. "A releitura do princípio do acesso à justiça e o necessário redimensionamento da intervenção judicial na resolução dos conflitos na contemporaneidade". *Revista Jurídica Luso-brasileira*. ano 5, n. 3. 209. p. 791-830.

2. VALENTE, Jonas. Agência Brasil. *Brasil tem 134 milhões de usuários de internet, aponta pesquisa.* Disponível em: https://agenciabrasil.ebc.com.br/geral/noticia/2020-05/brasil-tem-134-milhoes-de--usuarios-de-internet-aponta-pesquisa. Acesso em: 05 ago. 2020.

Tanto é assim que um dos desafios atuais consiste em procurar conter as chamadas "fake News", um "efeito colateral" claro da ampla difusão de informações – muitas delas inconfiáveis – na contemporaneidade.

O homem médio é mais bem informado nos dias de hoje do que há 30 anos atrás. Essa constatação influi inexoravelmente na análise do acesso à justiça. Como Paulo Cezar Pinheiro Carneiro alerta, com propriedade, o acesso à informação é o primeiro requisito do acesso à justiça.[3] Sem conhecimento de seus direitos e sobre como defendê-los, fatalmente o jurisdicionado não possui as condições mínimas para fazer valer, concretamente, a garantia do acesso à justiça. O acesso à informação consiste, pois, em condição inexorável do acesso à justiça.

A maior consciência de seus direitos por parte da sociedade decorrente da ampliação da difusão de informações permite que a sociedade possa, passados mais de 30 anos de vigência da Constituição-cidadã, exercer uma participação democrática mais madura e pujante, inclusive no sistema de justiça.

Nesse contexto, temos o avanço do fenômeno da desjudicialização, segundo o qual litígios ou atos da vida civil que dependeriam necessariamente da intervenção judicial para a sua solução, passam a poder ser realizados perante agentes externos ao Poder Judiciário, que não fazem parte de seu quadro de servidores. Trata-se, em suma, da consecução do acesso à justiça *fora* do Poder Judiciário, ou seja, do acesso à justiça *extra muros*.

O Código de Processo Civil de 2015, com coerência, deixa clara a importância da atuação dos cartórios extrajudiciais para o sistema de justiça contemporâneo, em duas vertentes:

i) *nos processos extrajudiciais (desjudicialização)*: ao assumir funções até então exclusivas do Poder Judiciário, como é o caso, *ad exemplum tantum*, da mediação e da conciliação (não apenas extrajudicial, mas também diante da possibilidade de os cartórios judiciais atuarem na mediação judicial, como Cejuscs – Centros Judiciários de solução de conflitos e cidadania, mediante convênio, conforme Recomendação 28/2018 do CNJ) e dos procedimentos extrajudiciais de jurisdição voluntária.

ii) *nos processos judiciais*: mediante a prática de atos relevantes para o exercício da jurisdição estatal, tais como a previsão da Ata Notarial como meio de prova típico (artigo 384, CPC/15), a possibilidade de averbação premonitória (artigo 828, CPC/15), o protesto de decisão judicial transitada em julgado (artigo 517, CPC/15), e a penhora de imóvel devidamente matriculado por termo nos autos (artigo 845, § 1º, CPC/15).

---

3. CARNEIRO, Paulo Cezar Pinheiro. *Acesso à justiça*: Juizados especiais cíveis e ação civil pública. uma nova sistematização da teoria geral do processo. 2. ed. Rio de Janeiro: Forense, 2000. p. 57.

O paradigma do acesso ao Poder Judiciário cede lugar, portanto, ao paradigma da Justiça Multiportas,[4] em que novos agentes são convocados a oferecer ao jurisdicionado outros mecanismos igualmente legítimos e adequados para a solução dos litígios (ou o exercício da jurisdição voluntária) e que se colocam ao lado da adjudicação estatal. Abrem-se vários possíveis caminhos para se chegar, no Estado Democrático de Direito contemporâneo, à pacificação com justiça.

A nova concepção de jurisdição compartilhada entre Poder Judiciário e os novos núcleos decisórios, especialmente os delegatários de serventias extrajudiciais, coloca em evidência a necessidade premente de que, para bem prestar a jurisdição na contemporaneidade, se desenvolva crescente cooperação entre as esferas judicial e extrajudicial, mormente se considerarmos o teor da Resolução 350/2020 do Conselho Nacional de Justiça, que, com propriedade, fomenta a cooperação interinstitucional, conforme nos propomos a refletir no presente trabalho.

2. COOPERAÇÃO ENTRE AS ESFERAS JUDICIAL E EXTRAJUDICIAL E NECESSIDADE DE DESENVOLVIMENTO DO "TRIPLO C": COOPERAÇÃO, COMPLEMENTARIDADE E COORDENAÇÃO.

A reconfiguração, pelo legislador, do papel dos delegatários de serventias extrajudiciais, através da previsão de nova funções em decorrência da desjudicialização e da concepção da Justiça Multiportas em nosso país, precisa vir acompanhada de uma nova dinâmica na interação entre os operadores do Direito, especialmente nas relações entre o Poder Judiciário e os cartórios extrajudiciais.

É indispensável seja desenvolvido o que chamamos de "triplo C": *Cooperação, Complementaridade e Coordenação*. De fato, assim como é de todo útil e necessário que as diferentes instâncias e esferas do Poder Judiciário cooperem entre si e coordenem a sua atuação,[5] para otimizá-la e potencializá-la, o mesmo acontecendo entre os órgãos do Ministério Público, também deve estar em franca expansão a integração e a coordenação entre as esferas judicial e extrajudicial.[6]

---

4. GOLDBERG, Stephen B. SANDER, Frank E. A. ROGERGS, Nancy H. COLE, Sarah Rudolph. *Dispute Resolution*. 4. ed. Nova York: Aspen Publishers, 2003. p. 07.
5. DIDIER JUNIOR, Fredie. *Cooperação judiciária nacional*: esboço de uma teoria para o Direito brasileiro (arts. 67-69, CPC). Salvador: JusPodivm, 2020.
6. Nesse sentido, ao tratar das interações entre árbitros e juízes, Maria Gabriela Campos defende a importância da cooperação entre ambos, afirmando haver entre eles relação de "complementaridade e cooperação". Da mesma forma que, com propriedade, aduz a autora que "não existe uma contraposição de papeis e interesses entre o juiz arbitral e o juiz estatal", o mesmo se dá entre o juiz estatal e o delegatário de cartório extrajudicial, tendo em vista que todos buscam o adequado e efetivo exercício da função jurisdicional no sistema de justiça pátrio. CAMPOS, Maria Gabriela. *O compartilhamento de competências no processo civil: um estudo do sistema de competências sob o paradigma da cooperação nacional*. Salvador: JusPodivm, 2020. p. 140.

Cooperação importa na adoção de uma conduta colaborativa, que resulte em maior proveito para a atuação do outro profissional, ou seja, optar pela adoção de uma conduta que não só se volte a se desincumbir de seu mister, mas também se volte a potencializar, de forma construtiva, a atuação dos demais profissionais envolvidos. Podemos exemplificar com a conduta do delegatário de serventia extrajudicial que, ao receber um mandado judicial que careça da indicação de elemento indispensável para a realização do registro, dedica-se a examinar a documentação anexa, a fim de buscar identificar se o referido elemento se encontra descrito em alguma peça processual acostada, em vez de simplesmente expedir ofício solicitando seja sanada a omissão.

Simetricamente, a fiscalização exercida pelas Corregedorias dos tribunais locais e da Corregedoria Nacional de Justiça deve igualmente se pautar pela cooperação, nesse novo contexto do sistema de justiça. Além da conduta sancionatória e repressiva, voltada a atuar *a posteriori*, afigura-se de todo consentânea com a cooperação entre as esferas judicial e extrajudicial a fiscalização preventiva e construtiva, voltada a, mediante troca perene de impressões, experiências e dificuldades de parte a parte, permitir sejam prestados esclarecimentos e indicadas as formas mais adequadas de desenvolver as atividades extrajudiciais, especialmente no caso da assunção de novas funções extrajudiciais em decorrência da desjudicialização, que implica reformulações significativas na praxe cartorária. Cuida-se, pois, de uma fiscalização prospectiva e com caráter instrutivo. Essa perspectiva da fiscalização passa pela noção, desenvolvida ao longo do presente estudo, de que a administração da justiça, na atualidade, é compartilhada por vários agentes, incluindo os delegatários dos cartórios extrajudiciais e que a colaboração entre as Corregedorias e tais serventias, de forma construtiva, ensejará ganhos em efetividade e eficiência, reduzindo a incursão em condutas consideradas inadequadas e, por conseguinte, resultando em maior grau de satisfação por parte do jurisdicionado, com redução do dispêndio de tempo e recursos.

Complementaridade se relaciona com a noção de que cada profissão jurídica reúne prerrogativas e âmbito de atuação delimitados, exercendo papéis diversos, embora complementares, no sistema de justiça. Portanto, para que seja prestada jurisdição, com efetividade e eficiência, na atualidade, faz-se necessário enxergar o sistema de justiça em sua inteireza. Cada profissão jurídica é, pois, uma engrenagem, com função própria, integrante da grande máquina que é o sistema de justiça; especialmente nos dias de hoje, em que prevalece a noção de "pluralismo decisório" ou "jurisdição compartilhada", nas precisas expressões trazidas por Rodolfo de Camargo Mancuso.[7] Para que essa máquina funcione a contento, com

---

7. MANCUSO, Rodolfo de Camargo. *A resolução dos conflitos e a função judicial no contemporâneo Estado de Direito*. 2. ed. São Paulo: Ed. RT, 2014. p. 171.

a eficiência que a sociedade espera e clama, urge que cada engrenagem exerça e compreenda a sua função não apenas isoladamente, mas também as demais, e se veja como parte de um todo. Os alemães designam essa perspectiva como grupo de trabalho (*Arbeitsgemeinschaft*), em que os profissionais do Direito se veem e atuam como um grupo que compartilha os mesmos objetivos, notadamente, no caso do sistema de justiça, prestar jurisdição com efetividade à sociedade a que serve.

Sendo assim, o magistrado compreende que não lhe compete lavrar atas notariais, escrituras públicas, lavrar registros e averbações de toda sorte, desde protesto de sentenças, títulos e documentos de dívidas, passando por nascimentos, óbitos e casamentos, até transferência de direitos reais, arrestos e penhoras, embora saiba que tais atos assumem crescente relevância para a jurisdição estatal, seja para fins probatórios ou executivos. Acrescente-se, por outro lado, que, com a desjudicialização, as novas funções assumidas pelos cartórios extrajudiciais têm o condão de reduzir significativamente a sobrecarga do Poder Judiciário, de modo a lhe pedir que possa desempenhar, com maior presteza e acuidade, a função jurisdicional no conjunto (menor) de ações que lhe serão dirigidas.

Por conseguinte, se cada profissão jurídica exerce um papel delimitado, ela depende das demais para que, complementarmente, atinjam os objetivos a que se propõem, especialmente atender o jurisdicionado em seu legítimo pleito.

Coordenação, por seu turno, é um consectário da noção de complementaridade, na medida em que os profissionais do Direito, cientes de que são engrenagens do sistema de justiça e de que a sua atuação se soma e é complementada pela atuação das demais profissões, passam a, premidos por essa visão global do sistema de justiça, estar atentos à atuação dos outros para com eles coordenar a sua própria atuação. Trata-se da ideia de que cada engrenagem opere da forma e no tempo corretos para permitir que as outras engrenagens desenvolvam as suas respectivas tarefas e a máquina, ao final, funcione a contento. Assemelha-se, ainda, a uma orquestra, cuja apresentação primorosa depende da atuação coordenada de seus músicos, cada qual manejando, com maestria, o instrumento em que é versado, de modo que todos os sons contemplados na partitura estejam magistralmente representados no palco, com ritmo, precisão e arte.

A cooperação entre os cartórios extrajudiciais já é uma realidade, especialmente em razão da informatização dos serviços prestados. Há plataformas *online* congregando todos os cartórios do país em cada atribuição, como, *ad exemplum tantum*, as plataformas Central de Registro Civil (CRC Nacional),[8] Central Nacio-

---

8. CENTRAL DE REGISTRO CIVIL Disponível em: https://sistema.registrocivil.org.br/portal/?CFID=2635991&CFTOKEN=43a371d38cb7ba0c-20A4D228-FEB1-45F8-12564FF062C21FCB. Acesso em: 17 ago. 2020.

nal de Protesto de Títulos (Cenprot),[9] Central de Registro de Imóveis do Brasil[10] e o E-notariado[11] (Provimento 100 do CNJ).

Os cartórios de Registro Civil de Pessoas Naturais de todo país estão em permanente contato entre si, através da plataforma acima mencionada, para diversas finalidades, dentre as quais sobressai a realização das comunicações previstas no artigo 106 da Lei Federal 6.015/973. De fato, a cada novo registro lavrado, é necessário comunicá-lo aos cartórios onde foram lavrados os registros anteriores, a fim de que estes possam fazer a respectiva anotação à margem do termo (remissões recíprocas). Por exemplo, o registro do óbito de uma pessoa natural precisa ser comunicado ao cartório onde foi lavrado o registro de seu casamento (se o *de cujus* for casado, separado ou divorciado) ou de seu nascimento (se o obituado for solteiro). Essa comunicação é de suma importância, inclusive, para evitar fraudes e ilícitos penais, como o recebimento indevido de salários, pensões e outros proventos (art. 171, § 3º, CP), tendo em vista que, caso seja solicitada a expedição de certidão segunda via do registro de casamento ou nascimento do obituado, esta conterá, em suas observações, a informação acerca da anotação do registro de seu óbito. O mesmo se diga a respeito da anotação do registro de casamento à margem do registro de nascimento dos nubentes, a fim de evitar, dentre outros ilícitos penais, o cometimento de bigamia (artigo 235, CP).

Na usucapião extrajudicial, há cooperação entre o Registro de Imóveis, que conduz o procedimento, o Tabelionato de Notas, responsável pela lavratura da Ata Notarial, documento fundamental para a obtenção da providência almejada, e o Registro de Títulos e Documentos, com atribuição para realizar as notificações extrajudiciais dos entes públicos (artigo 216-A da Lei Federal 6.015/1973).

Acrescente-se haver convênios entre cartórios de diferentes atribuições para melhor atender o usuário, como o convênio firmado entre a Associação de Registradores de Imóveis de São Paulo e a Associação de Registradores Civis de Pessoas Naturais (Ofícios da Cidadania) de São Paulo para recepção de títulos e demais providências de monitoramento quanto ao registro imobiliário ou à devolução com nota de exigência, e homologado pela Corregedoria-Geral de Justiça de São Paulo, em 16.04.2020.[12]

---

9. CENTRAL NACIONAL DE PROTESTO DE TÍTULOS. Disponível em: https://site.cenprotnacional.org.br/. Acesso em: 17 ago. 2020.
10. CENTRAL DE REGISTRO DE IMÓVEIS DO BRASIL. Disponível em: https://www.registrodeimoveis.org.br/. Acesso em: 17 ago. 2020.
11. E-NOTARIADO. Disponível em: https://www.e-notariado.org.br/. Acesso em: 17 ago. 2020.
12. CORREGEDORIA-GERAL DE JUSTIÇA DO ESTADO DE SÃO PAULO. Processo 2020/38240. https://infographya.com/files/20200417_DECISAO_-_CONVENIO_ARISP_ARPENSP.pdf. Acesso em: 17 ago. 2020.

Portanto, se, hoje, muito se avançou na cooperação entre os diferentes órgãos integrantes do Poder Judiciário, de um lado, assim como entre os cartórios extrajudiciais, de outro, faz-se necessário avançar, de modo a estreitar a rede de cooperação recíproca entre as esferas judicial e extrajudicial.

A todas as luzes, o "triplo C", que mencionamos acima, é necessário na relação entre as esferas judicial e extrajudicial, como o próprio CPC/2015 já indica ao prever expressamente a carta arbitral (artigo 260, § 3º, CPC/2015). Entendemos, contudo, que ela precisa ser expandida, com fulcro no artigo 15 do CPC/2015, de modo que seja estabelecido um canal de diálogo e cooperação entre os juízes e os cartórios extrajudiciais.

3. A RESOLUÇÃO 350 DO CNJ E A COOPERAÇÃO INTERINSTITUCIONAL *ONLINE* EM MATÉRIA PROBATÓRIA

O fenômeno da desjudicialização desafia os operadores do Direito a reler diversos institutos seculares de Direito Processual, dentre os quais sobressai a cooperação judiciária. Se, em um sistema de justiça centrado no Poder Judiciário, fazia sentido restringir a cooperação ao âmbito dos órgãos judiciários, no dias atuais, com a expansão da desjudicialização e a reconfiguração do sistema de justiça, com vistas a abarcar outros núcleos decisórios, como vimos em momento anterior do presente trabalho, faz-se necessário expandir o aludido conceito, a bem da boa administração da justiça e da prestação jurisdicional adequada e eficiente.

Com efeito, Fredie Didier Junior, ao conceituar a cooperação judiciária nacional, expande o seu espectro para além dos órgãos integrantes do Poder Judiciário:

> A cooperação judiciária nacional é o complexo de instrumentos e atos jurídicos pelos quais os órgãos judiciários brasileiros podem interagir entre si, com tribunais arbitrais ou órgãos administrativos, com o propósito de colaboração para o processamento e/ou julgamento de casos e, de modo mais genérico, para a própria administração da justiça, por meio de compartilhamento ou delegação de competência, prática de atos processuais, centralização de processos, produção de prova comum, gestão de processos e de outras técnicas destinadas ao aprimoramento da prestação jurisdicional no Brasil.[13]

O autor prossegue, sustentando, com razão, que "as normas sobre cooperação judiciária servem a qualquer espécie de processo – civil, eleitoral ou trabalhista (art. 15, CPC)", acrescentando que a Recomendação 38/2011 do Conselho Nacional de Justiça admite "a cooperação judiciária em todos os tipos de 'incidentes, procedimentos e ritos processuais'".[14]

---

13. DIDIER JUNIOR, Fredie. Op. cit., p. 61-62.
14. Idem, p. 71.

Firme nessa premissa, o Conselho Nacional de Justiça foi além ao editar, em 2020, a Resolução 350, através da qual estabelece diretrizes e procedimentos sobre a cooperação judiciária nacional. Logo em seu artigo 1º, o Provimento expande o conceito de cooperação judiciária, que passa a abranger a cooperação interinstitucional entre os órgãos do Poder Judiciário e outras instituições e entidades, integrantes ou não do sistema de justiça, que possam, direta ou indiretamente, contribuir para a administração da justiça.

O Conselho Nacional de Justiça tem o inegável mérito de, na Resolução 350, se mostrar sensível à nova configuração do sistema de justiça brasileiro, que transcende os confins do Poder Judiciário, para disponibilizar mecanismos de cooperação judiciária entre os órgãos judiciais e os novos núcleos decisórios, notadamente as serventias extrajudiciais, no contexto da desjudicialização.

A respeito da cooperação judiciária em matéria probatória, merece destaque que o Provimento 350 autoriza, nos incisos II, VI e VII, respectivamente, a prática de atos voltados à troca de informações relevantes para a solução dos processos, à obtenção e à apresentação de provas, à coleta de depoimentos e aos meios para o compartilhamento de seu teor, à produção de prova única relativa a fato comum, dentre outros.

Acrescente-se que o artigo 8º, § 3º, da Resolução 350 estatui, com correção, que os atos de cooperação devem ser prioritariamente realizados através dos meios eletrônicos,[15] de modo a colocar as novas tecnologias em favor da deformalização e da celeridade, ou seja, da eficiência na prestação jurisdicional.

As serventias extrajudiciais encontram-se informatizadas, o que restou demonstrado a partir da rápida colocação das novas tecnologias à serviço da continuidade na prestação dos serviços extrajudiciais em meio às severas restrições de deslocamento em decorrência da pandemia de Covid-19, tais como a implementação do E-notariado (Provimento 100/2020 do CNJ), a realização de casamentos por videoconferência (artigo 24 do Provimento 31/2020 da CGJ RJ), o envio eletrônico dos documentos necessários para a lavratura de registros de nascimentos e de óbito (Provimento 93/2020 do CNJ), a emissão de certidões digitais através dos portais eletrônicos, dentre os quais a Central de Registro Civil – CRC (artigo 21 do Provimento 31/2020 da CGJ RJ).

Com efeito, a Resolução 350 do CNJ cria condições para que órgãos do Poder Judiciário e serventias extrajudiciais celebrem atos concertados com vistas

---

15. No mesmo sentido, defendendo que os atos de cooperação sejam preferencialmente praticados eletronicamente, tendo em vista que o artigo 69 do CPC/2015 dispensa forma específica. LUNARDI, Thaís Amoroso Paschoal. *Coletivização da prova*. Técnicas de produção coletiva da prova e seus reflexos na esfera individual. Tese de Doutorado em Direito das Relações Sociais no Programa de Pós-Graduação da Faculdade de Direito da Universidade Federal do Paraná, 2018. p. 169.

a permitir que as provas produzidas nos processos extrajudiciais possam ser validamente empregadas no convencimento judicial em processos judiciais correlatos. Inúmeros são os exemplos práticos que demonstram a grande utilidade do emprego de tais mecanismos na rotina forense.

Um exemplo emblemático consiste no registro de nascimento após decorrido o prazo previsto no artigos 50 e 52, 2º, da Lei Federal 6.015/1973, especialmente de maiores de 12 anos, que, até 2008, dependia inexoravelmente de prévia autorização judicial para ser lavrado.[16]

A necessidade de instauração de processo judicial tinha como escopo evitar a duplicidade do registro, na medida em que cabia ao magistrado aferir a inexistência de registro anterior de nascimento, para que, somente após, autorizasse a lavratura, pelo cartório, do respectivo registro tardio.

Em um país com dimensões continentais como o nosso e com disparidades sociais e culturais imensas, não é raro que o registro de nascimento seja tardio. Com a exigência de autorização judicial prévia, aumentavam as chances de os pais simplesmente desistirem de registrar seus filhos, consolidando o chamado subregistro de nascimento.

A Lei Federal 11.790/2008 teve, pois, o mérito de autorizar que o próprio Oficial Registrador possa conduzir o processo, extrajudicialmente.

No entanto, dada a relevância da questão, mostra-se imperioso que os interessados demonstrem ao Oficial Registrador, mediante a produção de provas que instruirão o processo extrajudicial, que não houve registro anterior de nascimento, conforme a atual redação do § 3º do artigo 50 da Lei 6.015/1973.

Com efeito, o Provimento 28/2013 do CNJ prevê a produção das seguintes provas em cartório, a saber:

a) apresentação de Declaração de Nascido Vivo (DNV) original expedida pelo hospital ou maternidade;

b) caso o registrando tenha nascido fora de unidade hospitalar ou maternidade, apresentação da declaração da parteira, conforme § 1º do artigo 52 da Lei 6.015/73, além da declaração de duas testemunhas desse fato, conforme artigo 54, item 9º, da Lei 6.015/73;

c) oitiva, pelo delegatário ou escrevente autorizado, dos pais do registrando, reduzida a termo, bem como do interessado que instaurou o processo extrajudicial, caso não sejam os pais, indagando-lhes se e por qual razão não lavraram o registro de nascimento até o momento;

---

16. HILL, Flávia Pereira. A desjudicialização do procedimento de registro tardio de nascimento. Inovações trazidas pela lei federal 11.790/08. *Revista Eletrônica de Direito Processual*. v. 3, p. 123-133, 2008.

d) entrevista, realizada pelo Oficial ou escrevente autorizado, de duas testemunhas, que podem ser parentes do registrando, devendo atestar a identidade do registrando e todas as informações pertinentes de que tenham ciência, sob responsabilidade civil e criminal (artigo 3º, g, Provimento 28 CNJ). O Oficial deverá verificar se as testemunhas realmente conhecem o registrando, se dispõem de informações concretam e se têm idade compatível com a efetiva ciência dos fatos relevantes (artigo 4º, Provimento 28, CNJ);

e) fotografia do registrando e sua impressão digital, que ficarão arquivadas na serventia (artigo 3º, h, Provimento 28 CNJ).

f) entrevista, realizada pelo Oficial ou escrevente autorizado, do registrando maior de 12 anos, a fim de apurar se consegue se expressar em português, se conhece razoavelmente a localidade que afirmam ser a sua residência (ruas principais, prédios públicos, bairros, peculiaridades);

g) nas entrevistas, o Oficial ou seu preposto indagará se e onde estudou o registrando e onde costuma obter atendimento médico, se ele possui irmãos, se já se casou, teve filhos e, em caso de resposta positiva, indagar em quais cartórios foram lavrados os registros, se o registrando já teve alguma documentação, tais como carteira de trabalho, habilitação etc., e, em caso afirmativo, apresentá-la.

Cada entrevista será realizada em separado, cabendo ao Oficial ou escrevente autorizado reduzir a termo as declarações colhidas, assinando-o juntamente com o entrevistado (artigo 5º, Provimento 28 CNJ).

A serventia extrajudicial também poderá diligenciar, a fim de se certificar sobre a ausência de registro de nascimento anterior em outros cartórios. Desse modo, poderá o Oficial Registrador enviar mensagens na intranet, enviar ofício pelo malote digital ou telefonar para o(s) cartório(s) situado(s) no local onde o registrando nasceu e no local da residência de seus pais, à época. As informações obtidas serão reduzidas a termo e constarão do processo extrajudicial. Outro expediente recomendável consiste em proceder a uma pesquisa no *site* do Detran, órgão responsável pela expedição de carteiras de identidade, com vistas a confirmar a ausência de registro de nascimento.

Ao final, o Oficial deverá lavrar minuciosa certidão, "decidindo fundamentadamente pelo registro ou suspeita", conforme artigo 6º do Provimento 28 do CNJ. Em caso de suspeita, suscitará dúvida ao juiz de direito.

Entendemos que a celebração de atos concertados entre o órgão judicial e a serventia extrajudicial, com fulcro na Resolução 350/2020 do CNJ, de modo a estabelecer protocolos e rotinas comuns de produção de provas no âmbito extrajudicial que possam ser empregadas na esfera judicial, sem a necessidade de sua renovação, caso o Oficial considere não ter sido demonstrados os requisitos necessários para a lavratura do registro tardio no processo extrajudicial, representará imenso ganho de tempo, esforços e recursos financeiros.

O mesmo se diga a respeito da produção de provas, perante a serventia extrajudicial, com vistas a instruir o processo extrajudicial de alteração de prenome e gênero em razão da transexualidade, se houver fundada suspeita, pelo Oficial, de fraude, falsidade, má-fé vício de vontade ou simulação quanto ao desejo real da pessoa requerente ou diante da ausência de consentimento dos pais ou do cônjuge do requerente, o que torna a intervenção judicial necessária, na forma dos artigos 6º e 8º, § 4º, do Provimento 73/2018 do CNJ.

De igual sorte, a celebração de atos concertados de instrução probatória entre as esferas judicial extrajudicial seria de grande valia no processo extrajudicial de reconhecimento de paternidade ou maternidade socioafetiva em que haja parecer desfavorável do Ministério Público, no qual o requerente não tenha logrado reunir todo o conjunto probatório previsto em lei ou não tenha havido a concordância dos pais biológicos, obstando, assim, que o delegatário possa praticar o ato sem a intervenção judicial, na forma dos artigos 1º, IV, e 11, § 9º, inciso II, do Provimento 83, CNJ.

Outro exemplo ilustrativo consiste na investigação oficiosa de paternidade, prevista no artigo 746, inciso V, do Código de Normas da Corregedoria-Geral de Justiça do Estado do Rio de Janeiro, que determina que a serventia extrajudicial diligencie para apurar a paternidade do registrando, instando o pai a comparecer em cartório.

Entendemos que o órgão judicial e a serventia extrajudicial podem, inclusive, celebrar ato concertado para o compartilhamento da função instrutória, a partir do qual caberá ao oficial a produção de provas que instruirão um processo originariamente instaurado em juízo, de modo a formar o convencimento do juiz, valendo-se, para tanto, da expertise do delegatário da serventia extrajudicial na instrução probatória em procedimentos extrajudiciais afins. Tais atos concertados terão o condão de promover a celeridade e a economia processuais, sem descurar das garantias fundamentais do processo, que são observadas na esfera extrajudicial. Acrescente-se que a valoração das provas será realizada pelo magistrado.[17]

---

17. Maria Gabriela Campos afirma, com razão, que a celebração de atos de cooperação não significa uma "carta em branco" para que o órgão delegatário pratique o ato "como lhe aprouver", cabendo ao órgão delegante o controle do ato. CAMPOS, Maria Gabriela. *O compartilhamento de competências no processo civil*: um estudo do sistema de competências sob o paradigma da cooperação nacional. Op. cit., p. 117.

Com efeito, Maria Gabriela Campos esclarece que o compartilhamento de competências decorre do consenso entre os órgãos cooperantes, em um modelo cooperativo de processo, sendo autorizado no ordenamento jurídico pátrio, em razão da tendência à flexibilização procedimental prevista pelo legislador nos artigos 139, inciso IV, 140, 536 do CPC/2015.[18]

A produção, na esfera extrajudicial, de provas que possam ser eficazmente submetidas a posterior cognição judicial, com a dispensa de sua renovação ou complementação no processo judicial, atende aos reclamos por uma maior coordenação e complementaridade entre as duas esferas, promovendo a economia e a eficiência processuais, que são o principal escopo da cooperação judiciária, nela incluída, por certo, a interinstitucional.[19]

Trata-se da atuação concertada e coordenada entre as esferas judicial e extrajudicial, firmes no propósito comum do exercício adequado e eficiente da função jurisdicional em nosso sistema de justiça. Ilustrativo o paralelo com uma corrida de bastões,[20] em que o órgão judicial e o cartório extrajudicial se alternam na prática de atos processuais, sempre de forma coordenada e sincronizada, atentos aos escopos maiores do processo, especialmente pacificar com justiça, observando-se as garantias fundamentais do processo.

A desjudicialização promove o que Rodolfo de Camargo Mancuso intitula, com propriedade, "jurisdição compartilhada",[21] em que novos núcleos decisórios, dentre os quais os cartórios extrajudiciais, passam a exercer a jurisdição, o que reforça a pertinência do fomento de um crescente "diálogo jurisdicional"[22] entre as esferas judicial e extrajudicial, para que sejam alcançados os fins máximos de nosso sistema de justiça.

De igual modo, consideramos possível que, tratando-se de direito que admita composição, as partes convencionem que a prova produzida em sede de processo extrajudicial (desjudicialização), no qual não tenha sido obtida a providência almejada por ausência de algum requisito legal ou em virtude da manifestação desfavorável do Ministério Público para a sede extrajudicial, possa ser emprestada ao processo judicial instaurado para a mesma finalidade.[23]

---

18. Idem, ibidem.
19. Idem. p. 118.
20. Entendemos que as considerações tecidas por Maria Gabriela Campos a respeito da arbitragem, aplicam-se ao compartilhamento de jurisdição entre as esferas judicial e extrajudicial no fenômeno da desjudicialização. Idem, p. 142.
21. MANCUSO, Rodolfo de Camargo. *A resolução dos conflitos e a função judicial no contemporâneo Estado de Direito*. Op. cit., p. 171.
22. CAMPOS, Maria Gabriela. *O compartilhamento de competências no processo civil: um estudo do sistema de competências sob o paradigma da cooperação nacional*. Op. cit., p. 144.
23. Giovani Ravagnani entende que o negócio jurídico processual pode prever o empréstimo da prova mesmo que não tenha havido contraditório simultâneo à sua produção: "Tradicionalmente, a doutrina

Por fim, consideramos perfeitamente possível a celebração de ato de cooperação entre os tribunais e os cartórios extrajudiciais para a prática de outros atos processuais relevantes além da instrução probatória, tais como cientificações e efetivação de medidas executivas atípicas que estejam no espectro das atividades extrajudiciais.

Um expediente, a nosso sentir, nitidamente subaproveitado consiste na possibilidade de ato concertado de cooperação entre os tribunais e os cartórios de Títulos e Documentos para a realização de atos de cientificação, que seriam revestidos de fé pública. Tais atos de cooperação seriam de grande utilidade, em especial nas comarcas com déficit no número de servidores.

De igual modo, seria de todo recomendável a celebração de convênio entre os tribunais e os cartórios extrajudiciais, com vistas a implementar, em nosso país, a chamada "verificação não judicial qualificada", prevista no artigo 494 do Código de Processo Civil Português.[24]

Trata-se de meio de prova cabível em substituição à inspeção judicial, sempre que se destinar à apuração de fatos de menor complexidade, passíveis de apuração objetiva, e que por isso pode ser realizada por entidade isenta, imparcial e tecnicamente qualificada. Situa-se, portanto, em posição intermediária entre a inspeção judicial e a prova testemunhal. Será cabível quando a inspeção judicial configurar meio de prova desproporcionalmente complexo em comparação com o grau de simplicidade dos fatos a serem verificados e, de outro lado, almeja, diante da imparcialidade e da qualificação do agente que a realizará, a sua apreensão com maior isenção e objetividade do que a prova testemunhal.[25]

Alguns fatores fundamentam, no nosso entender, a possibilidade de realização, no Brasil, da verificação não judicial qualificada pelos cartórios extrajudiciais, notadamente:

(i) a imparcialidade ínsita às atividades desempenhadas pelos cartórios extrajudiciais;

(ii) a fé pública que lhes é inerente (artigo 3º, Lei Federal 8.935/1994);

---

brasileira sempre exigiu que a prova emprestada pudesse ser utilizada somente contra quem participou de sua formação no processo anterior, sob pena de violação ao contraditório e à ampla defesa. Tal 'exigência', todavia, pode ser superada por convenção processual probatória e pela possibilidade de preservação do contraditório e da ampla defesa, ao se oportunizar a efetiva participação da parte sobre o seu resultado no novo processo". RAVAGNANI, Giovani. Provas negociadas. *Convenções processuais probatórias no processo civil*. São Paulo: Ed. RT, 2020. p. 151-152.

24. CAPELO, Maria José. Um novo meio de prova no Código de processo Civil Português de 2013: a verificação não judicial qualificada. *Revista ANEEP de Direito processual*. v. I. n. 1. p. 130-139. jan./jun. 2020.

25. HILL, Flávia Pereira. *Lições do isolamento*: reflexões sobre direito processual em tempos de pandemia. Rio de Janeiro: Edição digital do autor, 2020. p. 29-30.

(iii) a finalidade dos cartórios extrajudiciais de conferir publicidade, autenticidade, segurança e eficácia dos atos jurídicos, o que se coaduna com aos objetivos da prova em comento (artigo 1º, Lei Federal 8.935/1994);

(iv) a experiência dos cartórios extrajudiciais na verificação de fatos, como é o caso, *ad exemplum tantum*, da ata notarial (artigo 384, CPC/2015) e das diligências realizadas pelo registrador civil para apuração dos fatos que circundam o nascimento (artigo 735, Consolidação Normativa da Corregedoria-Geral de Justiça do Rio de Janeiro); e

(v) a admissibilidade, no ordenamento jurídico-processual brasileiro, de provas atípicas, contanto que moralmente legítimas (artigo 369, CPC/2015).

Sendo assim, constata-se que a cooperação entre as esferas judicial e extrajudicial, ainda tão incipiente, merece ser objeto de maior reflexão em tempos de desjudicialização crescente e de sedimentação da Justiça Multiportas, mormente após a edição da Resolução 350 do CNJ, que alargou o conceito de cooperação judiciária, com vistas a abranger todas as entidades que possam colaborar para a boa administração da justiça.

Se, nos dias de hoje, a jurisdição é compartilhada, com o ingresso de novos polos de prestação jurisdicional no centro de nosso sistema de justiça, como é o caso dos cartórios extrajudiciais, o estreitamento da cooperação entre as esferas judicial e extrajudicial se mostra não apenas recomendável, mas premente, em prol do acesso à tutela jurisdicional efetiva e da eficiência de nosso sistema de justiça.

Como dissemos linhas antes, os diferentes operadores do Direito, cada qual em seu âmbito de atuação, precisam se aperceber da importância do "triplo C", de modo a desenvolver, diuturnamente e com crescente afinco, a cooperação, a complementaridade e a coordenação entre suas atuações, tendo em vista que fazemos todos parte do sistema de justiça e estamos todos à serviço do mesmo destinatário: o jurisdicionado.

Se as dificuldades acometem todos nós, enquanto engrenagens dessa gigantesca máquina que é o sistema de justiça brasileiro, os nossos objetivos em comum nos unem e nos levam a concluir que congregar esforços nos deixará mais próximos de sua consecução.

O Conselho Nacional de Justiça, em boa hora, brindou-nos com a Resolução 350/2020, que autoriza expressamente a celebração de atos concertados entre as esferas judicial e extrajudicial, inclusive para fins de produção probatória e troca de informações úteis ao processo, preferencialmente por meio eletrônicos, o que privilegia a economia e a eficiência processuais. Cabe a nós, a partir de então, extrair todas as potencialidades práticas do referido regulamento.

4. CONCLUSÃO

Tradicionalmente, estamos habituados a pensar e a atuar segundo a lógica do "nós *ou* eles", conforme ocupemos um cargo *dentro* ou *fora* do Poder Judiciário (*intra* ou *extra muros*). Pensamos que, se o jurisdicionado deflagrou um processo perante o Poder Judiciário, a princípio, caberá a ele e somente a ele dirigir o processo e nele atuar. Os demais atores, especialmente os cartórios extrajudiciais (*eles*), serão chamados a atuar eventual e pontualmente. Não haveria, portanto, genuinamente, uma cooperação ou uma condução conjunta.

Nos dias atuais, contudo, faz-se absolutamente indispensável e urgente migrar para uma lógica cooperativa, coordenada e construtiva de atuação: a lógica do "nós *e* eles". Os diferentes instrumentos contemplados no CPC/2015 e em recentes leis esparsas, assim como a desjudicialização e o novo conceito de jurisdição, em que outros agentes passam ao centro da cena do nosso sistema de justiça, exigem que os operadores do Direito somem as suas forças e atuem coordenada e complementarmente, independentemente de o profissional do Direito estar dentro ou fora do tribunal. Caso ainda não tenhamos nos apercebido, cabe alertar que o legislador pouco a pouco vem demolindo a tradicional dicotomia *intra* ou *extra muros*, conforme estejamos dentro ou fora das paredes dos tribunais.

A genuína consciência de que somos um único grupo de trabalho (*Arbeitsgemeinschaft*, no termo alemão); cada qual uma engrenagem dessa gigantesca máquina que é o nosso sistema de justiça, é uma premissa inexorável, senão de todos, dos principais instrumentos e institutos previstos nas leis processuais dos últimos anos, inclusive e principalmente da desjudicialização.

A experiência de 15 anos de atuação em cartório extrajudicial, com contato direto com o jurisdicionado, nos fez aprender que o homem médio não distingue Juiz, Promotor, Defensor ou Delegatário. Quando ele profere a (infelizmente) conhecida frase "A Justiça no Brasil não funciona", a crítica é endereçada a todos nós, indistintamente; que não restem dúvidas disso.

Portanto, o inimigo é único: a ineficiência e a morosidade do sistema de justiça. O desiderato também é único: prestar a jurisdição adequadamente.

O Conselho Nacional de Justiça, ao editar a Resolução 350/2020, acertadamente amplia o conceito de cooperação judiciária, deixando claro que, na atualidade, abrange todas as entidades que possam contribuir para a boa administração da justiça, o que, sem sombra de dúvidas, alcança as serventias extrajudicial no atual contexto da desjudicialização.

Sendo assim, muito útil se afigura a celebração de atos concertados entre órgão judicial e serventia extrajudicial nos processos extrajudiciais, a fim de que, que, aproveitando as vantagens das novas tecnologias, propiciem o emprego do arcabouço probatório produzido no âmbito extrajudicial para fins de convencimento do magistrado no processo judicial. Inúmeros exemplos cotidianos ilustram quão proveitosa seria a iniciativa, a bem da economia e da celeridade processuais, evitando-se a repetição de atos.

Fazer com que a desjudicialização se aprimore e funcione a contento trará benefícios ao Poder Judiciário, que poderá se concentrar na solução dos litígios para os quais realmente se afigura como o método mais adequado, e para a sociedade, que finalmente poderá obter a prestação jurisdicional – seja perante o Poder Judiciário, seja nos novos polos de prestação da jurisdição – de forma mais célere e efetiva, sem abrir mão das garantias fundamentais do processo.

Não é um caminho simples; ninguém disse que seria. Mas as conquistas, se alcançadas, serão perenes e para todos.

5. REFERÊNCIAS

ASSIS, Carolina Azevedo. Desjudicialização a execução civil: um diálogo com o modelo português. In MEDEIROS NETO, Elias Marques de. RIBEIRO, Flávia Pereira. *Reflexões sobre a desjudicialização da execução civil*. Curitiba: Juruá, 2020.

ASSOCIAÇÃO DE NOTÁRIOS E REGISTRADORES DO BRASIL. *Cartório em números*. Disponível em: https://anoreg.org.br/anoregbr_file/Cart%C3%B3rio%20em%20N%C3%BAmeros.pdf Acesso em: 09 mar. 2020.

CAMPOS, Maria Gabriela. *O compartilhamento de competências no processo civil*: um estudo do sistema de competências sob o paradigma da cooperação nacional. Salvador: JusPodivm, 2020.

CANTOARIO, Diego Martinez Fervenza. Considerações sobre o Projeto de Lei 5080/2009: a nova lei de Execução Fiscal. *Revista Tributária e de Finanças Públicas*. n. 91. p. 11-42. mar.-abr. 2010.

CAPELO, Maria José. Um novo meio de prova no Código de processo Civil Português de 2013: a verificação não judicial qualificada. *Revista ANEEP de Direito processual*. v. I. n. 1. p. 130-139. jan./jun. 2020.

CARNEIRO, Paulo Cezar Pinheiro. Acesso à justiça: Juizados especiais cíveis e ação civil pública. Uma nova sistematização da teoria geral do processo. 2. ed. Rio de Janeiro: Forense, 2000.

CENEVIVA, Walter. *Lei dos Registros Públicos comentada*. 15. ed. São Paulo: Saraiva, 2002.

CONSELHO NACIONAL DE JUSTIÇA. *Justiça em números 2019*. Disponível em: https://www.cnj.jus.br/wp-content/uploads/conteudo/arquivo/2019/08/justica_em_numeros20190919.pdf Acesso em: 05 jun. 2020.

CONSELHO NACIONAL DE JUSTIÇA. *Provimento 89, de 18/12/2019*. Disponível em: https://atos.cnj.jus.br/files/original173255201912195dfbb44718170.pdf. Acesso em: 09 mar. 2020.

CONSELHO NACIONAL DE JUSTIÇA. *Provimento 65/2017*. Disponível em: https://atos.cnj.jus.br/files//provimento/provimento_65_14122017_19032018152531.pdf. Acesso em: 10 mar. 2021.

CONSELHO NACIONAL DE JUSTIÇA. *Provimento 73/2018*. Disponível em: https://www.cnj.jus.br/wp-content/uploads/2018/06/434a36c27d599882610e933b8505d0f0.pdf. Acesso em: 10 mar. 2021.

CONSELHO NACIONAL DE JUSTIÇA. *Provimento 28/2013*. Disponível em: https://atos.cnj.jus.br/files//provimento/provimento_28_05022013_25042013154655.pdf. Acesso em: 10 mar. 2021.

CONSELHO NACIONAL DE JUSTIÇA. *Provimento 83/2019*. Disponível em: https://atos.cnj.jus.br/files//provimento/provimento_83_14082019_15082019095759.pdf. Acesso em: 10 mar. 2021.

CONSELHO NACIONAL DE JUSTIÇA. *Resolução 350/2020*. Disponível em: https://atos.cnj.jus.br/files/original182611202011035fa1a0c3a36f6.pdf. Acesso em: 10 mar. 2021.

CORREGEDORIA-GERAL DE JUSTIÇA DO ESTADO DE SÃO PAULO. Processo 2020/38240. https://infographya.com/files/20200417_DECISAO_-_CONVENIO_ARISP_ARPENSP.pdf. Acesso em: 17 ago. 2020.

CUNHA, Leonardo Carneiro da. A previsão do princípio da eficiência no projeto do novo Código de Processo Civil brasileiro. *Revista de Processo*. v. 233. p. 65-84. jul. 2014.

DIDIER JUNIOR, Fredie. *Cooperação judiciária nacional*: esboço de uma teoria para o Direito brasileiro (arts. 67-69, CPC). Salvador: JusPodivm, 2020.

DINAMARCO, Cândido Rangel. *Instituições de Direito Processual Civil*. 8. ed. São Paulo: Malheiros, 2016. v. I.

FARIA, Marcio Carvalho. *Primeiras impressões sobre o PL 6.204/2019: a tentativa de se desjudicializar a execução civil brasileira*. Trabalho de conclusão do pós-doutorado em Direito Processual Civil perante a Universidade Federal da Bahia, gentilmente cedido pelo autor. 2020.

FIGUEIRA JUNIOR, Joel Dias. Desjudicialização da execução civil. Disponível em: https://www.migalhas.com.br/depeso/330308/desjudicializacao-da-execucao-civil. Acesso em: 08 jul. 2020.

GOLDBERG, Stephen B. SANDER, Frank E. A. ROGERGS, Nancy H. COLE, Sarah Rudolph. *Dispute Resolution*. 4. ed. Nova York: Aspen Publishers. 2003.

GRECO, Leonardo. As garantias fundamentais do processo na execução fiscal. In LOPES, João Batista. CUNHA, Leonardo José Carneiro da (Coord.). *Execução Civil (aspectos polêmicos)*. São Paulo: Dialética, 2005.

HILL, Flávia Pereira. PINHO, Humberto Dalla Bernardina de. Inventário Judicial ou extrajudicial; separação e divórcio consensuais por escritura pública – primeiras reflexões sobre a Lei n. 11.441/07. *Revista Dialética de Direito Processual*. v. 50. p. 42-59. maio 2007.

HILL, Flávia Pereira. A desjudicialização do procedimento de registro tardio de nascimento. Inovações trazidas pela lei federal n. 11.790/08. *Revista Eletrônica de Direito Processual*. v. 3. ano 3. p. 123-133. jan./-jun. 2009.

HILL, Flávia Pereira. Considerações sobre a cooperação jurídica internacional no novo Código de Processo Civil. MACÊDO, Lucas Buril. PEIXOTO, Ravi. FREIRE, Alexandre. *Coleção novo CPC doutrina selecionada*. 2. ed. Salvador: JusPodivm, 2016. v. 1. Parte Geral.

HILL, Flávia Pereira. O procedimento extrajudicial pré-executivo (Pepex): reflexões sobre o modelo português, em busca da efetividade da execução no Brasil. In MEDEIROS NETO, Elias Marques de. RIBEIRO, Flávia Pereira. *Reflexões sobre a desjudicialização da execução civil*. Curitiba: Juruá, 2020.

HILL, Flávia Pereira. *O direito processual transnacional como forma de acesso à justiça no século XXI*: os reflexos e os desafios da sociedade contemporânea para o direito processual civil e a concepção de um título executivo transnacional. Rio de Janeiro: GZ Editora, 2013.

HILL, Flávia Pereira. Mediação nos cartórios extrajudiciais: desafios e perspectivas. *Revista Eletrônica de Direito Processual*. v. 19, n. 3. p. 296-323. set./dez. 2018.

HILL, Flávia Pereira. *A antecipação de tutela no processo de homologação de sentença estrangeira*. Rio de Janeiro: GZ Editora, 2010.

HILL, Flávia Pereira Hill. *Palestra online*. Desafios dos Juizados Especiais Cíveis durante e após a pandemia de Covid-19. Disponível em: https://www.academia.edu/43755163/PALESTRA_ONLINE_DESAFIOS_DOS_JUIZADOS_ESPECIAIS_C%C3%8DVEIS_DURANTE_E_AP%C3%93S_A_PANDEMIA_DE_COVID_19. Acesso em: 05 ago. 2020.

HILL, Flávia Pereira. BEM, Camila Bissoli do. CAMPISTA, Fabio. A duração razoável do processo e os parâmetros jurisprudenciais dos tribunais internacionais de direitos humanos. *Revista Brasileira de Direito Processual*. ano 25. n. 99. p. 111-143. Belo Horizonte, jul./set. 2017.

HILL, Flávia Pereira. Desjudicialização da execução civil: reflexões sobre o Projeto de Lei 6.204/2019. *Revista Eletrônica de Direito Processual*. v. 21, n. 3. set./dez. 2020.

HILL, Flávia Pereira. *Lições do isolamento*: reflexões sobre direito processual em tempos de pandemia. Rio de Janeiro: edição digital do autor, 2020.

INSTITUTO DOS ADVOGADOS DO BRASIL. *Parecer sobre o Projeto de Lei do Senado 6.204/2019, de autoria da Senadora Soraya Thronicke (PSL/MS)*.

LOUREIRO, Luiz Guilherme. *Registros públicos. Teoria e prática*. 3. ed. São Paulo: GEN Método. 2012.

LUNARDI, Thais Amoroso Paschoal. *Coletivização da prova*. Técnicas de produção coletiva da prova e seus reflexos na esfera individual. Tese de Doutorado em Direito das Relações Sociais no Programa de Pós-Graduação da Faculdade de Direito da Universidade Federal do Paraná. 2018.

MANCUSO, Rodolfo de Camargo. *A resolução dos conflitos e a função judicial no contemporâneo estado de direito*. 2. Ed. São Paulo: Ed. RT, 2013.

MARQUES, Claudia Lima. A teoria do 'diálogo das fontes' hoje no Brasil e seus novos desafios. In: MARQUES, Claudia Lima. MIRAGEM, Bruno (Coord.). *Diálogo das fontes*. Novos estudos sobre a coordenação e aplicação das normas no Direito Brasileiro. São Paulo: Ed. RT, 2020.

MAXIMILIANO, Carlos. *Hermenêutica e aplicação do direito*. 19. ed. Rio de Janeiro: Forense. 2006.

MEDEIROS NETO, Elias Marques de. O CPC/2015 e a busca antecipada de bens do patrimônio do devedor. *Revista de Processo*. v. 271. p. 155-177. set. 2017.

MEDEIROS NETO, Elias Marques de. A recente Portaria 33 da Procuradoria-Geral da Fazenda Nacional, a Lei 13.606/18 e o PePex português: movimentos necessários de busca antecipada de bens do devedor. *Revista de Processo*. v. 281. São Paulo: Ed. RT, jul. 2018.

OLIVEIRA, Daniela Olímpio de. Uma releitura do princípio do acesso à justiça e a ideia da desjudicialização. *Revista Eletrônica de Direito Processual*. v. 11. p. 67-98.

PASSOS, José Joaquim Calmon de. O problema do acesso à justiça no Brasil. *Revista de Processo*. v. 39. p. 78-88. jul./set. 1985.

PASSOS, José Joaquim Calmon de. *Direito, poder, justiça e processo*. Rio de Janeiro: Forense, 2000.

PINHO, Humberto Dalla Bernardina de. A nova fronteira do acesso à justiça: a jurisdição transnacional e os instrumentos de cooperação internacional no CPC/2015. *Revista Eletrônica de Direito Processual*. v. 18, n. 2. p. 261-296. maio/ago. 2017.

PINHO, Humberto Dalla Bernardina de. PORTO, José Roberto Mello. A desjudicialização enquanto ferramenta de acesso à justiça no CPC/2015: a nova figura da usucapião por escritura pública. *Revista Eletrônica de Direito Processual*. v. 17, n. 2. p. 320-353. jul./dez. 2016.

PINHO, Humberto Dalla Bernardina de. A releitura do princípio do acesso à justiça e o necessário redimensionamento da intervenção judicial na resolução dos conflitos na contemporaneidade. *Revista Jurídica Luso-brasileira*. ano 5. n. 3. p. 791- 830. 2009.

RAVAGNANI, Giovani. Provas negociadas. *Convenções processuais probatórias no processo civil*. São Paulo: Ed. RT, 2020.

TALAMINI, Eduardo. A prova emprestada no processo civil e penal. *Revista de Informação Legislativa*. a. 35. n. 140. p. 145-162. Brasília, out./dez. 1998.

VALENTE, Jonas. Agência Brasil. *Brasil tem 134 milhões de usuários de internet, aponta pesquisa*. Disponível no endereço eletrônico: https://agenciabrasil.ebc.com.br/geral/noticia/2020-05/brasil-tem-134-milhoes-de-usuarios-de-internet-aponta-pesquisa. Acesso em: 05 ago. 2020.

WALD, Arnoldo. A reforma da lei de arbitragem. *Revista dos Tribunais*. v. 962. p. 195-216. dez. 2015.

A SEGURANÇA DA INFORMAÇÃO NAS SERVENTIAS EXTRAJUDICIAIS

Daniel Barbosa da Silva

Sumário: 1. Introdução – 2. Principais normas de segurança da informação – 3. Tipos de *hackers* e como eles agem – 4. Tipos de times de segurança da informação – 5. Aplicabilidade das principais práticas tecnológicas de segurança nas serventias extrajudiciais – 6. Referências.

1. INTRODUÇÃO

Neste ano de 2022 ainda no contexto da pandemia da Covid-19 e atualmente com suas variantes, é previsto um grande aumento de demandas relacionadas a ataques cibernéticos no contexto da tecnologia da informação, pois houve um grande aumento pelo trabalho remoto (home office) desde o início da pandemia. Não obstante, as serventias extrajudiciais são muito visadas às ameaças virtuais devido a grande quantidade de dados que uma serventia possui, então logo se tem a importância de uma forte segurança no ambiente tecnológico da serventia e com a atual LGPD (Lei Geral da Proteção de Dados Pessoais 13.709/2018), caso as serventias sofram ataques cibernéticos que violem dados pessoais de seus titulares, em seus ambientes tecnológicos, as mesmas além do prejuízo do ataque cibernético, estarão sujeitas a multas que podem chegar a 50 milhões de reais.

Porém independente da LGPD, podemos observar que a segurança da informação não é simplesmente só um conjunto de regras e normas, (que além da atual lei que pode configurar em prejuízos de alto escalão para a serventia e não somente em referência às multas, mas também ao prejuízo de dados perdidos ou corrompidos), tem sua seara, a uma série de boas práticas para gerar segurança e agregar valor para a serventia. Casos recentes de ataques cibernéticos no Ministério da Saúde e em grandes corporações do segmento comercial pelo grupo *hacker* LAPSUS$, mostram o poderio desses hackers e os prejuízos que podem causar.

Esses ataques cibernéticos já não são novidade hoje em dia e todos estão sujeitos a sofrerem estes ataques em algum momento, mesmo que pequenos ou imperceptíveis, pois pessoas num contexto geral sempre se aproveitam não só das brechas humanas que todos tem, como também das brechas que existem no mundo virtual, pois no mundo virtual a cada ano a tecnologia evolui exponencialmente com novas tecnologias no mercado e em conjunto, novas vulnerabilidades desses sistemas são descobertas. A segurança da informação tem o seu principal pilar voltado à CID, que significa Confidencialidade, Integridade e Disponibilidade que em seu contexto, se algum desses princípios forem violados a segurança já deixou de existir.

No contexto cibernético, novas ameaças surgem todos os dias de todas as formas possíveis e essas ameaças estão se tornando cada vez mais inteligentes com a aplicação de tecnologias como *machine learning* e IA, respectivamente (aprendizado de máquina e inteligência artificial), tornando-se um grande desafio para os profissionais de segurança da informação. E em todo esse contexto da segurança da informação um dos pontos chave é que se faça um trabalho de conscientização junto a todos os prepostos da serventia.

Neste capítulo, serão abordadas as normas e requisitos mais usados na segurança da informação e do ponto de vista prático, os principais requisitos técnicos para a aplicabilidade da segurança da informação na serventia.

2. PRINCIPAIS NORMAS DE SEGURANÇA DA INFORMAÇÃO

Primeiramente analisaremos o que são as normas de segurança da informação. Nada mais são que um conjunto de boas práticas de segurança adotadas para agregar valor na serventia, regidas pelas ISO's (do inglês, International Organization for Standardization – Organização Internacional de Normalização) e tem por objetivo promover o desenvolvimento de normas, testes e certificações e no contexto do Brasil, temos a ABNT – (Associação Brasileira de Normas Técnicas) que é quem regulamenta a norma no padrão brasileiro.

São importantes normas pois no âmbito de uma possível correição na serventia, pode-se comprovar o efeito da aplicabilidade dessas boas práticas na serventia.

Acerca das principais normas ISO temos:

ISO 38500/2015 – Governança Corporativa de TI

Os principais processos desta ISO são:

BPM – Trata dos processos de BPM (do inglês *Bussiness Process Management* – Gerenciamento de Processos de Negócio) que nada mais é que um conjunto de práticas que serve como orientação dos processos de negócio na serventia. Podemos citar como exemplo o software *Open Source Bizagi Modeler* que serve para desenhar os processos da serventia. Existem também, os Frameworks de boas práticas da governança de TI que são respectivamente, COBIT 5 e atualmente em sua mais recente versão, a 2019.

ISO 31000/2009 – Gestão de Riscos Corporativos

As principais aplicabilidades desta ISO são:

PCN – Plano de Continuidade de Negócios é um documento que é estabelecido pela norma *ABNT NBR 15999*. Este documento deve conter todos os detalhes de como proceder no caso da ocorrência de um evento que venha afetar um dos princípios da segurança da informação, que é a disponibilidade da informação. O mesmo é desenvolvido com o intuito de um trabalho de prevenção e com planos de ação em caso de uma parada não planejada que tenha como causa a indisponibilidade dos serviços tecnológicos da serventia.

PRD – Plano de Recuperação de Desastres (do inglês – *Disaster Recovery*) é um conjunto de planos de ação com práticas e procedimentos que devem ser realizados para a recuperação do ambiente de infraestrutura de TI da serventia, como exemplo a recuperação de sistemas, de danos causados por desastres naturais como um incêndio ou alagamento, de backup de dados perdidos etc...

ISO 27001 – SGSI – Sistema de Gestão da Segurança da Informação

O CNJ (Corregedoria Nacional de Justiça) dispôs de padrões mínimos de tecnologia para a segurança da informação nas serventias extrajudiciais.

Trata-se do Provimento 74/2018 que é baseado nesta norma e definida no padrão brasileiro como *ABNT NBR ISO/IEC 27001*. A mesma é composta por 114 controles recomendados de segurança. É o desenho da aplicação do sistema de segurança da informação por meio de uma planilha com perguntas como exemplo. A PSI que é a política de segurança da informação diz respeito a como são aplicadas as medidas técnicas, físicas e organizacionais para todos na serventia, documento de confecção obrigatória. A título de melhor exemplo, a PSI é como um código de conduta interno que todos os prepostos devem seguir para garantia da segurança da informação na serventia. A partir do ano de 2022 esta mesma norma passará por atualizações. A serventia também pode optar por obter uma certificação direta da norma ISO 27001, que é atestada por um auditor certificado. Este processo de certificação, garante o cumprimento de todos os requisitos da norma e é interessante para a serventia a obtenção desta certificação, pois aumenta sua visibilidade e confiabilidade junto aos corregedores da serventia.

ISO 27002/2013 Controles de Segurança da Informação

Esta norma definida no padrão brasileiro como *ABNT NBR ISO/IEC 27002*, é composta de 133 controles práticos da segurança, mas não são todos obrigatórios, pois varia de acordo com cada serventia. Os mesmos são definidos como físicos, técnicos e organizacionais. Esta norma também passará por atualizações a partir do ano de 2022.

Físicos: porta, janelas, catracas de entrada e saída, câmeras.

Técnicos: softwares, senhas, criptografia, firewall, VPN.

Organizacionais: procedimentos, processos do negócio.

ISO 27005/2019 Gestão de Riscos de Segurança da Informação

Esta norma definida no padrão brasileiro como *ABNT NBR ISO/IEC 27005*, é um conjunto de boas práticas e orientações acerca da gestão e controle de riscos da segurança da informação. São medidos tanto quantitativos quanto qualitativos. Uma vez identificados os riscos, os mesmos devem passar por uma análise, avaliação, monitoramento e tratamento para mitigação desses riscos.

ISO 27701/2019 Gestão da Privacidade da Informação

Esta norma definida no padrão brasileiro como *ABNT NBR ISO/IEC 27701*, e funciona com uma extensão da ISO 27001/2013 e trata especificamente da privacidade da informação. Como exemplo, a exibição de uma política de privacidade no site da serventia configura-se como uma prática de gestão da privacidade da informação, onde o usuário ao ler, verá que a serventia aplica os princípios da privacidade de seus dados pessoais. Outra prática da norma é a política de proteção de dados pessoais, que é usada mais internamente na serventia e aborda as medidas para cumprimento da privacidade de dados pessoais pelos prepostos e fornecedores, que usam sistemas e processos na estrutura interna da serventia. A título de exemplo pode-se ter um código de conduta interno em que todos os prepostos e terceiros se comprometem a cumprir.

Exemplo:

Todos os prepostos e terceiros da serventia se comprometem a armazenar dados pessoais apenas nos sistemas autorizados, não sendo permitido cópia em nenhum meio sem a devida autorização do gestor do departamento.

3. TIPOS DE *HACKERS* E COMO ELES AGEM

No contexto dos tipos de hackers da atualidade, os mesmos são classificados da seguinte forma:

Black Hat – (*Hacker* do chapéu preto) são hackers mal intencionados que possuem amplo conhecimento. Seu principal objetivo é a invasão de sistemas para se obter ganhos financeiros. Esses hackers se utilizam de *exploits* nas vulnerabilidades encontradas para ganharem acesso aos sistemas.

White Hat – (*Hacker* do chapéu branco) é o famoso hacker ético, ou seja, possui os mesmos conhecimentos que o *Black Hat*, porém utiliza esses conhecimentos para o bem e atuam como especialistas em segurança.

Gray Hat – (Hacker do chapéu cinza) é uma mistura de *Black Hat* com White Hat. Eles procuram por vulnerabilidades em sistemas sem o conhecimento ou permissão do proprietário. Se encontram falhas avisam o proprietário, mas exigem um pagamento em troca para corrigir as falhas. Se o proprietário do site ou sistema não concordar com o pagamento exigido pelo(s) *hacker*(s), os mesmos tornam públicas as falhas encontradas.

4. TIPOS DE TIMES DE SEGURANÇA DA INFORMAÇÃO

Red Team – são profissionais de segurança ofensiva, especialistas em atacar sistemas e invadir as defesas da serventia. Esses profissionais muitas vezes confundidos como *pentesters*, mas não são a mesma coisa.

Pentest – O *Pentester* (pessoa que realiza o *Pentest*) tem como objetivo a realização de um teste de intrusão e com isso avaliar a segurança da infraestrutura de TI da serventia, porém neste caso, explorando com segurança as vulnerabilidades e falhas na rede interna e externa que encontrar e relatando que seja feita a correção junto ao time de segurança.

Blue Team – é a equipe de segurança interna que defende a empresa contra invasores reais e contra o time (*RedTeam*). Atuam com o compliance de boas práticas de segurança da informação; Ex: política de senhas forte, ferramentas de monitoramento, aplicação das ISO's 27000 etc...

Purple Team – são profissionais de segurança que atuam como uma espécie de mistura do *time* de *Red Team* com o *time* de *Blue Team*.

5. APLICABILIDADE DAS PRINCIPAIS PRÁTICAS TECNOLÓGICAS DE SEGURANÇA NAS SERVENTIAS EXTRAJUDICIAIS

Assim como em qualquer empresa no Brasil e no mundo, as serventias também devem ter e manter uma infraestrutura básica de TI como um todo acerca de seus ativos de TI utilizados tanto para a segurança física, quanto lógica de seu ambiente de TI. Referente as práticas tecnológicas diárias de uma serventia, o responsável pela segurança da informação no âmbito de suas atribuições, tem como dentre várias atividades, as principais práticas:

- É recomendando que se tenha um firewall de borda, que atua como um componente de proteção interno da serventia contra ataques cibernéticos advindos da rede externa (internet). Firewall em tradução literal significa "parede de fogo" e possui como função principal a análise dos pacotes trafegados na rede, analisando quais podem ser aceitos e quais são descartados e também funciona como um filtro de conteúdo acerca do que pode ser acessado ou não pelos prepostos da serventia e de preferência, que o mesmo já tenha um filtro de solução antivírus integrado, assim como também é recomendado fortemente que se tenha uma solução antivírus em todos os desktops dos usuários prepostos, exigido pelo Provimento 74/2018 do CNJ.
- Servidores com no mínimo redundância de alta disponibilidade, ou seja, é recomendando que a serventia tenha no mínimo dois ambientes tecnológicos distintos tanto *on-premisses* quanto em cloud, se configurando como um

ambiente híbrido, também protegidos por um firewall e com uma solução antivírus instalada, exigidos pelo Provimento 74/2018 do CNJ.

- Na serventia é recomendado que se tenha *no-breaks*, pois os mesmos regulam a energia elétrica advinda da rede da operadora entregando uma energia mais pura e limpa de interferências. Sua principal função é a de fornecer energia elétrica própria vinda de suas baterias internas e também exigidos pelo Provimento 74/2018 do CNJ.

É obrigatório também, possuir os equipamentos de rede necessários para a interconexão dos desktops finais de trabalho dos usuários prepostos, como switches, roteadores *wi-fi* etc... Também é extremamente recomendado que se tenha softwares de monitoramento de anomalias na rede interna da serventia, a fim de detectar que possíveis riscos identificados, se tornem uma ameaça, evitando que se viole o princípio da CID (confidencialidade, integridade e disponibilidade) dos ativos de informação da serventia. É recomendado também, que o acesso físico a sala do ambiente de TI seja liberada somente a prepostos ou terceiros autorizados. É altamente recomendado que acessos remotos ao ambiente de TI da serventia, sejam feitos somente por uma conexão segura via VPN (do inglês – *Virtual Private Network* – Rede Virtual Privada).

Além de todos esses processos tecnológicos de segurança na serventia, se faz necessário um trabalho constante de conscientização tanto para os prepostos quanto para fornecedores e terceiros com reuniões mensais ou como a serventia desejar, a fim de reforçar a cultura da segurança da informação em toda a serventia.

6. REFERÊNCIAS

ABNT. ASSOCIAÇÃO BRASILEIRA DE NORMAS TÉCNICAS. NBR ISO/IEC 27001. Rio de Janeiro, 2013.

ABNT. ASSOCIAÇÃO BRASILEIRA DE NORMAS TÉCNICAS. NBR ISO/IEC 27002. Rio de Janeiro, 2013.

ABNT. ASSOCIAÇÃO BRASILEIRA DE NORMAS TÉCNICAS. NBR ISO/IEC 27005. Rio de Janeiro, 2019.

ABNT. ASSOCIAÇÃO BRASILEIRA DE NORMAS TÉCNICAS. NBR ISO/IEC 27701. Rio de Janeiro, 2013.

ABNT. ASSOCIAÇÃO BRASILEIRA DE NORMAS TÉCNICAS. NBR ISO/IEC 31000. Rio de Janeiro, 2009.

ABNT. ASSOCIAÇÃO BRASILEIRA DE NORMAS TÉCNICAS. NBR ISO/IEC 38500. Rio de Janeiro, 2015.

BRASIL. Presidência da República, Secretaria-Geral, Subchefia para Assuntos Jurídicos, Lei 13.709, de 14 de Agosto de 2018, Lei Geral da Proteção de Dados, Brasília, DF, 2018. Disponível em: http://www.planalto.gov.br/ccivil_03/_ato2015-2018/2018/lei/l13709.htm. Acesso em: 10 mar. 2022.

CNJ. Provimento 74/2018. Disponível em: https://atos.cnj.jus.br/files/provimento/provimento_74_31072018_01082018113730.pdf. Acesso em: 10 mar. 2022.

AS CERTIDÕES NOTARIAIS E A LGPD APLICADA

Douglas Gavazzi

Sumário: 1. Introdução – 2. Suporte legal e normativo à expedição de certidões – 3. Normatizações estaduais – 4. O regramento do conselho nacional de justiça – 5. Considerações finais – 6. Referências.

1. INTRODUÇÃO

A Lei Geral de Proteção de Dados Pessoais mostra-se como rompedora na práxis do sistema brasileiro de gestão de informações e a sua aplicação propõe alterar profundamente a gestão dos bancos de dados pelo poder público e pelos prestadores de serviço brasileiros.

Os cartórios, são verdadeiros repositórios de dados pessoais, e sua inserção na implementação da LGPD está regulada no § 4º do art. 23 da Lei 13.709/2018.

A LGPD é uma norma de gestão de riscos, a qual traz princípios e regras genéricas, especificamente à atividade notarial e registral que muito pouco se regulamenta. Com isso, por ser uma atividade que possui processos únicos de uso de informações, é comum que os tribunais se manifestem na tentativa de regrar e propiciar a efetiva aplicação da Lei.

2. SUPORTE LEGAL E NORMATIVO À EXPEDIÇÃO DE CERTIDÕES

O direito à certidão está constitucionalmente previsto no art. 5º da Constituição Federal:

> Art. 5º Todos são iguais perante a lei, sem distinção de qualquer natureza, garantindo-se aos brasileiros e aos estrangeiros residentes no País a inviolabilidade do direito à vida, à liberdade, à igualdade, à segurança e à propriedade, nos termos seguintes:
>
> XXXIV – são a todos assegurados, independentemente do pagamento de taxas:
>
> b) *a obtenção de certidões* em repartições públicas, para defesa de direitos e esclarecimento de situações de interesse pessoal; (grifei).

Especificamente, a atribuição para a expedição de certidões está ínsita no art. 10 da Lei 8.935/94, e nas Normas de Serviço das corregedorias dos tribunais estaduais.

Diferentemente do que alegam alguns doutrinadores, a Lei 6.015/73 aplica-se exclusivamente aos registros públicos, não estando afeta, portanto, aos notários. Logo, a regra contida no art. 17 da Lei de Registros Públicos não dá suporte à livre expedição de certidões notariais:

> Art. 17. Qualquer pessoa pode requerer certidão do registro *sem informar ao oficial* ou ao funcionário *o motivo ou interesse do pedido*. (grifei).

Ocorre que os notários se sujeitam às normativas estaduais editadas pelos Tribunais de Justiça de cada unidade federativa, e a elas estão afetos ao cumprimento sob pena de responsabilidade administrativa e disciplinar (arts. 37 e 38 da Lei 8.935, de 18 de novembro de 1994).

Sendo assim, aplica-se cotidianamente, a expedição de certidões dos livros de notas, sem qualquer requisito maior que o pagamento dos emolumentos, quando cabíveis.

A LGPD, em seu art. 7º regra que o tratamento de dados pessoais somente poderá ser realizado mediante o fornecimento de consentimento pelo titular e especificamente para o cumprimento de obrigação legal ou regulatória pelo controlador. As normativas estaduais, ao menos a maioria delas, colocaram o notário e o responsável pelo serviço de notas como controlador dos dados, logo, este exerce o tratamento dos dados sem a necessidade de cumprimento de outro requisito, vez que age em cumprimento de obrigação legal ou regulatória.

Antes da LGPD, o art. 31 da Lei de Acesso à Informação (12.257/2011) já regrava limites ao tratamento de informações pessoais, em alguns casos, senão vejamos:

> Art. 31. O tratamento das informações pessoais deve ser feito de forma transparente e com respeito à intimidade, vida privada, honra e imagem das pessoas, bem como às liberdades e garantias individuais. § 1º As informações pessoais, a que se refere este artigo, relativas à intimidade, vida privada, honra e imagem: I – *terão seu acesso restrito, independentemente de classificação de sigilo e pelo prazo máximo de 100 (cem) anos a contar da sua data de produção*, a agentes públicos legalmente autorizados e à pessoa a que elas se referirem; e II – poderão ter autorizada sua divulgação ou acesso por terceiros diante de previsão legal ou consentimento expresso da pessoa a que elas se referirem. § 2º Aquele que obtiver acesso às informações de que trata este artigo será responsabilizado por seu uso indevido. § 3º O consentimento referido no inciso II do § 1º não será exigido quando as informações forem necessárias: I – à prevenção e diagnóstico médico, quando a pessoa estiver física ou legalmente incapaz, e para utilização única e exclusivamente para o tratamento médico; II – à realização de estatísticas e pesquisas científicas de evidente interesse público ou geral, previstos em lei, sendo vedada a identificação da pessoa a que as informações se referirem; III – ao cumprimento de ordem judicial; IV – à defesa de direitos humanos; ou V – à proteção do interesse público e geral preponderante. § 4º A restrição de acesso à informação relativa à vida privada, honra e imagem de pessoa não poderá ser invocada com o intuito de prejudicar processo de apuração

de irregularidades em que o titular das informações estiver envolvido, bem como em ações voltadas para a recuperação de fatos históricos de maior relevância. § 5º Regulamento disporá sobre os procedimentos para tratamento de informação pessoal.

Em nenhuma das condições impostas pela Lei de Acesso à Informação, obstava, também o usuário do serviço notarial requerer certidões acesso ainda é ilimitado.

Na prática, podemos citar, ainda, um agravante de má interpretação do Provimento 61/2017 do Conselho Nacional de Justiça, que dispôs sobre a obrigatoriedade de informação do número do Cadastro de Pessoa Física (CPF), do Cadastro Nacional de Pessoa Jurídica (CNPJ) e dos dados necessários à completa qualificação das partes nos feitos distribuídos ao Poder Judiciário e aos serviços extrajudiciais em todo o território nacional.

A partir da vigência desse Provimento, notários brasileiros passaram a constar em suas redações (e registradores a exigir que os tabeliães constassem) dados que deveriam apenas estarem inseridos no requerimento (muitas vezes informatizado) para a prática dos atos notariais, mas não especialmente inserto no texto do ato produzido pelo cartório:

> Art. 2º No pedido inicial formulado ao Poder Judiciário e *no requerimento para a prática de atos aos serviços extrajudiciais* deverão constar obrigatoriamente, sem prejuízo das exigências legais, as seguintes informações: I – nome completo de todas as partes, vedada a utilização de abreviaturas; II – número do CPF ou número do CNPJ; III – nacionalidade; IV – estado civil, existência de união estável e filiação; V – profissão; VI – domicílio e residência; *VII – endereço eletrônico*. (grifei).

Veja-se, então que uma grande gama de informações se passou a fazer constar dos atos notariais em consequência de entendimento equivocado do aludido Provimento.

3. NORMATIZAÇÕES ESTADUAIS

Os tribunais passaram, então, a regrar a aplicação da LGPD aos serviços notariais e de registro, a fim de qualificar melhor a incidência dos dispositivos legais, face à peculiaridade e atipicidade da prestação desses serviços públicos exercidos em caráter privado.

O estado de São Paulo, através do Provimento CGJ 23/2020 regrou sobre o tratamento e proteção de dados pessoais pelos responsáveis pelas delegações dos serviços extrajudiciais de notas e de registro de que trata o art. 236 da Constituição da República.

O item 130.1, criado pelo Provimento, estipulou que as certidões são atos inerentes ao exercício da atividade notarial e registral, dentre outros:

130.1 Consideram-se inerentes ao exercício dos ofícios os atos praticados nos livros mantidos por força de previsão nas legislações específicas, incluídos os atos de inscrição, transcrição, registro, averbação, anotação, escrituração de livros de notas, reconhecimento de firmas, autenticação de documentos; as comunicações para unidades distintas, visando as anotações nos livros e atos nelas mantidos; os atos praticados para a escrituração de livros previstos em normas administrativas; *as informações e certidões*; os atos de comunicação e informação para órgãos públicos e para centrais de serviços eletrônicos compartilhados que decorrerem de previsão legal ou normativa. (grifei).

E o item 131, que o segue, regra que o tratamento de dados pessoais destinados à prática dos atos inerentes ao exercício dos ofícios notariais e registrais, no cumprimento de obrigação legal ou normativa, independe de autorização específica da pessoa natural que deles for titular.

Quanto ao processo de expedição de certidões, regra o item 143 do Provimento Paulista que as certidões e informações sobre o conteúdo dos atos notariais e de registro, para efeito de publicidade e de vigência, serão fornecidas mediante remuneração por emolumentos, ressalvadas as hipóteses de gratuidade previstas em lei específica.

O item 144, determina que que para a expedição de certidão ou informação restrita ao que constar nos indicadores e índices pessoais poderá ser exigido o fornecimento, por escrito, da identificação do solicitante e da finalidade da solicitação. Regrou o tribunal Paulista que igual cautela poderia ser tomada quando forem solicitadas certidões ou informações em bloco, ou agrupadas, ou segundo critérios não usuais de pesquisa, ainda que relativas a registros e atos notariais envolvendo titulares distintos de dados pessoais.

Ou seja, nenhuma outra providência a ser adotada, salvo simples requerimento com a identificação do solicitante e a declaração da finalidade que se destina a extração do documento.

O art. 23-I do Provimento 45/2021 do Tribunal de Justiça do estado do Espírito Santo, e os arts. 34 e 35 do Provimento 28/2021 da Corregedoria Geral de Justiça do Rio Grande do Sul, estabeleceram exatamente o mesmo conteúdo do item 143 do Provimento paulista, ou seja, poderá ser exigido o fornecimento, por escrito, da identificação do solicitante e da finalidade da solicitação para a expedição de certidão notarial.

O Provimento 23/2021 da Corregedoria Geral de Justiça do Estado de Rondônia e o Provimento 49/2021 do Tribunal de Justiça do Distrito Federal nada estabeleceram sobre a expedição de certidões notariais, continuando o procedimento de livre acesso independentemente de justificação.

O art. 15 do Provimento Conjunto CGJ/CCI 03/2021 da Corregedoria Geral de Justiça da Bahia, também regrou a mesma situação do Provimento paulista, entretanto, estabelecendo obrigatoriedade de requerimento quando a pesquisa de certidões for em bloco, o que o difere da normativa paulista que deixou tal decisão a critério do titular notarial. O Provimento 302/2021 – CGJ-CG do Tribunal de Justiça Paranaense também tem disposições muito semelhantes ao Provimento baiano.

Enfim, nenhuma outra providência específica, regraram os Provimentos estaduais, à exceção de simples requerimento contendo a identificação do requerente e a declaração do motivo que se requer, o qual, por óbvio, pode ser omitido ou desvirtuado pelo requerente declarante, escondendo assim a verdadeira intenção na percepção dos dados pessoais.

4. O REGRAMENTO DO CONSELHO NACIONAL DE JUSTIÇA

A Corregedoria Nacional de Justiça abriu consulta pública com o objetivo de coletar críticas e sugestões à minuta de ato normativo que visa aprimorar a adequação dos serviços notariais e de registro à Lei Federal 13.709/2018 (Lei Geral de Proteção de Dados). A proposta normativa foi elaborada pelo Grupo de Trabalho instituído pela Portaria CN 60, de 18 de dezembro de 2020, e trata de princípios e diretrizes de caráter uniforme que servirão de base para o exercício das atividades notariais e registrais.

O Capítulo X da minuta do CNJ, trata das certidões e compartilhamento de dados com centrais e órgãos públicos e em seu art. 21, estabelece que na emissão de certidão o Notário ou o Registrador deverá observar o conteúdo obrigatório estabelecido em legislação específica, adequado e proporcional à finalidade de comprovação de fato, ato ou relação jurídica.

Aqui, questiona-se como se dará tal comprovação de fato, se o requerimento de expedição da certidão é declaratório e o requerente poderá falsear o justo motivo. O parágrafo único do mesmo art. 21 regra:

> Cabe ao Registrador ou Notário, na emissão de certidões, *apurar a adequação, necessidade e proporcionalidade de particular conteúdo em relação à finalidade da certidão*, quando este não for explicitamente exigido ou quando for apenas autorizado pela legislação específica. (grifo nosso).

O texto do parágrafo único do art. 21 da minuta do CNJ nos leva a entender que o notário, tendo conhecimento do motivo que leva ao requerimento, poderá adequar o texto, ou seja, o conteúdo certificado de modo a expedir a certidão tão somente do que necessita o usuário, omitindo parte dos dados de caráter particular.

O art. 22 da mesma minuta, estabelece que em caso de requerimento de certidões por via telemática, havendo necessidade de justificação do interesse na certidão, o solicitante será identificado por meio idôneo, reconhecido pela entidade responsável pela tramitação do serviço eletrônico compartilhado da respectiva especialidade cartorial. Entendemos que essa certificação e a identificação do requerente possa ser feita pela própria plataforma do e-notariado, à luz do que acontece hoje com os reconhecimentos de firma por autenticidade e nas autorizações eletrônicas de viagem (AEV).

O art. 28. Regra que a emissão e o fornecimento de certidão sobre os documentos depositados e a ficha de firma (data, número e imagem) somente poderão ser realizados a pedido do titular da certidão depositada, seus representantes legais e mandatários com poderes especiais ou mediante decisão judicial. Trata-se de uma prática comum, um cartório solicitar a outro certidão de documentos arquivados, como por exemplo, certidões de estado civil que instruíram a lavratura de um inventário, por exemplo. Outro exemplo bastante recorrente é a emissão de certidão de guias e de recolhimentos dos tributos incidentes sobre determinado ato notarial lavrado na serventia. A minuta também regra que o fornecimento de certidões para os solicitantes legitimados pode ocorrer por meio de cópia reprográfica.

Quanto às atas notariais, o art. 30 da minuta do CNJ prescreve que o pedido de lavratura realizado por um dos pais, ou pelo responsável legal, envolvendo dados pessoais de sujeito menor de 12 (doze) anos de idade será considerado como consentimento específico e em destaque para o tratamento dos dados da criança. Na mesma linha, a Corregedoria Paulista já havia regrado situação de certidão que contenham a descrição ou reprodução de imagens sexuais ou cenas pornográficas envolvendo criança ou adolescente. O Provimento 44/2021 regra o seguinte:

> As informações, certidões e traslados de ata notarial que contenha a descrição ou a reprodução de imagem de ato de sexo ou cena pornográfica envolvendo criança ou adolescente somente poderão ser fornecidas para os seus responsáveis legais desde que não participem dos atos e cenas retratados, diretamente para os adolescentes nela mostrados ou referidos independente de representação ou assistência, ou mediante requisição judicial, da autoridade policial competente para a apuração dos fatos, ou do Ministério Público. O fornecimento de informações e certidões, inclusive na forma de traslado, para pessoas distintas das referidas no subitem anterior dependerá de prévia autorização do Juiz Corregedor Permanente que, para essa finalidade, poderá ser provocado pelo próprio interessado ou, a seu pedido, pelo Tabelião de Notas.

As certidões das escrituras de testamento, também seguem a práxis paulista, já regrada na normativa do tribunal, onde somente será expedida ao próprio testador, ou a terceiro, mediante ordem judicial, ou ainda, após o falecimento, poderá ser fornecida ao solicitante que apresentar a certidão de óbito.

Indo de encontro a correta interpretação do Provimento 61/2017 do CNJ, o art. 33 da minuta regra que no ato notarial serão inseridos na qualificação das partes envolvidas, o nome completo de todas as partes; o número de CPF; a nacionalidade; o estado civil, existência de união estável e filiação; a profissão e o domicílio, sendo dispensadas a inserção de endereço eletrônico e número de telefone.

5. CONSIDERAÇÕES FINAIS

O princípio da publicidade, que orienta a prática dos atos notariais, possibilita que qualquer pessoa possa requerer certidão de um ato sem informar o motivo ou o interesse do pedido.

A LGPD vem justamente regrar tal situação que acaba contrastando com a proteção dos direitos fundamentais de liberdade e de privacidade.

O conteúdo da minuta do CNJ é interessante, entretanto não é suficiente para a proteção dos dados pessoais, vez que o motivo expressado pelo requerente pode ser formatado à consecução da autorização de emissão pelo notário.

Após toda a adequação e regramento firmado com a conversão da minuta em Provimento, a serventia notarial disporá de instrumentos a fim de conferir transparência e segurança ao titular de dados pessoais.

A essência da aplicação de LGPD nas serventias notariais é a proteção do acervo cartorial. Ao se valorizar a importância das informações pessoais no acervo notarial, a LGPD conferirá maior segurança jurídica, protegendo o tabelião de eventuais desconformidades e incorreções na segurança da informação, melhorando o desempenho dos serviços notariais em benefício da sociedade.

6. REFERÊNCIAS

ADEQUAÇÃO dos Serviços Notariais e de Registro à LGPD. Conselho Nacional de Justiça, Brasília-DF. Disponível em: https://www.cnj.jus.br/poder-judiciario/consultas-publicas/adequacao-dos-servicos-notariais-e-de-registro-a-lgpd/. Acesso em: 03 abr. 2022.

CARTILHA Orientativa LGPD. Colégio Notarial do Brasil, Brasília-DF, 2021. Disponível em: https://www.notariado.org.br/wp-content/uploads/2021/06/CNB_CF-Cartilha-LGPD.pdf. Acesso em: 03 abr. 2022.

LIMA, Adriane Correia de et al. LGPD e os Cartórios. *Implementação e questões práticas*. São Paulo: Saraiva Jur, 2021.

MELO, Jeferson. *Atividades Notariais devem se adequar à LGPD*. Conselho Nacional de Justiça, Brasília-DF, 2020. Disponível em: https://www.cnj.jus.br/atividades-notariais-devem-se-adequar-a-lgpd/. Acesso em: 03 abr. 2022.

PROVIMENTO 45/2021. Tribunal de Justiça, Corregedoria Geral de Justiça do Estado do Espírito Santo, ES. Disponível em: http://www.tjes.jus.br/corregedoria/2021/04/09/provimento-no-45-2021-disp-09-04-2021/. Acesso em: 03 abr. 2022.

PROVIMENTO CGJ 23/2020. Corregedoria Geral de Justiça, São Paulo, SP. Disponível em: https://extrajudicial.tjsp.jus.br/pexPtl/visualizarDetalhesPublicacao.do?cd. Acesso em: 03 abr. 2022.

PROVIMENTO CGJ 302/2021. Associação dos Notários e Registradores, Paraná, PR. Disponível em: https://www.anoregpr.org.br/cgj-pr-provimento-no-302-dispoe-sobre-a-politica-de-privacidade-dos-dados-pessoais-para-os-servicos-notariais-e-de-registro-do-parana. Acesso em: 03 abr. 2022.

PROVIMENTO CONJUNTO CGJ/CCI 03/2021. Tribunal de Justiça, Bahia, BA. Disponível em: http://www5.tjba.jus.br/portal/wp-content/uploads/2021/04/Provimento-Conjunto_LGPD_Extrajudicial_08042021.pdf. Acesso em: 03 abr. 2022.

DO COMPARTILHAMENTO E DA INTERCONEXÃO DE DADOS PELAS SERVENTIAS EXTRAJUDICIAIS FACE A LGPD

Solange de Souza Fagundes

Sumário: 1. Introdução – 2. O compartilhamento de dados pelas serventias extrajudiciais; 2.1 Legislação aplicável; 2.2 Normativas das corregedorias; 2.3 Centrais de serviços compartilhados – 3. Conclusão – 4. Referências.

1. INTRODUÇÃO

O compartilhamento e a interconexão de dados pelas serventias extrajudiciais, diante dos comandos da Lei Geral de Proteção de Dados, têm despertado preocupação dos notários e registradores quanto a segurança e a garantia dos direitos dos titulares dos dados pessoais por elas tratados.

Contudo, mister ponderar de plano que todos os compartilhamentos referidos têm suporte em legislações específicas. E que os direitos dos titulares encontram excepcionalidades expressas na própria lei protetiva.

Fato é que a Lei nacional 13.709, de 14 de agosto de 2018, de observância por todas as esferas de poder como expressa seu artigo 1º, **veio** implementar no país, sob influência da legislação europeia, as diretrizes do tratamento de dados pessoais, inclusive nos meios digitais, com o objetivo de, nesse viés, conferir proteção aos direitos fundamentais de liberdade e de privacidade e o livre desenvolvimento da personalidade da pessoa natural.[1]

Essa diretriz encontra reforço no artigo 17 da LGPD, com especificação no artigo 18 seguinte dos direitos da pessoa natural quanto ao tratamento dos dados pessoais.

Importa destacar, dada a relevância no que referente aos serviços notariais e registrais, que, no elenco dos direitos do titular de dados, eis arregimentado *no inciso VI do artigo 18* o de *eliminação* dos dados pessoais tratados, *no inciso VIII*

---

[1] BRASIL, Lei 13.709, de 14 de agosto de 2018. Lei Geral de Proteção de Dados Pessoais (LGPD). Disponível em: http://www.planalto.gov.br/ccivil_03/Constituicao/Constituiçao.htm. Acesso em: 30 nov. 2021.

o de *informação* acerca da possibilidade de *não consentimento* e no *inciso IX* o de *revogação* do consentimento.

Contudo, de ter em conta que *nem sempre é necessário o consentimento do titular dos dados. Nem sempre é possível a eliminação dos dados tratados.*

De fato, o artigo 7º, da LGPD, regra que o tratamento de dados pessoais somente se pode dar mediante o fornecimento de consentimento pelo titular.

Mas o artigo 11 seguinte, mesmo em se tratando de dados sensíveis, traz previsão de dispensa de consentimento do titular para o tratamento de dados nas hipóteses ali mencionadas.

Infere-se, portanto, que o consentimento pelo titular dos dados para o tratamento de dados, nas hipóteses referidas, põe-se dispensado.

E, sem dúvida, os serviços notariais e registrais são prestados em cumprimento de obrigações legais e normativas, estando, assim, o tratamento de dados por eles desempenhado, sob a hipótese excludente de consentimento.

Conforme regra do artigo 23, § 4º, da LGPD, os serviços notariais e registrais foram equiparados às pessoas jurídicas de direito público, tendo sido estabelecido no *caput* desse dispositivo que o tratamento de dados deverá ser realizado para o atendimento de sua finalidade pública, na persecução do interesse público, com o objetivo de executar as competências legais ou cumprir as atribuições legais do serviço público.

E o artigo 16 da LGPD, embora disponha dever serem eliminados os dados pessoais após o término do tratamento, autoriza a *conservação* em caso de cumprimento de obrigação legal ou regulatória pelo controlador.

Diante desses normativos, não se afigura ilógico concluir de plano que as disposições dos incisos VIII e IX do artigo 18 da LGPD, que regulam o direito de oposição de consentimento pelo titular de dados pessoais nas hipóteses ali mencionadas, encontram exceção nessa diretriz, sendo que a oposição apenas se mostra plausível, como se colhe do § 2º do artigo 18 da LGPD, no caso de descumprimento ao disposto na lei protetiva, o mesmo se dando no que diz respeito à eliminação.

O tratamento de dados, como regrado no caput do artigo 23, deverá ser realizado para o atendimento de sua finalidade pública, na persecução do interesse público, com o objetivo de executar as competências legais ou cumprir as atribuições legais do serviço público.

E visando conferir segurança e garantia dos direitos dos titulares dos dados pessoais, as atividades de tratamento devem ser pautadas na boa-fé e serem desenvolvidas com observância dos princípios próprios expressos no artigo 6º da LGPD.

Assim é que o tratamento deve ser necessário, adequado, compatível com as finalidades, garantindo-se ao titular segurança de confidencialidade e restrição lícita de compartilhamento, livre acesso, qualidade, não discriminação, transparência e confiança de que seus dados pessoais são tratados com observância e cumprimento das normas de proteção, enfim tratados por agentes capazes e confiáveis.

Quanto à disponibilização dos dados pessoais, o artigo 7º, § 3º, portanto, ressalta a finalidade, a boa-fé e o interesse público a justificarem essa divulgação e/ou repasse/compartilhamento.

De modo que, inobstante as exceções gizadas, as serventias extrajudiciais devem realizar o tratamento de dados com estrita observância das diretrizes da LGPD.

No que concerne ao compartilhamento, o artigo 26 estatui que deve haver atendimento às finalidades específicas e respeitados os princípios de proteção de dados elencados no artigo 6º da LGPD.

Dessume-se, portanto, do teor do § 1º do artigo 26, que o Poder Público e as serventias extrajudiciais, até podem, nas hipóteses ali mencionadas, transferir a entidades privadas os dados pessoais constantes em seu banco de dados, sendo ressaltar a exceção tratada no inciso IV, que versa acerca de previsão legal ou estar a transferência respaldada em instrumentos congêneres.

Como a seguir, especificadamente, será demonstrado, o tratamento de dados pessoais pelas serventias notariais e registrais, nos termos do artigo 7º da Lei 13.709/2018, se dão para o cumprimento de obrigação legal.

Nesse contexto, o artigo 236 da Constituição Federal dispõe que, embora sejam prestados em caráter privado, os serviços notariais e registrais encontram disciplina de suas atividades em leis próprias.[2]

De relembrar que o tratamento tem em conta os princípios regrados no artigo 6º da LGPD, em especial a finalidade, a boa-fé e o interesse público que justificam sua disponibilização.

Daí porque, sem embargo dos direitos do titular dos dados, é dispensado o consentimento para o tratamento dos dados pelos serviços notariais e registrais.

Ou seja, o tratamento, inclusive o compartilhado e mesmo dos dados pessoais sensíveis, se dá em cumprimento de obrigações legais específicas expressas

---

2. BRASIL. [Constituição (1988). Constituição da República Federativa do Brasil de 1988. Brasília, DF: Presidência da República, [2016]. Disponível em: http://www.planalto.gov.br/ccivil_03/_Ato2007-2010/2009/Lei/L11977.htm. Acesso em: 1º dez. 2021.

nas Leis 6.015/73, 8.935/94 e 9.492/97 e em normativas do Conselho Nacional de Justiça e dos Tribunais de Justiça.

Nesse contexto, a Lei 6.015/73, recepcionada pela Constituição vigente, dispositiva acerca dos registros públicos, em seus artigos 16 e 17, regra a obrigatoriedade de fornecimento das certidões que forem requeridas por qualquer pessoa sem necessidade de informação quanto ao motivo ou interesse na obtenção da certidão.[3]

Inobstante a confidencialidade referente a certas questões dos registros, a requestarem autorização judicial ou legítimo interessa para a publicidade ativa, eis que os serviços notariais e registrais têm finalidade eminentemente publicitária.

Enfim, de regra a publicidade formal dos atos notariais e registrais disponibiliza a quem interessar o conhecimento do ato jurídico instrumentalizado, ou seja, fica acessível a qualquer pessoa mediante a expedição de certidão.

A publicidade é, assim, preceito imanente dos registros públicos, como eis consignado na Lei 8.935/94 e na Lei 6.015/73.

Postas essas anotações quanto ao sigma publicista dos serviços notariais e registrais, traga-se a foco a questão do tratamento de dados pessoais pelas serventias face aos ditames da LGPD.

2. O COMPARTILHAMENTO DE DADOS PELAS SERVENTIAS EXTRAJUDICIAIS

2.1 Legislação aplicável

Importa destacar de plano que a Lei 8.935/94, regulamentadora do artigo 236 da Constituição Federal, trouxe regramentos quanto a natureza e destinação dos serviços notariais e registrais, (artigo 1º), estabelecendo no artigo 30, XIV, a obrigatoriedade de observância das normas técnicas estabelecidas pelo juízo competente, pena de infração disciplinar e sujeição às penalidades consequentes então arregimentadas.[4]

E o artigo 31, I, desse mesmo compêndio legal, traz estabelecido que constitui infração disciplinar sujeita a penalização a inobservância das prescrições legais e normativas.

---

3. BRASIL, Lei 6.015, de 31 de dezembro de 1973. Dispõe sobre os registros públicos e dá outras providências. Disponível em: http://www.planalto.gov.br/ccivil_03/Constituicao/Constituiçao.htm. Acesso em: 30 nov. 2021.
4. BRASIL. Lei 8.935, de 18 de novembro de 1994. Regulamenta o art. 236 da Constituição Federal, dispondo sobre serviços notariais e de registro. (Lei dos cartórios). Disponível em: http://www.planalto.gov.br/ccivil_03/_Ato2007-2010/2009/Lei/L11977.htm. Acesso em: 1º dez. 2021.

Especificamente quanto ao compartilhamento e interconexão dos dados tratados pelas serventias extrajudiciais, tudo se dá com fulcro em normas e, portanto, se processa em cumprimento a normativos próprios regentes dos serviços notariais e registrais.

Inobstante, incomum não são os questionamentos quanto a essa polarização a que as serventias extrajudiciais se acham vinculadas, face aos direitos do titular dos dados pessoais por ela coletados, em especial quanto ao direito de acesso, de consentimento, de revogação, de anonimização e de inutilização.

Notoriamente, vivenciamos uma era eminentemente guindada à tecnologia digital, mas que exige, para segurança e proteção dos dados, investimentos em processos e sistemas de segurança capazes de impedirem, ou, no mínimo, de minorarem as consequências das ações dos hackers.

Nessa linha, as serventias extrajudiciais, sobretudo tendo em conta o Provimento 50/2015 do CNJ, têm buscado se prevenir, adotando planos de contingência hábeis à restauração do serviço. Providência que, com muito mais alcance, as centrais, os órgãos e os sistemas para os quais compartilhados ou interconectados os dados adotam.[5]

Daí que esse compartilhamento de dados pelas serventias extrajudiciais, que se dá em atendimento a finalidades específicas e por determinação legal, deve operar com adoção dos padrões de segurança necessários à proteção dos dados pessoais por ela tratados, inclusive para o fim de permitir o acesso e conhecimento seguro externalizados noutras esferas.

Mas, enfim, a tecnologia é parte integrante da contemporaneidade, e o mundo não a dispensa em seus labores e afazeres.

Nessa perspectiva, em lineamentos na adoção da tecnologia nos serviços registrais, a Lei 11.977, de 07 de julho de 2009, estabeleceu a implementação dos serviços eletrônicos, com previsão de compartilhamento e de, também, penalização em caso de descumprimento da determinação então exarada nesse referido texto legal.[6]

---

5. BRASÍLIA (DF). Corregedoria Nacional de Justiça. Provimento CNJ 50, de 28 de dezembro de 2015. [Dispõe sobre a conservação de documentos nos cartórios extrajudiciais]. Disponível em: https://atos.cnj.jus.br/files/provimento/provimento_50_28092015_16032018114446.pdf. Acesso em: 03 dez. 2021.
6. Lei 11.977, de 07 de julho de 2009. (Dispõe sobre o Programa Minha Casa, Minha Vida - PMCMV e a regularização fundiária de assentamentos localizados em áreas urbanas; altera o Decreto-Lei 3.365, de 21 de junho de 1941, as Leis 4.380, de 21 de agosto de 1964, 6.015, de 31 de dezembro de 1973, 8.036, de 11 de maio de 1990, e 10.257, de 10 de julho de 2001, e a Medida Provisória 2.197-43, de 24 de agosto de 2001; e dá outras providências.). Disponível em: https://www2.camara.leg.br/legin/fed/lei/2009/lei-11977-7-julho-2009-589206-normaatualizada-pl.pdf. Acesso em: 29 nov. 2021.

Adveio após a Lei 13.465, de 11 de julho de 2017, que, no art. 76, tratou da implementação e operacionalização do Sistema Eletrônico de Registro de Imóveis – SREI, pelo Operador Nacional de do Sistema Eletrônico de Registro de Imóveis – ONR, credenciando o Conselho Nacional de Justiça-CNJ como agente regulador.[7]

E fez inserir na *LRP o artigo 235-A, instituindo o Código Nacional de Matrículas de Imóveis* em numeração única em âmbito nacional, atribuindo ao CNJ a regulamentação e implementação dessa sistemática.

Enfim, normativos do CNJ e dos Tribunais de Justiça advieram posteriormente estabelecendo registros e atos notariais eletrônicos.

O *Conselho Nacional de Justiça, que antes já havia editado o Provimento 47*, considerando essa deferida e mais recente competência e revogando a anterior normatização, editou o Provimento 89/2019, pelo qual regulamentou o Código Nacional de Matrículas – CNM, o Sistema de Registro Eletrônico de Imóveis – SREI, o Serviço de Atendimento Eletrônico Compartilhado – SAEC, o acesso da Administração Pública Federal às informações do SREI e estabeleceu diretrizes para o estatuto do Operador Nacional do Sistema de Registro Eletrônico – ONR.[8]

No artigo 11 desse Provimento estabeleceu a manutenção indefinida de guarda e conservação dos documentos, sendo que no artigo 8º, § 2º, dispôs em igual diapasão no que concernente à interconexão de todas as unidades e à interoperabilidade das bases de dados.

Anteriormente, via do Provimento 88/2019 o CNJ estabeleceu medidas de prevenção à lavagem de dinheiro e ao terrorismo, com instituição de deveres e

---

7. Lei 13.465, de 11 de julho de 2017. (Dispõe sobre a regularização fundiária rural e urbana, sobre a liquidação de créditos concedidos aos assentados da reforma agrária e sobre a regularização fundiária no âmbito da Amazônia Legal; institui mecanismos para aprimorar a eficiência dos procedimentos de alienação de imóveis da União; altera as Leis 8.629, de 25 de fevereiro de 1993, 13.001, de 20 de junho de 2014, 11.952, de 25 de junho de 2009, 13.340, de 28 de setembro de 2016, 8.666, de 21 de junho de 1993, 6.015, de 31 de dezembro de 1973, 12.512, de 14 de outubro de 2011, 10.406, de 10 de janeiro de 2002 (Código Civil), 13.105, de 16 de março de 2015 (Código de Processo Civil), 11.977, de 7 de julho de 2009, 9.514, de 20 de novembro de 1997, 11.124, de 16 de junho de 2005, 6.766, de 19 de dezembro de 1979, 10.257, de 10 de julho de 2001, 12.651, de 25 de maio de 2012, 13.240, de 30 de dezembro de 2015, 9.636, de 15 de maio de 1998, 8.036, de 11 de maio de 1990, 13.139, de 26 de junho de 2015, 11.483, de 31 de maio de 2007, e a 12.712, de 30 de agosto de 2012, a Medida Provisória 2.220, de 4 de setembro de 2001, e os Decretos-Leis 2.398, de 21 de dezembro de 1987, 1.876, de 15 de julho de 1981, 9.760, de 5 de setembro de 1946, e 3.365, de 21 de junho de 1941; revoga dispositivos da Lei Complementar 76, de 6 de julho de 1993, e da Lei 13.347, de 10 de outubro de 2016; e dá outras providências.) Disponível em: https://www.planalto.gov.br/ccivil_03/_Ato2015-2018/2017/Lei/L13465.htm. Acesso em: 29 nov. 2021.

8. BRASÍLIA (DF). Corregedoria Nacional de Justiça. Provimento CNJ 89, de 18 de dezembro de 2019. [Regulamenta o Código Nacional de Matrículas – CNM, o Sistema de Registro Eletrônico de Imóveis – SREI, o Serviço de Atendimento Eletrônico Compartilhado – SAEC, o acesso da Administração Pública Federal às informações do SREI e estabelece diretrizes para o estatuto do Operador Nacional do Sistema de Registro Eletrônico – ONR]. Disponível em: https://atos.cnj.jus.br/files/provimento/provimento_50_28092015_16032018114446.pdf. Acesso em: 03 dez. 2021.

rotinas de compartilhamento dos dados tratados pelas serventias extrajudiciais. Depois, pelo Provimento 90, de 12 de fevereiro de 2020, estabeleceu critérios da análise e do prazo das informações à Unidade de Inteligência Financeira (COAF).[9]

No artigo 9º do Provimento 88, foram estabelecidas obrigações e deveres quanto aos dados que devem ser colhidos nos atos notariais protocolares e de registro, em especial a serem contidos nos cartões de autógrafos, que, por força do artigo 30, § 1º, são fornecidos pelos próprios notários ao CCN/CF para formação da base nacional do Cadastro Único de Clientes do Notariado.

Nesse mesmo normativo eis especificados no artigo 9º, § 1º, os dados que devem ser coletados dos usuários dos serviços como elementos dos cartões de autógrafos a serem confeccionados, que englobam, além da qualificação normal, a coleta de dados biométricos, fotográficos e de impressão digital.

Com o Provimento 100, de 26 de maio de 2020, o CNJ dispôs acerca da prática de atos notariais eletrônicos utilizando o sistema e-Notariado e criando, à semelhança da matrícula imobiliária, a matrícula notarial eletrônica-MNE.[10]

Além, foi instituído o Cadastro Único de Clientes do Notariado – CCN, o Cadastro Único de Beneficiários Finais – CBF e o Índice Único de Atos Notariais.

Inobstante a norma do artigo 33 de referido Provimento, quanto a que os dados das partes somente poderiam ser compartilhados entre notários e, exclusivamente, para a prática de atos notariais, em estrito cumprimento à Lei 13.709/2018 (Lei Geral de Proteção de Dados Pessoais), ficou estabelecido no artigo 28, § 1º, que os dados para a formação e atualização da base nacional do CCN deverão ser fornecidos pelos próprios notários.

Além desses citados normativos de âmbito nacional, os Tribunais de Justiça, em decorrência do poder expresso no § 1º do artigo 236 da CF/88 e do artigo 37 da Lei 8.935/94, dentre outros, têm estabelecido normas para os serviços extrajudiciais que, embora possam variar em alguns aspectos, são uniformes na essência.

De modo que, tanto a publicidade registral quanto a interconexão de dados se adequam à exceção expressa no artigo 7º da Lei 13.709/2018, posto que se dão para o cumprimento de obrigação legal.

---

9. BRASÍLIA (DF). Corregedoria Nacional de Justiça. Provimento CNJ 88, de 01 de outubro de 2019. [Altera o Provimento 88, de 1º de outubro de 2019, da Corregedoria Nacional de Justiça, que dispõe sobre a política, os procedimentos e os controles a serem adotados pelos notários e registradores, visando à prevenção dos crimes de lavagem de dinheiro, previstos na Lei 9.613, de 3 de março de 1998, e do financiamento do terrorismo, previsto na Lei 13.260, de 16 de março de 2016, e dá outras providências.]. Disponível em: https://atos.cnj.jus.br/atos/detalhar/3182. Acesso em: 03 dez. 2021.
10. BRASÍLIA (DF). Corregedoria Nacional de Justiça. Provimento CNJ 100, de 26 de maio de 2020. [Dispõe sobre a prática de atos notariais eletrônicos utilizando o sistema e-Notariado, cria a Matrícula Notarial Eletrônica-MNE e dá outras providências]. Disponível em: https://atos.cnj.jus.br/files/original222651202006025ed6d22b74c75.pdf. Acesso em: 03 dez. 2021.

Em suma, os atos inerentes ao serviço desempenhado pelas Serventias Extrajudiciais são praticados nos livros mantidos por força de previsão nas legislações específicas, incluídos os atos de inscrição, transcrição, registro, averbação, anotação, escrituração de livros de notas, reconhecimento de firmas, autenticação de documentos e fornecimento de certidões, nesse caso com as restrições referentes ao Registro Civil de Pessoas Naturais e, para alguns, também ao Registro de Títulos e Documentos no que referente ao registro facultativo de documentos apenas para conservação.

Também as comunicações para unidades distintas, visando às anotações dos atos nelas mantidos, praticados para a escrituração de livros previstos em normas administrativas, as informações e certidões, os atos de comunicação e informação para órgãos públicos e para centrais de serviços eletrônicos compartilhados, todos decorrem de previsão legal ou normativa.

Fato que justifica a exceção de consentimento do titular para o tratamento e, também, o direito de revogação ou de inutilização dos dados coletados para a prática dos atos notariais e registrais.

2.2 Normativas das Corregedorias

Eis que toda a atividade das serventias extrajudiciais é regulamentada em leis específicas, em normativos do Conselho Nacional de Justiça e dos Tribunais de Justiça.

No que referente ao Registro de Imóveis, o Provimento 89/2019 do CNJ regulamentou o Código Nacional de Matrículas – CNM, o Sistema de Registro Eletrônico de Imóveis – SREI, o Serviço de Atendimento Eletrônico Compartilhado – SAEC, o acesso da Administração Pública Federal às informações do SREI e estabeleceu diretrizes para o estatuto do Operador Nacional do Sistema de Registro Eletrônico – ONR.

O SREI tem como finalidade armazenar, concentrar e disponibilizar informações, bem como efetivar comunicações obrigatórias e prestar quaisquer dos serviços registrais dispostos na Lei 6.015/73 em meio eletrônico e de forma integrada, consistindo em instrumento para proporcionar intercâmbio de documentos eletrônicos e de informações entre os ofícios de registro de imóveis, o Poder Judiciário, a administração pública e o público em geral, a recepção e o envio de títulos em formato eletrônico, a expedição de certidões e a prestação de informações em meio eletrônico e a formação de repositórios registrais eletrônicos para o acolhimento de dados e o armazenamento de documentos eletrônicos.

É operado sob a coordenação do Operador Nacional do Sistema de Registro Eletrônico – ONR e são dele integrantes os oficiais de registro de imóveis de cada estado e do Distrito Federal, o Serviço de Atendimento Eletrônico Compartilhado – SAEC, de âmbito nacional, as centrais de serviços eletrônicos compartilhados, criadas pelos respectivos oficiais de registro de imóveis em cada Estado e no Distrito Federal, mediante ato normativo da Corregedoria-Geral de Justiça local.

Importa assentar que antes do advento do Provimento 100 do CNJ, alguns estados instituíram o registro eletrônico compartilhado, cabendo destaque, à guisa de exemplo, o Provimento do Tribunal de Justiça do Maranhão 13/2016 que, com base no Provimento CNJ 89/2019, instituiu a "Central Única de Serviços Eletrônicos Compartilhados das Serventias Extrajudiciais – Central Única dos Cartórios", para armazenamento, concentração, interconexão, recebimento, envio e disponibilização de informações e documentos sobre os *atos registrais e notariais* em meio eletrônico, bem como para constituir foro centralizador de informações e comunicações entre a sociedade, o Poder Público e as serventias extrajudiciais, sob a responsabilidade da Associação dos Titulares de Cartórios do Maranhão – ATC, contemplando, assim, todas as atribuições registrais e notariais.[11]

Pelo ato normativo referido, a Central Única dos Cartórios foi autorizada a proceder ao compartilhamento de módulos e sub módulos existentes em outras Centrais Eletrônicas existentes no país e habilitada a se comunicar com as centrais de outros Estados da Federação que já possuam sistema eletrônico de envio de comunicações.

Um dos módulos componentes do SREI, instituídos pelo Tribunal de Justiça do Maranhão via do Provimento 13/2016, é o Banco de Dados Registral Simplificado – BD-REGISTRAL, constituído do conjunto de informações fornecidas pelos oficiais de registros de imóveis ao SREI-MA, destinadas à consulta por usuários públicos e privados, que abrange, no mínimo, os atos praticados a partir da vigência da Lei 6.015/73, ou seja, a partir de 1º.01.1976.

Integram a BDS os atos praticados nos Livro 2 – Registro Geral, e Livro 3 – Registro Auxiliar, que gerem lançamentos no Livro 5 – Indicador Pessoal, e qualquer pessoa, natural ou jurídica, pública ou privada, poderá acessar o SREI-MA, mediante prévio cadastramento e devida identificação, para verificação da existência e a localização de quaisquer atos praticados pelos registros de imóveis.

Também, além da certidão eletrônica, integra o instituído SREI estadual maranhense o Sistema Eletrônico do Tabelionato de Notas – SE-Notas, com a finalidade descrita no artigo 36, qual de concentrar as informações notariais do Estado do Maranhão, constituindo ferramenta para a pesquisa e busca eletrônica,

---

11. BRASIL. MA. Tribunal de Justiça do Maranhão. Provimento 13, de 04.07.2016. (Institui a "Central Única de Serviços Eletrônicos Compartilhados das Serventias Extrajudiciais do Estado do Maranhão – Central Única dos Cartórios – com as providências necessárias ao respectivo cumprimento").

bem como para servir de intercâmbio entre os agentes públicos e particulares e os Tabelionatos.

Sendo que o Banco de Dados Notarial Simplificado – BD-Notas é constituído pelas Informações das *Fichas de Reconhecimento de Firmas*, aplicativo destinado a possibilitar a busca dos cartões de assinaturas existentes nas unidades notariais do Maranhão, possibilitando o compartilhamento desses documentos para fins de reconhecimento de firma em unidades diversas.

E, também, instituída a *Escritura Eletrônica a compor o SE-Notas*, ferramenta que visa facilitar a conexão entre agentes particulares (instituições financeiras, incorporadoras e outros interessados) e os Tabelionatos de Notas, facilitando a instrumentalização jurídica da vontade das partes por escrituras públicas, evitando a utilização de instrumentos particulares, mesmo que com efeitos de escritura pública.

No que referente ao *Serviço de Protestos*, a Lei 13.775/2018, que alterou a Lei 9.492/1997 no Art. 41-A, implementou, em âmbito nacional, a Central Nacional de Serviços Eletrônicos Compartilhados-CENPROT, que é um sistema que tem a função de disponibilizar para os usuários a utilização dos serviços dos cartórios de protesto de forma eletrônica. Permite Consulta Gratuita de Protesto, Solicitação de Certidão Negativa ou Positiva; Carta de Anuência; Cancelamento de Protesto; Edital Eletrônico de Protesto e Envio de Títulos a Protesto.[12]

Em seguida, o Provimento CNJ 87, de 11 de setembro de 2019, dispôs sobre as normas gerais de procedimentos para o protesto extrajudicial de títulos e outros documentos de dívida e regulamentou a implantação da Central Nacional de Serviços Eletrônicos dos Tabeliães de Protesto.

O Provimento 87 do CNJ trouxe estabelecido que os tabeliães de protesto podem fornecer, por solicitação dos interessados, certidão da situação do apontamento do título, dos protestos lavrados e não cancelados, individuais ou em forma de relação, prestar a qualquer pessoa que requeira informações e fornecer cópias de documentos arquivados relativas a protestos não cancelados E que os pedidos de informações simples ou complementares, de certidões e de cópias podem ser realizados pela internet, bem como atendidos e expedidos pelos Tabelionatos por meio eletrônico, mediante assinatura eletrônica.

Assim, também no que referente aos protestos, fora implementada a prestação de serviços eletrônicos, com obrigatoriedade de adesão de todos os tabeliães de protesto do país, sob pena responsabilização disciplinar.

---

12. Lei 13.755, de 20 de dezembro de 2018. (Dispõe sobre a emissão de duplicata sob a forma escritural; altera a Lei 9.492, de 10 de setembro de 1997; e dá outras providências.) Disponível em: http://www.planalto.gov.br/ccivil_03/_ato2015-2018/2018/lei/L13775.htm. Acesso em: 29 nov. 2021.

A Lei nacional de protestos, de n. 9.492/97, além das certidões específicas e individuais requeridas pelas partes interessadas, prevê que serão fornecidas certidões às entidades representativas da indústria e do comércio ou àquelas vinculadas à proteção do crédito, quando solicitada, certidão diária, em forma de relação, dos protestos tirados e dos cancelamentos efetuados.[13]

Enfim, a Cenprot é um sistema de gerenciamento de banco de dados integrado por todos os tabeliães de protesto de título do Brasil, de maneira compulsória, por meio do qual é possível, via internet, prestar serviços de escrituração e emissão de duplicatas, recepção e distribuição de títulos e documentos de dívida para protesto, consulta gratuita de devedores inadimplentes e anuência eletrônica para cancelamento de protesto.

2.3 Centrais de serviços compartilhados

Os Serviços eletrônicos de protestos passaram a se dar por intermédio da *Cenprot –Central de Serviços Eletrônicos Compartilhados dos Tabeliães de Protesto de Títulos*, que compreende módulos específicos conforme a finalidade.

Ou seja, do *CIP – Central de Informações de Protesto*, que permite: consulta eletrônica, pública e gratuita, de informações meramente indicativas da existência ou inexistência de protesto, com indicação do respectivo tabelionato, sem valor de certidão, a disponibilização, para impressão ou *download*, em ambiente seguro, de instrumento eletrônico de protesto, e de ferramenta de confirmação de sua autenticidade, a recepção de declaração eletrônica de anuência, para fins de cancelamento de protesto e a recepção de solicitação eletrônica de cancelamento de protesto.

A *CRA – Central de Remessa de Arquivos*, destinada à recepção de títulos e documentos de dívida eletrônicos, para fins de protesto, enviados pelo Estado do Maranhão, Municípios, Poder Judiciário, Procuradorias, Entidades de Classe, Associações, Instituições Financeiras e outros Apresentantes Cadastrados.

A *CERTPROT – Central de Certidões de Protesto*, destinada à recepção de pedidos de certidão de protesto das serventias do Estado do Maranhão e a disponibilização de certidão eletrônica de protesto para *download*, em ambiente seguro, bem como, de meio de confirmação de sua autenticidade.

No que referente ao Registro Civil de Pessoas Naturais, pelo Provimento 46, o CNJ, revogando o Provimento 38, dispôs sobre a Central de Informações de Registro Civil das Pessoas Naturais-CRC, possibilitando, além da interligação dos

---

13. BRASIL. Lei 9.492, de 10 de setembro de 1997. (Define competência, regulamenta os serviços concernentes ao protesto de títulos e outros documentos de dívida e dá outras providências). Disponível em: http://www.planalto.gov.br/ccivil_03/Leis/L9492.htm. Acesso em: 02 dez. 2021.

Oficiais de Registro Civil das pessoas Naturais, o acesso direto de órgãos do Poder Público às informações do registro civil das pessoas naturais e a interligação com o Ministério das Relações Exteriores, a fim de obter os dados e documentos referentes a atos da vida civil de brasileiros ocorridos no exterior, bem como possibilitar às repartições consulares do Brasil a participação no sistema de localização de registros e solicitação de certidões do registro civil das pessoas naturais.[14]

O *Serviço Público de Registro Civil de Pessoas Naturais*, além do compartilhamento com Centrais e Sistemas próprios, presta periodicamente informações a Fundação Instituto Brasileiro de Geografia e Estatística – IBGE, ao Instituto de Seguridade Social (INSS), ao juiz eleitoral, em relação aos maiores de 16 (dezesseis) anos, ao juiz com competência em sucessão, das pessoas falecidas com bens a inventariar; ao Ministério da Justiça, dos registros de óbitos de estrangeiros, nos termos do art. 46 da Lei 6.815, de 19 de agosto de 1980, além de a outras Entidades estabelecidas nos normativos estaduais.

Quanto ao Registro de Títulos e Documentos e Civil de Pessoas Jurídicas, pelo Provimento 48, de 16 de março de 2016, o CNJ estabeleceu diretrizes gerais para o sistema de registro eletrônico de títulos e documentos e civil de pessoas jurídicas, compreendendo também o intercâmbio de documentos eletrônicos e de informações entre os ofícios de registro de títulos e documentos e civil de pessoas jurídicas, o Poder Judiciário, a Administração Pública e o público em geral.[15]

Além, há normativos do CNJ que determinam a alimentação de Sistemas com os dados de atos notariais, tal o Provimento 18/2012, que d*ispõe sobre a instituição e funcionamento da Central Notarial de Serviços Eletrônicos Compartilhados – CENSEC*, com objetivo de, dentre outros, interligar as serventias extrajudiciais brasileiras que praticam atos notariais, permitindo o intercâmbio de documentos eletrônicos e o tráfego de informações e dados e possibilitar o acesso direto de órgãos do Poder Público a informações e dados correspondentes ao serviço notarial.[16]

---

14. BRASÍLIA (DF). Corregedoria Nacional de Justiça. Provimento 46, de 16 de julho de 2015. [Revoga o Provimento 38 de 25/07/2014 e dispõe sobre a Central de Informações de Registro Civil das Pessoas Naturais – CRC.]. Disponível em: https://www.anoreg.org.br/site/2015/06/22/provimento-n-46-cnj-15-revoga-o-prov-n-38-14-e-dispoe-sobre-a-central-de-informacoes-de-registro-civil-das-pessoas-naturais-crc/. Acesso em: 03 dez. 2021.

15. BRASÍLIA (DF). Corregedoria Nacional de Justiça. Provimento 48, de 16 de março de 2016. [*Estabelece diretrizes gerais para o sistema de registro eletrônico de títulos e documentos e civil de pessoas jurídicas*]. Disponível em: https://www.26notas.com.br/blog/?p=11994. Acesso em: 03 dez. 2021.

16. BRASÍLIA (DF). Corregedoria Nacional de Justiça. Provimento 18, de 12 de junho de 2012. [*Dispõe sobre a instituição e funcionamento da Central Notarial de Serviços Eletrônicos Compartilhados – CENSEC*]. Disponível em: https://www.26notas.com.br/blog/?p=6566. Acesso em: 03 dez. 2021.

O CENSEC deve ser alimentado com informações de testamentos públicos e a aprovação dos cerrados, escrituras de separações, divórcios, inventários, sinal público dos notários e registradores, procurações e atos notariais diversos.

De modo que em todas as áreas dos registros públicos os dados tratados pelos notários e registradores são compartilhados com várias Centrais de âmbito nacional e também estaduais.

Cada serviço tem obrigação de informações variadas, de alimentação de sistemas diversos, de compartilhamento e interconexão de dados, conforme sejam as atribuições que exerçam.

E tanto a Lei de Registros Públicos, a Lei dos Notários e Registradores, a Lei de Protestos e os normativos do Conselho Nacional de Justiça e dos Tribunais de Justiça estabelecem obrigações que, se não cumpridas, ensejam responsabilização e penalização.

3. CONCLUSÃO

Enfim, diante dos normativos dispondo acerca do serviço, à luz de todo exposto e demonstrado, as serventias extrajudiciais laboram sempre com finalidade pública e em cumprimento de determinações legais, do que decorre a inexigência de consentimento e a impossibilidade de anonimização, de revogação e de eliminação dos dados pessoais tratados pelas serventias extrajudiciais.

4. REFERÊNCIAS

BRASIL, Lei 13.709, de 14 de agosto de 2018. Lei Geral de Proteção de Dados Pessoais (LGPD). Disponível em: http://www.planalto.gov.br/ccivil_03/Constituicao/Constituiçao.htm. Acesso em: 30 nov. 2021.

BRASIL, Lei 6.015, de 31 de dezembro de 1973. Dispõe sobre os registros públicos e dá outras providências. Disponível em: http://www.planalto.gov.br/ccivil_03/Constituicao/Constituiçao.htm. Acesso em: 30 nov. 2021.

BRASIL. [Constituição (1988)]. Constituição da República Federativa do Brasil de 1988. Brasília, DF: Presidência da República, [2016]. Disponível em: http://www.planalto.gov.br/ccivil_03/_Ato2007-2010/2009/Lei/L11977.htm. Acesso em: 1º dez. 2021.

BRASIL. Lei 8.935, de 18 de novembro de 1994. Regulamenta o art. 236 da Constituição Federal, dispondo sobre serviços notariais e de registro. (Lei dos cartórios). Disponível em: http://www.planalto.gov.br/ccivil_03/_Ato2007-2010/2009/Lei/L11977.htm. Acesso em: 1º dez. 2021.

BRASIL. MA. Tribunal de Justiça do Maranhão. Provimento 13, de 04.07.2016. (Institui a "Central Única de Serviços Eletrônicos Compartilhados das Serventias Extrajudiciais do Estado do Maranhão – Central Única dos Cartórios – com as providências necessárias ao respectivo cumprimento").

BRASIL. Lei 9.492, de 10 de setembro de 1997. (Define competência, regulamenta os serviços concernentes ao protesto de títulos e outros documentos de dívida e dá outras providências). Disponível em http://www.planalto.gov.br/ccivil_03/Leis/L9492.htm. Acesso em: 02 dez. 2021.

BRASÍLIA (DF). Corregedoria Nacional de Justiça. Provimento CNJ 50, de 28 de dezembro de 2015. [Dispõe sobre a conservação de documentos nos cartórios extrajudiciais]. Disponível em: https://atos.cnj.jus.br/files/provimento/provimento_50_28092015_16032018114446.pdf. Acesso em: 03 dez. 2021.

BRASÍLIA (DF). Corregedoria Nacional de Justiça. Provimento CNJ 89, de 18 de dezembro de 2019. [Regulamenta o Código Nacional de Matrículas – CNM, o Sistema de Registro Eletrônico de Imóveis – SREI, o Serviço de Atendimento Eletrônico Compartilhado – SAEC, o acesso da Administração Pública Federal às informações do SREI e estabelece diretrizes para o estatuto do Operador Nacional do Sistema de Registro Eletrônico – ONR]. Disponível em: https://atos.cnj.jus.br/files/provimento/provimento_50_28092015_16032018114446.pdf. Acesso em: 03 dez. 2021.

BRASÍLIA (DF). Corregedoria Nacional de Justiça. Provimento CNJ 88, de 01 de outubro de 2019. [Altera o Provimento 88, de 1º de outubro de 2019, da Corregedoria Nacional de Justiça, que dispõe sobre a política, os procedimentos e os controles a serem adotados pelos notários e registradores, visando à prevenção dos crimes de lavagem de dinheiro, previstos na Lei 9.613, de 3 de março de 1998, e do financiamento do terrorismo, previsto na Lei 13.260, de 16 de março de 2016, e dá outras providências.]. Disponível em: https://atos.cnj.jus.br/atos/detalhar/3182. Acesso em: 03 dez. 2021.

BRASÍLIA (DF). Corregedoria Nacional de Justiça. Provimento CNJ 100, de 26 de maio de 2020. [Dispõe sobre a prática de atos notariais eletrônicos utilizando o sistema e-Notariado, cria a Matrícula Notarial Eletrônica-MNE e dá outras providências]. Disponível em: https://atos.cnj.jus.br/files/original222651202006025ed6d22b74c75.pdf. Acesso em: 03 dez. 2021.

BRASÍLIA (DF). Corregedoria Nacional de Justiça. Provimento 18, de 12 de junho de 2012. [*Dispõe sobre a instituição e funcionamento da Central Notarial de Serviços Eletrônicos Compartilhados – CENSEC*). Disponível em: https://www.26notas.com.br/blog/?p=6566. Acesso em: 03 dez. 2021.

BRASÍLIA (DF). Corregedoria Nacional de Justiça. Provimento 46, de 16 de julho de 2015. [Revoga o Provimento 38 de 25/07/2014 e dispõe sobre a Central de Informações de Registro Civil das Pessoas Naturais – CRC.]. Disponível em: https://www.anoreg.org.br/site/2015/06/22/provimento-n-46-cnj-15-revoga-o-prov-n-38-14-e-dispoe-sobre-a-central-de-informacoes-de-registro-civil-das-pessoas-naturais-crc/. Acesso em: 03 dez. 2021.

BRASÍLIA (DF). Corregedoria Nacional de Justiça. Provimento 48, de 16 de março de 2016. [*Estabelece diretrizes gerais para o sistema de registro eletrônico de títulos e documentos e civil de pessoas jurídicas)*..]. Disponível em: https://www.26notas.com.br/blog/?p=11994. Acesso em: 03 dez. 2021.

BRASÍLIA (DF). Corregedoria Nacional de Justiça. Provimento 87, de 11 de setembro de 2019. (Dispõe sobre as normas gerais de procedimentos para o protesto extrajudicial de títulos e outros documentos de dívida, regulamenta a implantação da Central Nacional de Serviços Eletrônicos dos Tabeliães de Protesto de Títulos – CENPROT e dá outras providências). Disponível em: https://www.anoreg.org.br/site/2019/09/12/provimento-no-87-2019-da-corregedoria-nacional-de-justica-regulamenta-a-cenprot-nacional/ível . Acesso em: 06 dez. 2021

Lei 11.977, de 07 de julho de 2009. (Dispõe sobre o Programa Minha Casa, Minha Vida – PMCMV e a regularização fundiária de assentamentos localizados em áreas urbanas; altera o Decreto-Lei 3.365, de 21 de junho de 1941, as Leis 4.380, de 21 de agosto de 1964, 6.015, de 31 de dezembro de 1973, 8.036, de 11 de maio de 1990, e 10.257, de 10 de julho de 2001, e a Medida Provisória 2.197-43, de 24 de agosto de 2001; e dá outras providências.). Disponível em: https://www2.camara.leg.br/legin/fed/lei/2009/lei-11977-7-julho-2009-589206-normaatualizada-pl.pdf. Acesso em: 29 nov. 2021.

Lei 13.465, de 11 de julho de 2017. (Dispõe sobre a regularização fundiária rural e urbana, sobre a liquidação de créditos concedidos aos assentados da reforma agrária e sobre a regularização fundiária no âmbito da Amazônia Legal; institui mecanismos para aprimorar a eficiência dos procedimentos de alienação de imóveis da União; altera as Leis 8.629, de 25 de fevereiro de 1993, 13.001, de 20 de junho de 2014, 11.952, de 25 de junho de 2009, 13.340, de 28 de setembro de 2016, 8.666, de 21 de junho de 1993, 6.015, de 31 de dezembro de 1973, 12.512, de 14 de outubro de 2011, 10.406, de 10 de janeiro de 2002 (Código Civil), 13.105, de 16 de março de 2015 (Código de Processo Civil), 11.977, de 7 de julho de 2009, 9.514, de 20 de novembro de 1997, 11.124, de 16 de junho de 2005, 6.766, de 19 de dezembro de 1979, 10.257, de 10 de julho de 2001, 12.651, de 25 de maio de 2012, 13.240, de 30 de dezembro de 2015, 9.636, de 15 de maio de 1998, 8.036, de 11 de maio de 1990, 13.139, de 26 de junho de 2015, 11.483, de 31 de maio de 2007, e a 12.712, de 30 de agosto de 2012, a Medida Provisória 2.220, de 4 de setembro de 2001, e os Decretos-Leis 2.398, de 21 de dezembro de 1987, 1.876, de 15 de julho de 1981, 9.760, de 5 de setembro de 1946, e 3.365, de 21 de junho de 1941; revoga dispositivos da Lei Complementar 76, de 6 de julho de 1993, e da Lei 13.347, de 10 de outubro de 2016; e dá outras providências). Disponível em: https://www.planalto.gov.br/ccivil_03/_Ato2015-2018/2017/Lei/L13465.htm. Acesso em: 29 nov. 2021.

Lei 13.755, de 20 de dezembro de 2018. (Dispõe sobre a emissão de duplicata sob a forma escritural; altera a Lei 9.492, de 10 de setembro de 1997; e dá outras providências.) Disponível em: http://www.planalto.gov.br/ccivil_03/_ato2015-2018/2018/lei/L13775.htm. Acesso em: 29 nov. 2021.

NOTÁRIOS, REGISTRADORES E A LGPD: UMA ANÁLISE ACERCA DA RESPONSABILIDADE CIVIL

Gian Luca Romano Carneiro Pezzini

> **Sumário:** 1. Breve introito sobre a atividade notarial e de registro – 2. A responsabilidade civil dos agentes delegados; 2.1 Síntese histórica; 2.2 Dos tipos de responsabilidade civil; 2.3 Do debate acerca da modalidade de responsabilidade civil aplicável aos notários e registradores – 3. Da responsabilidade civil dos notários e registradores perante a LGPD – 4. Conclusão – 5. Referências.

1. BREVE INTROITO SOBRE A ATIVIDADE NOTARIAL E DE REGISTRO

Antes de se adentrar à questão da responsabilidade civil propriamente dita, faz-se imperioso esclarecer, ainda que sucintamente, a maneira com a qual os regimes de Direito Público e de Direito Privado se imiscuem na atividade notarial e de registro. Tal definição é essencial à compreensão da opção legislativa acerca da modalidade de responsabilidade civil aplicável aos notários e registradores; bem como ao entendimento externado pelo Supremo Tribunal Federal (STF) através do julgamento do RE 842.846/SC.

A relação jurídica havida entre o Poder Público e o agente delegado de serventia extrajudicial não é equiparável àquela tida entre o Estado e um servidor público. A despeito de ambos serem agentes públicos (*lato sensu*), tendo em vista que exercem atividades que, de alguma forma, são de titularidade do Estado e estão a ele relacionadas, verifica-se que as similaridades encontram seu fim neste ponto.

Em rápida e genérica síntese, o servidor público pode ser caracterizado como "a pessoa física que presta serviços ao Estado ou às entidades da Administração, com vínculo empregatício e mediante remuneração paga pelos cofres públicos".[1] Fica bastante claro, portanto, que para que determinada pessoa seja considerada servidora pública, ela deve prestar serviços ao Estado e dele receber a contraprestação pecuniária acordada.

O artigo 236 da Constituição Federal de 1988 (CF/88), por outro lado, traz importantes diferenças na classificação da atividade notarial e de registro. Isto

---

1. NOHARA, Irene Patrícia. *Direito administrativo*. 5. ed. São Paulo: Atlas, 2015, p. 671.

porquanto o seu *caput* deixa claro que estes serviços serão "exercidos em caráter privado, por delegação do Poder Público",[2] ao mesmo tempo em que o § 2º, do mesmo artigo, dispõe sobre a origem da remuneração dos tabeliães e registradores ao asseverar que lei "federal estabelecerá normais gerais para fixação de emolumentos relativos aos atos praticados pelos serviços notariais e de registro".[3] Nota-se então que, à despeito de prestar uma atividade cuja titularidade é do Estado, mas que é delegada aos particulares, a remuneração dos agentes delegados é oriunda dos usuários de tais serviços.

Por essa razão, tabeliães e registradores são mais adequadamente enquadrados como particulares em colaboração com o Poder Público, que na definição de Maria Sylvia Zanella di Pietro são pessoas físicas que "prestam serviços ao Estado, sem vínculo empregatício, com ou sem remuneração".[4] Irene Nohara também indica que os tabeliães e registradores recebem delegação do Poder Público, consignando que tais profissionais "são remunerados normalmente pelos usuários dos serviços prestados",[5] o que importa em admitir que o seu rendimento não é oriundo do erário. Por serem agentes públicos que exercem função delegada pelo Estado, correta a denominação de agentes delegados.

À título de esclarecimento, cumpre salientar que foi com o advento da Lei 8.935/94[6] (que regulamenta a atividade notarial e registral, na esteira do que asseverado pelo artigo 236, § 1º, da CF/88) que a discussão a respeito do enquadramento dos agentes delegados teve seu fim. Nas palavras de Leonardo Brandelli, a sobredita legislação

> (...) principiou por extinguir a discussão até então existente acerca de ser o notário ou não funcionário público. Em seu art. 3º, asseverou ser o notário, bem como o registrador, agente delegado do Poder Público, assertiva que já vinha prevista na Carta Magna, no *caput* do art. 236.
>
> Notários e registradores não pertencem, portanto, aos quadros dos servidores públicos; não são funcionários públicos. São agentes públicos, porquanto encarregados de exercer uma função pública – a função notarial e registral (...).[7]

Não obstante, o regime jurídico incidente sobre a atividade notarial e de registro é *sui generis*, posto que, ao mesmo tempo em que os tabeliães e registradores devem observar o princípio da legalidade – em aproximação ao que contido no art. 37, *caput*, da CF/88 e ao regime jurídico de direito público – o desempenho

---

2. Disponível em: http://www.planalto.gov.br/ccivil_03/constituicao/constituicao.htm. Acesso em: 1º mar. 2022.
3. Ibidem.
4. DI PIETRO, Maria Sylvia Zanella. *Direito administrativo*. São Paulo: Atlas, 2010, p. 518, apud NOHARA, Irene Patrícia. *Direito administrativo*. 5. ed. São Paulo: Atlas, 2015, p. 705.
5. NOHARA, op. cit., p. 705.
6. Disponível em: http://www.planalto.gov.br/ccivil_03/leis/l8935.htm. Acesso em: 1º mar. 2022.
7. BRANDELLI, Leonardo. *Teoria geral do direito notarial*. 4. ed. São Paulo: Saraiva, 2011, p. 80.

dos serviços notariais e de registro se dá em caráter privado (conforme o *caput* do artigo 236, da CF/88) e, consequentemente, sobre ele se faz incidir o regime jurídico de direito privado.

Mutatis mutandis, significa dizer que os agentes delegados têm de enfrentar os ônus de ambos os regimes jurídicos em questão: de um lado, faz-se necessário que desempenhem suas funções na estrita observância do princípio da legalidade – não por outro motivo, cumpre às Corregedorias dos Tribunais de Justiça fiscalizar a condução das serventias extrajudiciais, podendo impor sanções administrativas aos agentes delegados em caso de descumprimento dos preceitos legais. De outra senda, o risco do *negócio* é quase que integralmente do agente delegado, à despeito de se tratar de atividade cuja delegação é outorgada pelo Estado.

Fala-se em risco do *negócio*, não obstante inexista cunho empresarial ou consumerista na atividade notarial e de registro, porquanto o agente delegado fica responsável pela gestão da serventia como um todo, o que inclui a contratação de funcionários e prepostos e também a divulgação e promoção dos serviços, em especial quando se tratar de *cartório* com atribuição de notas (posto que a opção por determinada serventia notarial é feita pelo usuário do serviço, nos termos do art. 8º da Lei 8.935/94[8]).

É certo que diversos Tribunais de Justiça ao redor do país fornecem subsídios para que uma serventia extrajudicial não se torne deficitária (e, consequentemente, não faça com que o seu agente delegado *pague para trabalhar*); entretanto, por muitas vezes, os tabeliães e registradores não possuem o lucro esperado em razão da atividade desempenhada (ou seja, não têm a possibilidade de usufruir dos bônus da função que exercem).

E é em razão desta singularidade que, até pouco tempo atrás, ainda se discutia sobre quem deveria recair a responsabilidade civil em caso de danos que, supostamente, tenham se originado na atividade notarial e de registro. De um lado, há quem entenda que o Estado é integralmente responsável por tais lesões – haja vista se tratar do titular da atividade delegada aos particulares e também do ente que fiscaliza a atuação dos agentes delegados nas serventias extrajudiciais; ao passo que há quem entenda que, por haver delegado a atividade e por esta ser exercida em caráter privado, o Estado não responde por tais danos, ficando à cargo dos tabeliães e registradores suportar os prejuízos inerentes ao risco da atividade que praticam.

Não somente isso, mas ao longo dos anos se viram crescer também discussões acerca da modalidade de responsabilidade civil aplicável aos agentes delegados (se

---

8. "Art. 8º É livre a escolha do tabelião de notas, qualquer que seja o domicílio das partes ou o lugar de situação dos bens objeto do ato ou negócio".

objetiva ou subjetiva), muito por conta de tentativas de equiparação da atividade notarial e de registro à prática empresarial – eis que exercida em caráter privado, assumindo o agente delegado os riscos da atividade –, o que poderia até atrair a incidência do Código de Defesa do Consumidor (por se tratar, hipoteticamente, de prestação de serviço).

Ante a existência de tais divergências em âmbito legislativo e jurisprudencial, torna-se necessário esclarecer e indicar sobre quem recai e qual a modalidade de responsabilidade civil aplicável nos casos em que os usuários dos serviços notariais e de registro, porventura, sofram algum tipo de dano.

2. A RESPONSABILIDADE CIVIL DOS AGENTES DELEGADOS

2.1 Síntese histórica

Conforme dito alhures, há muito se discutia a modalidade de responsabilidade civil aplicável aos agentes delegados de serventias extrajudiciais tendo em vista a singularidade da função que exercem. Com efeito, trata-se de profissionais que desempenham função pública – cuja titularidade é do Estado, mas sua realização é, neste caso, delegada a particulares – em caráter privado.

Celso Antônio Bandeira de Mello elenca os Particulares em Colaboração com o Estado como uma das espécies de Agentes Públicos, indicando que os notários e registradores pertencem àquela categoria de profissionais por, entre outras razões, praticarem, "com reconhecimento do poder público, atos dotados de força jurídica oficial"[9] (assim como ocorre com os demais Particulares em Colaboração com o Estado). Distinguem-se por corresponderem a sujeitos que, sem perderem a qualidade de particulares, de pessoas alheias ao aparelho estatal, exercem função pública, ainda que às vezes em caráter episódico.

Historicamente, à despeito de os *cartórios* existirem desde a época da Proclamação da República, a sua regulamentação a nível nacional somente ocorreu em meados do século XX com a promulgação da Lei 6.015/73,[10] popularmente conhecida como Lei de Registros Públicos. Isso se deve ao fato de que, até então, cada Unidade da Federação dispunha de modo diferente sobre a atuação dos notários e registradores.

Foi somente através da sobredita legislação que o Governo Federal disciplinou, especificamente, os serviços registrais (aqui inclusos os Registros Civis de

---

9. Disponível em: https://enciclopediajuridica.pucsp.br/verbete/3/edicao-1/agentes-publicos:-classificacao. Acesso em: 1º mar. 2022.
10. Disponível em: http://www.planalto.gov.br/ccivil_03/leis/l6015compilada.htm. Acesso em: 1º mar. 2022.

Pessoas Naturais e de Pessoas Jurídicas, os Registros de Títulos e Documentos e os Registros de Imóveis). Mesmo assim, até então, não havia qualquer padronização com relação aos Tabelionatos de Notas e de Protesto de Títulos.

Todavia, ainda que de forma isolada a apenas um dos ramos da atividade notarial e de registro, o artigo 28, da mencionada Lei, consigna um dos primeiros tratamentos de responsabilidade civil aplicável aos agentes delegados dos quais se tem registro. Nesse sentido, assevera o dispositivo legal que "além dos casos expressamente consignados, os oficiais são civilmente responsáveis por todos os prejuízos que, pessoalmente, ou pelos prepostos ou substitutos que indicarem, causarem, *por culpa ou dolo*, aos interessados no registro".[11]

Não há qualquer equívoco em afirmar, portanto, que o tipo de responsabilidade aplicável aos Registradores em geral, de acordo com o artigo 28, da Lei 6.015/73, é o subjetivo – ainda que a legislação não o mencione expressamente. A mera presença do requisito de comprovação de culpa ou dolo dissocia a atuação dos Registradores da responsabilidade objetiva.

Com a promulgação da CF/88, veio a lume a necessidade de se regulamentar integralmente os serviços notariais e de registro. Assim como dito anteriormente, apenas a atividade registral possuía regramento específico à nível nacional, fazendo com que os serviços notariais e de protesto de títulos fossem desempenhados de forma distinta em cada estado brasileiro.

Sobreveio, então, a Lei 8.935/94, que tem por objeto específico a regulamentação da atividade notarial e de registro, o Poder Legislativo deu efetivo cumprimento ao artigo 236, § 1º, da CF/88, padronizando o exercício de tais atividades à nível nacional. Importante salientar que ainda há certas divergências entre os *modus operandi* observados em cada estado, todavia, a Lei 8.935/94 outorgou os conceitos e obrigações básicas relacionadas à atividade, traçando diretrizes cuja observância se faz necessária.

Com efeito, cada Tribunal de Justiça podia regulamentar a atividade notarial e de registro para além do que disposto na Lei 8.935/94, observando as peculiaridades do estado em que estão sediados, especialmente no que tange aos procedimentos adotados pelos tabeliães e registradores enquanto no desempenho de suas atividades, desde que alcançado o fim último previsto na legislação.

No que tange à responsabilidade civil, o tema foi abordado no artigo 22, da Lei 8.935/94, cuja redação atual[12] dispõe que os agentes delegados "são civilmente responsáveis por todos os prejuízos que causarem a terceiros, *por culpa ou dolo*, pessoalmente, pelos substitutos que designarem ou escreventes que autorizarem,

---
11. Idem, sem destaque no original.
12. Originada da promulgação da Lei 13.286/2016.

assegurado o direito de regresso".[13] O parágrafo único do referido artigo também trata da hipótese de prescrição da pretensão de reparação civil, que se dá após passados 3 (três) anos da data de lavratura do ato registral ou notarial supostamente lesivo. Observa-se que a redação atual do artigo 22, da Lei 8.935/1994, dá conta de que o tipo de responsabilidade civil incidente sobre a atividade notarial e de registro é o *subjetivo*.

Por fim, no ano de 1997, foi aprovada a Lei 9.492, que disciplinou especificamente a atividade dos Tabelionatos de Protesto de Títulos. Ao tratar das hipóteses de responsabilidade civil, o artigo 38, da sobredita legislação, assevera que também os tabeliães de protesto "são civilmente responsáveis por todos os prejuízos que causarem, *por culpa ou dolo*, pessoalmente, pelos substitutos que designarem ou Escreventes que autorizarem, assegurado o direito de regresso",[14] também indicando o caráter subjetivo da responsabilidade dos tabeliães de protesto.

O que se verifica é que a redação atual do artigo 28, da Lei 6.015/1973, do artigo 22, da Lei 8.935/1994, e do artigo 38, da Lei 9.492/1997, dá conta de que a modalidade de responsabilidade civil incidente sobre a atividade notarial e de registro é *subjetiva*. Ocorre que, à despeito de a legislação atual dispor de maneira incontroversa sobre o tema, nem sempre foi este o entendimento propugnado pelos Tribunais de Justiça brasileiros.

2.2 Dos tipos de responsabilidade civil

É a partir daí que se faz necessária a distinção entre responsabilidade civil objetiva e subjetiva, assim como daquela oponível aos particulares e a responsabilidade civil do Estado.

Como bem se sabe, as modalidades de responsabilidade civil existentes no ordenamento jurídico pátrio são as mais diversas possíveis, entretanto, na discussão envolvendo os agentes delegados pelo Poder Público e o próprio Estado, é comum afunilar tais hipóteses à responsabilidade objetiva e subjetiva. Na primeira, a pessoa que supostamente causou a lesão reclamada responde independentemente de tê-lo feito de maneira consciente ou volitiva, de maneira que se depreende que a responsabilidade objetiva é fundada no risco, na mera exposição do agente à prática de conduta que, eventualmente, se demonstre lesiva.

Nesse sentido, Caio Mário da Silva Pereira aduz que o ordenamento jurídico pátrio "estabelece que o princípio geral da responsabilidade civil, em direito

---

13. Disponível em: http://www.planalto.gov.br/ccivil_03/leis/l8935.htm, sem destaque no original. Acesso em: 1º mar. 2022.
14. Disponível em: http://www.planalto.gov.br/ccivil_03/leis/l9492.htm, sem destaque no original. Acesso em: 1º mar. 2022.

privado, não repousa apenas na culpa, mas também agora no risco".[15] Como exemplo, imagine-se um acidente de trânsito em que, em razão da desatenção de um dos condutores envolvidos, o carro que está à frente é atingido pelo carro que está à sua traseira.

Ainda que o condutor do veículo que causou danos a outrem não o tenha feito de forma consciente, ou mesmo que não houvesse o desejo de lesar a terceiros, fato é que o dano ocorreu e que teve origem na condução inadequada de veículo por parte do causador do dano, originando o direito do condutor que teve seu automóvel abalroado em ver o prejuízo reparado. Trata-se de clara hipótese de responsabilidade objetiva.

De outra senda, a responsabilidade subjetiva tem por caracteres indissociáveis o dolo e a culpa. Significa dizer que, para que seja reconhecida a responsabilidade de determinado sujeito por uma lesão causada a terceiros, deve-se comprovar que o suposto causador do dano agiu ciente de que o causaria ou, ainda, que tivesse o intuito de causá-lo.

A mais abalizada doutrina entende por responsabilidade subjetiva exatamente aquela cujo ato ilícito causador do dano tem origem na consciência do agente sobre o ato. Não por outra razão, Silva Pereira leciona que

> (...) o elemento subjetivo do ato ilícito, como gerador do dever de indenizar, está na imputabilidade da conduta à consciência do agente. Aquele que, por ação ou omissão voluntária, diz o artigo, a significar que o agente responde em razão de seu comportamento voluntário, seja por ação, seja por omissão.[16]

Coadunando com o posicionamento apresentado, Sérgio Cavalieri Filho aponta que a responsabilidade subjetiva no Código Civil tem a culpa como fundamento. Salienta, ainda, que emprega a palavra culpa "em sentido amplo, *lato sensu*, para indicar não só a culpa *stricto sensu* como também o dolo".[17] Ou seja: a caracterização da responsabilidade subjetiva reside no fato de o agente causador do dano ter conhecimento de que a conduta praticada (ou mesmo a omissão voluntária) pode vir a gerar danos à terceiros.

A título exemplificativo, imagine-se que, após uma discussão acalorada entre vizinhos, um deles resolve danificar propositalmente o veículo do outro como forma de retaliação. Ora, não se trata de uma situação acidental, pois o causador do dano tem ciência de que seu ato será lesivo a terceiros e, não obstante, esta é, ao fim e ao cabo, a sua intenção. É evidente, portanto, a presença

---

15. PEREIRA, Caio Mário da Silva. *Responsabilidade civil*. 12. ed. rev., atual. e ampl. Rio de Janeiro: Forense, 2018, p. 35.
16. PEREIRA, op. cit., p. 46.
17. CAVALIERI FILHO, Sérgio. *Programa de responsabilidade civil*. 13. ed. São Paulo: Atlas, 2019, p. 31.

dos caracteres da culpa e do dolo, apta a ensejar a responsabilização subjetiva do agente causador da lesão.

Com relação à responsabilidade civil do Estado, o mesmo autor alega que a Constituição Federal teria adotado a teoria do *risco integral* – posicionamento do qual se discorda, tendo em vista que grande parcela da doutrina administrativista entende pela adoção da teoria do *risco administrativo*. Por conta disso, ensina que a "apuração da culpa somente se procederá para que o Estado, mediante ação *in rem verso*, possa ressarcir-se contra o funcionário causador do prejuízo".[18]

Cavalieri Filho leciona que a responsabilidade objetiva do Estado é proclamada "independentemente de qualquer falta ou culpa do serviço, desenvolvida no terreno próprio do Direito Público".[19] Ou seja,

> (...) descarta-se qualquer indagação em torno da culpa do funcionário causador do dano, ou, mesmo sobre a falta do serviço ou culpa anônima da Administração. Responde o Estado porque causou dano ao seu administrado, simplesmente porque há relação de causalidade entre a atividade administrativa e o dano sofrido pelo particular.[20]

Se está defronte, portanto, de 3 (três) hipóteses distintas de responsabilidade civil. Em breve resumo, na responsabilidade objetiva aplicável aos particulares, basta que o dano tenha ocorrido para que determinado sujeito seja responsabilizado, haja vista o risco que assume ao realizar qualquer atividade. Já na responsabilidade subjetiva, faz-se necessária a comprovação de que o causador do dano agiu ciente de que o causaria, ou então de que tinha o intuito de fazê-lo. Por fim, faz-se necessária a presença de 2 (dois) requisitos para que se configure a responsabilidade civil objetiva do Estado, a saber: que o dano tenha sido causado durante o desempenho de serviço público; e que o causador da lesão seja agente público.

2.3 Do debate acerca da modalidade de responsabilidade civil aplicável aos notários e registradores

Diante das modalidades de responsabilidade civil acima elencadas, exsurge a celeuma envolvendo a responsabilidade civil dos notários e registradores. A Lei 6.015/1973, que à princípio abarcaria apenas os oficiais registradores, dispõe que a responsabilidade civil destes profissionais é *subjetiva*, tornando imprescindível a comprovação de que tais agentes delegados ou seus prepostos tiveram ciência do dano que seria causado aos usuários dos serviços registrais ou, ainda, que tinham a intenção de causá-lo.

---

18. Ibidem, p. 360.
19. CAVALIERI FILHO, Sérgio. *Programa de responsabilidade civil*. 13. ed. São Paulo: Atlas, 2019, p. 336.
20. Ibidem, p. 337.

A CF/88, ao dispor sobre os agentes delegados das serventias notariais e registrais, não se manifestou quanto ao regime de responsabilidade civil incidente sobre as sobreditas atividades. Assim, tornou-se tarefa da superveniente Lei 8.935/1994 dispor a respeito. Contudo, a mencionada legislação, em sua redação original, não realizava qualquer distinção entre os tipos de responsabilidade civil, levando a crer que aos agentes delegados se aplicava a responsabilidade objetiva.

Nesse sentido, Rodrigo Bley Santos bem ilustra a evolução legislativa a respeito do tema:

> O legislador se desincumbiu do ônus de criar um regime próprio para os cartórios por meio da Lei 8.935/94. Na parte atinente à responsabilidade civil, consagrava-se, segundo a redação originária do art. 22 do diploma, regra que previa a responsabilização dos agentes sem mencionar em momento algum a necessidade de aferição de dolo ou culpa. Foi o que suscitou novamente controvérsia doutrinária a respeito do tema, havendo discordância sobre a possibilidade de invocação de referido artigo como evidência do regime de responsabilidade objetiva incidente sobre a atividade notarial e registral.
>
> A redação do artigo foi inicialmente alterada pela Lei 13.137/2015, passando a prever a responsabilidade expressa de notários e registradores temporários ou permanente, além de inclusive por danos causados a 'direitos e encargos trabalhistas', bem com a responsabilidade pelos atos dos prepostos, assegurado ainda o direito de regresso em caso de culpa ou dolo deles.
>
> O enunciado normativo foi novamente alterado pela Lei 13.286/2016. Na nova redação do art. 22, incluiu-se expressamente que os notários e oficiais de registro serão civilmente responsáveis pelos prejuízos causados a terceiros *por culpa ou dolo*. O legislador assegurou, a partir desse momento, a responsabilidade subjetiva para ao gentes extrajudiciais, em decisão que não passou imune a críticas diante do temor de que as vítimas dos danos perpetrados pela atuação irregular dos cartórios se vejam desassistidas de qualquer sorte de indenização pelos prejuízos suportados.[21]

Subsequentemente, foi promulgada a Lei 9.492/1997, que em seu artigo 38 também dispõe ser subjetiva a responsabilidade civil dos tabeliães de protesto de títulos. Entretanto, o que se verifica é que, entre os anos de 1994 e 2016, considerou-se como sendo objetiva a responsabilidade dos notários e registradores, ainda que houvesse disposição expressa em sentido contrário (artigo 28, da Lei 6.015/1973, aplicável ao menos aos oficiais registradores, e posteriormente o artigo 38, da Lei 9.492/1997, cuja aplicação aos tabeliães de protesto deveria ser observada).

De outra senda, os Tribunais de Justiça pátrios, por suas vezes, reiteradamente imputavam responsabilização civil objetiva aos notários e registradores (ainda que houvesse decisões esporádicas em sentido contrário), tendo seus entendimentos capitaneados pela jurisprudência do Superior Tribunal de Justiça.

---

21. SANTOS, Rodrigo Bley. Responsabilidade civil dos cartórios e LGPD. In: DE LIMA, Adriane Correia et. al. *LGPD e cartórios*: implementação e questões práticas. São Paulo: Saraiva Educação, 2021, p. 287-309.

O Tribunal da Cidadania propugnava o entendimento de que, tendo o artigo 236, § 1º, da CF/88, asseverado que os notários e registradores desempenharão a atividade que lhes for delegada por sua conta e risco; e sendo inviável enquadrar os agentes delegados no artigo 37, § 6º, da Carta Política brasileira (posto não se tratarem de pessoas jurídicas de direito público ou de direito privado prestadoras de serviço público, retirando do Estado qualquer ônus advindo do desempenho da atividade delegada); deveriam os notários e registradores responderem, primária e objetivamente, pelos danos eventualmente causados a terceiros e oriundos do desempenho de suas respectivas funções.

Mesmo o Supremo Tribunal Federal, guardião da Constituição Cidadã, divergia do entendimento manifestado pelo STJ e replicado pelos Tribunais de Justiça estaduais. Há muito o STF possuía entendimento sedimentado no sentido da responsabilidade subjetiva dos notários e registradores, reconhecendo o vínculo estatal com a atividade prestada pelos agentes delegados (o que restou evidenciado no julgamento do RE 842.846/SC, do qual se falará adiante).

Comunga-se do posicionamento adotado pelo STF, eis que, consoante exposto anteriormente, a atividade notarial e de registro é função estatal delegada aos particulares em virtude de comando constitucional (artigo 236, da CF/88), agentes delegados estes que, por suas vezes, devem observar os princípios constitucionais no desempenho de seus respectivos ofícios.

Ademais disso, a fiscalização do desempenho de tais atividades permanece sendo incumbência do Poder Judiciário – em especial das Corregedorias dos Tribunais de Justiça de cada Unidade da Federação) –, consoante determinam os artigos 48,[22] da Lei 6.015/1973, 37,[23] *caput*, e 38,[24] ambos da Lei 8.935/1994, o que apenas enfatiza a direta influência estatal sobre o controle da regularidade da atividade notarial e de registro.

Foi diante deste cenário de incertezas quanto à interpretação adequada a respeito da responsabilidade civil dos notários e registradores que o STF, dando ares de Repercussão Geral ao caso, promoveu o julgamento dos autos do RE 842.846/SC, com o intuito de pacificar o entendimento a respeito da matéria.

---

22. "Art. 48. Os Juízes farão correição e fiscalização nos livros de registro, conforme as normas da organização Judiciária".
23. "Art. 37. A fiscalização judiciária dos atos notariais e de registro, mencionados nos artes. 6º a 13, será exercida pela juízo competente, assim definido na órbita estadual e do Distrito Federal, sempre que necessário, ou mediante representação de qualquer interessado, quando da inobservância de obrigação legal por parte de notário ou de oficial de registro, ou de seus prepostos".
24. "Art. 38. O juízo competente zelará para que os serviços notariais e de registro sejam prestados com rapidez, qualidade satisfatória e de modo eficiente, podendo sugerir à autoridade competente a elaboração de planos de adequada e melhor prestação desses serviços, observados, também, critérios populacionais e socioeconômicos, publicados regularmente pela Fundação Instituto Brasileiro de Geografia e Estatística".

O Tema 777, aprovado pelo Plenário do STF, dispõe que "o Estado responde, objetivamente, pelos atos dos tabeliães e registradores oficiais que, no exercício de suas funções, causem danos a terceiros, assentado o dever de regresso contra o responsável, nos casos de dolo ou culpa, sob pena de improbidade administrativa".

O voto condutor do acórdão, proferido pelo Min. Luiz Fux, asseverou que a jurisprudência do Pretório Excelso "é firme no sentido da responsabilidade direta e objetiva do Estado pelos danos causados a terceiros em decorrência da atividade notarial, cabendo direito de regresso contra o causador do dano em caso de dolo ou culpa", sobretudo porquanto o exercício da atividade delegada, conquanto se dê em caráter privado, é munido de fé pública. Além disso, faz-se necessário que os agentes delegados ingressem na função notarial ou de registro através de concurso público de provas e títulos, destacando-se a permanente fiscalização estatal sobre a atividade (que, originalmente, era de competência do Poder Público). Na visão do relator, tais fatos são suficientes para enquadrar os tabeliães e registradores "à categoria ampla de agentes públicos", como já dito anteriormente.

Não fosse suficiente, declarou-se a inviabilidade de atribuição de responsabilidade objetiva aos agentes delegados ante a ausência de previsão normativa expressa nesse sentido. Isto porquanto não se poderia presumir o afastamento da responsabilidade subjetiva, tal qual ocorre com a aplicação do artigo 927, do Código Civil.

A ementa do aludido julgado também traz outra consideração relevante à responsabilidade civil incidente sobre a atividade notarial e de registro. Indicou-se que "a atividade dos registradores de protesto é análoga à dos notários e demais registradores, inexistindo discrímen que autorize tratamento diferenciado para somente uma determinada atividade notarial. Tal afirmação vai de encontro com o entendimento doutrinário a respeito da matéria, assim como homenageia a redação dos artigos 28, da Lei 8.935/1994, e 38, da Lei 9.492/1997.

Observa-se que o STF, na esteira do que dispõe o artigo 236, da CF/88, promove uma equiparação das atividades praticadas pelos tabeliães de notas e de protestos, além dos oficiais registradores. A atividade *notarial e de registro* seria um gênero, do qual as atividades de notas, de protesto de títulos, de registro civil, de registro de títulos e documentos, de registro de imóveis e de registros marítimos são espécies. Por conta disso, o mesmo tratamento deve ser dispensado a todas elas no que não concernir às especificidades de cada uma destas espécies, assim como o faz a Lei 8.935/1994.

Consequentemente, o entendimento defendido pelos Tribunais pátrios no período compreendido em 1994 e 2016 está (e, consigne-se, sempre esteve) em desconformidade com a interpretação do STF, que há muito vinha decidindo pelo afastamento da responsabilidade objetiva nos casos envolvendo notários e registradores. Havendo prévia disposição de que à atividade registral seria imputável o regime de responsabilidade subjetiva, deveria se interpretar amplamente a norma, em consonância com o *caput* do artigo 236, da CF/88, e estender a sua incidência à toda a classe dos agentes delegados de serventias extrajudiciais.

Outra conclusão que se pode extrair do Tema 777/STF é a de que o Estado é objetivamente responsável pelos danos causados pelos notários e registradores enquanto no desempenho das funções que lhes foram delegadas. No entanto, o julgamento promovido pelo STF não indicou se o particular eventualmente lesado deve ingressar com ação de reparação de danos em face do Estado ou contra o agente delegado.

Os Tribunais pátrios têm admitido o ajuizamento de ações de ambas as formas, facilitando aos particulares o recebimento das indenizações que, porventura, lhes sejam devidas. Contudo, não há qualquer esclarecimento acerca da responsabilidade primária ou da responsabilidade secundária sobre o assunto, tema este que deve ser objeto de apreciação pelo STF.

Por fim, é de grande importância ressaltar que uma última hipótese de responsabilização civil objetiva dos notários e registradores advém de interpretação do artigo 14, *caput*, do Código de Defesa do Consumidor (Lei 8.078/1990), que dispõe que o "fornecedor de serviços responde, independentemente da existência de culpa, pela reparação dos danos causados aos consumidores por defeitos relativos à prestação dos serviços, bem como por informações insuficientes e inadequadas sobre sua fruição e riscos".[25]

Todavia, desde 2006 o STJ afastou a incidência do CDC sobre qualquer aspecto da atuação dos notários e registradores a partir do julgamento do REsp 625114/SP. Naquela ocasião, indicou-se que a atividade notarial (devendo-se estender a interpretação também à atividade de protesto de títulos e à registral) não é regida pelo CDC. Posteriormente, esse entendimento foi alvo de refinamento para melhor especificar o porquê da não incidência da legislação consumerista.

Em breve síntese, o que se vê é que não há relação de consumo entre os tabeliães e registradores e os usuários dos serviços por eles oferecidos, que ao fim e ao cabo, são serviços públicos delegados aos particulares pelo Estado. Veja-se que, diferentemente do que ocorre com os serviços da seara privada em geral (que dizem respeito a bens e serviços da vida comum, que podem ser oferecidos pelos mais diversos particulares em regime de concorrência e observando o funcionamento do mercado), diversos atos do cotidiano devem, necessariamente, ser praticados em serventias extrajudiciais.

---

25. Disponível em: http://www.planalto.gov.br/ccivil_03/leis/l8078compilado.htm. Acesso em: 1º mar. 2022.

O que se verifica é que a oferta dos serviços notariais e de registro não observa a lógica consumerista do mercado – não há, por exemplo, a possibilidade de negociação do preço do serviço, ainda que se possa falar, no caso dos Tabelionatos de Notas, da possibilidade de disputa pelos usuários (pautada unicamente na qualidade do serviço prestado). Ao revés: haverá quantas serventias extrajudiciais forem necessárias ao adequado atendimento da população, tendo em consideração que a lei determina que os particulares se socorram da atividade notarial e de registro para a prática de diversos atos da vida civil e, por consequência, impede que haja concorrência propriamente dita entre os agentes delegados.

Destarte, de tudo o que se expôs acima, pode-se indubitavelmente concluir que a responsabilidade civil incidente sobre a atividade notarial e de registro é a *subjetiva*, entendimento este que tomou seus contornos definitivos com o julgamento do RE 842.846/SC.

3. DA RESPONSABILIDADE CIVIL DOS NOTÁRIOS E REGISTRADORES PERANTE A LGPD

Em 14 de agosto de 2018, foi promulgada a Lei 13.709/2018, que tornou-se conhecida como Lei Geral de Proteção de Dados Pessoais (LGPD). Já no artigo 1º, da mencionada legislação, se vislumbra qual o seu o intuito: dispor "sobre o tratamento de dados pessoais, inclusive nos meios digitais, por pessoa natural ou por pessoa jurídica de direito público ou privado, com o objetivo de proteger os direitos fundamentais de liberdade e de privacidade e o livre desenvolvimento da pessoa natural".[26]

Da redação do artigo supratranscrito, vê-se que a LGPD tem sua observância determinada não apenas às pessoas jurídicas em geral, mas também aos particulares (pessoas físicas). Deste modo, é coerente a interpretação de que a LGDP se aplica à toda a população que porventura realize o tratamento de dados pessoais de terceiros para qualquer fim sem que se faça necessária qualquer outra especificação.

Ocorre que a LGPD dedica um capítulo em separado para dispor acerca do tratamento dos dados pessoais pelo Poder Público. Como ponto de partida, faz-se necessário observar o contido no *caput* do artigo 23, da LGPD, bem como em seu parágrafo 4º, *in verbis*:

> Art. 23. O tratamento de dados pessoais pelas pessoas jurídicas de direito público referidas no parágrafo único do art. 1º da Lei 12.527, de 18 de novembro de 2011 (Lei de Acesso à Informação), deverá ser realizado para o atendimento de sua finalidade pública na persecução do

---

26. Disponível em: http://www.planalto.gov.br/ccivil_03/_ato2015-2018/2018/lei/l13709.htm. Acesso em: 1º mar. 2022.

interesse público, com o objetivo de executar as competências legais ou cumprir as atribuições legais do serviço público, desde que: (...) § 4º Os serviços notariais e de registro exercidos em caráter privado, por delegação do Poder Público, terão o mesmo tratamento dispensado às pessoas jurídicas referidas no caput deste artigo, nos termos desta Lei.[27]

Observa-se que a legislação de proteção aos dados pessoais faz expressa menção às atividades notariais e de registro – o que é plenamente compreensível, haja vista que o exercício destas funções pressupõe o contato com os dados das pessoas interessadas na prática de determinado ato, ou mesmo daquelas que serão por eles afetados –, equiparando os agentes delegados às pessoas jurídicas de direito público para os fins da LGPD.

O artigo 5º, da LGPD, também define quem são os controladores, operadores e encarregados de dados pessoais. De acordo com o inciso VI, do aludido dispositivo, considera-se controlador de dados pessoais a "pessoa natural ou jurídica, de direito público ou privado, a quem competem as decisões referentes ao tratamento de dados pessoais".[28] Nesse sentido, Jannice Amóras Monteiro leciona que no "caso das serventias extrajudiciais, o controlador é o oficial de registros públicos que recepciona e realiza algum tipo de tratamento de dados, movido por obrigação legal".[29] Assim, imperioso consignar que, para fins de interpretação da LGPD, os tabeliães e registradores são considerados *controladores de dados pessoais*.

No que tange às hipóteses de responsabilidade civil por descumprimento dos preceitos e comandos instituídos pela LGPD, o artigo 42 da Lei 13.709/2018 assevera que "O controlador ou o operador que, em razão do exercício de atividade de tratamento de dados pessoais, causar a outrem dano patrimonial, moral, individual ou coletivo, em violação à legislação de proteção de dados pessoais, é obrigado a repará-lo".[30]

Prima facie, verifica-se que não há qualquer indicação de que a responsabilidade dos notários e registradores seria subjetiva em caso de violação à LGPD. Ocorre que o parágrafo 3º, do supramencionado artigo, traz à baila disposição idêntica àquela encontrada no Código de Defesa do Consumidor, instituindo a possibilidade de que o magistrado inverta o ônus da prova em favor do titular dos dados – nesse caso, os usuários dos serviços notariais e de registro – em caso de verossimilhança de suas alegações ou de hipossuficiência para fins de produção de prova.

---

27. Disponível em: http://www.planalto.gov.br/ccivil_03/_ato2015-2018/2018/lei/l13709.htm. Acesso em: 1º mar. 2022.
28. Ibidem.
29. MONTEIRO, Jannice Amóras. A LGPD aplicada às serventias extrajudiciais brasileiras. In: DE LIMA, Adriane Correia et. al. *LGPD e cartórios*: implementação e questões práticas. São Paulo: Saraiva Educação, 2021, p. 57-76.
30. Disponível em: http://www.planalto.gov.br/ccivil_03/_ato2015-2018/2018/lei/l13709.htm. Acesso em: 1º mar. 2022.

Em tese, tratar-se-ia de um indicativo de que se aplica a responsabilidade civil objetiva aos notários e registradores quando o dano eventualmente causado a terceiros tenha origem em violação à LGPD, haja vista a inspiração consumerista da norma. Nesse sentido, Rodrigo Bley Santos, ao analisar a questão, ensina que

> (...) os defensores do regime da responsabilidade objetiva apontam para a influência da normativa consumerista na LGPD, o que acarretaria uma equiparação das figuras dos controladores e operadores com a categoria normativa dos fornecedores, nos termos do CDC. Seguindo a mesma lógica, também o regime de responsabilidade de operadores e controladores deveria seguir aquele usualmente aplicável aos fornecedores, isto é, a responsabilidade objetiva. Relaciona-se à essa posição também a constatação de que o titular de dados frequentemente ostenta posição de vulnerabilidade semelhante à do consumidor, merecendo o mesmo tratamento jurídico concedido. Eis por que não se deveria exigir do titular lesado a comprovação da culpa do agente.[31]

Ocorre que, considerando-se os fatos expostos no presente trabalho quanto à evolução da temática da responsabilidade civil com relação aos tabeliães e registradores – que, por fim, definiu-se ser *subjetiva* –, e em consonância com o posicionamento adotado pelo supracitado articulista,[32] não há outra interpretação senão a de que o regime de responsabilidade civil objetiva não se aplica aos agentes delegados de serventias extrajudiciais mesmo com relação a danos originados de violações à LGPD.

A interpretação ora defendida pode ser extraída da leitura conjunta do posicionamento do STJ a respeito da incidência da legislação consumerista sobre a atividade notarial e de registro, dos dispositivos legais a respeito da matéria presentes nas Leis 6.015/1973, 8.935/1994 e 9.492/1997, e do disposto no artigo 45, da LGPD, que estatui que as "hipóteses de violação do direito do titular no âmbito das relações de consumo permanecem sujeitas às regras de responsabilidade previstas na legislação pertinente".[33]

Nesse sentido, o Superior Tribunal de Justiça há muito afastou qualquer elo consumerista da relação jurídica havida entre tabeliães, registradores e os usuários dos serviços por ele prestados. Por consectário lógico, se não incidem as normas de consumo sobre a atividade notarial e de registro, é inviável a responsabilização objetiva dos agentes delegados de serventias extrajudiciais em decorrência da mera prestação de serviços.

---

31. SANTOS, Rodrigo Bley. Responsabilidade civil dos cartórios e LGPD. In: DE LIMA, Adriane Correia et. al. *LGPD e cartórios*: implementação e questões práticas. São Paulo: Saraiva Educação, 2021, p. 287-309.
32. No sentido de que o regime de responsabilidade civil adotado pela LGPD é o subjetivo, haja vista que se crê não ser "possível ignorar o trâmite legislativo que chegou a incluir claramente a responsabilidade no texto legislativo objetiva *para depois eliminá-la da redação final*". Ibidem.
33. Disponível em: http://www.planalto.gov.br/ccivil_03/_ato2015-2018/2018/lei/l13709.htm. Acesso em: 1º mar. 2022.

Há também que se mencionar o entendimento propugnado pelo STF quando do julgamento do RE 842.846/SC, tendo em conta que, naquela ocasião, o Min. Relator do caso indicou a inviabilidade de se presumir a incidência da responsabilidade objetiva. Com efeito, far-se-ia necessária a expressa indicação de que a responsabilidade dos notários e registradores seria objetiva com relação às violações à LGPD para que ela assim pudesse ser considerada. E, mesmo assim, seria possível falar em incongruência entre a legislação de proteção de dados aquela que rege a atividade notarial e de registro.

A respeito desta possível antinomia normativa, verifica-se que a doutrina já se debruçou sobre o estudo do tema. Ao tratar da matéria, novamente Rodrigo Bley Santos indica que entre os diversos critérios de utilização possível para verificação de qual norma deve prevalecer, neste caso em específico, deve-se adotar o da especialidade, propondo que "o regime de responsabilidade civil específico da Lei 8.935/1994 deve prevalecer na hipótese dos cartórios".[34]

Entende-se que, em virtude da existência de comando constitucional determinando que lei específica regule a atividade notarial e de registro, o dispositivo da LGPD a respeito da responsabilidade civil não pode se sobrepor ao da Lei 8.935/1994 (e das demais legislações que regem a atividade) meramente pelo critério cronológico, posto que aborda a responsabilidade civil de maneira genérica (vez que se aplica a todos os controladores e operadores de dados elencados na legislação de proteção de dados pessoais); ao passo que as demais leis regulam especificamente o regime de responsabilidade incidente sobre a atividade notarial e de registro.

É indubitável, portanto, que mesmo os pedidos de responsabilização dos agentes delegados oriundas da LGPD devem ser analisados e decididos sobre a ótica da responsabilidade subjetiva, sobretudo em observância ao precedente vinculante estabelecido pelo STF em 2019.

Resta identificar, por fim, eventuais hipóteses em que os agentes delegados de serventias extrajudiciais poderiam ser responsabilizados por violações à LGPD. Entretanto, mister se faz salientar, desde logo, que a própria atividade notarial e de registro pressupõe o afastamento da possibilidade de adoção do regime de responsabilidade objetiva com relação aos atos praticados nas serventias extrajudiciais e vinculados à LGPD. A Lei 8.935/1994 assevera, em seu artigo 1º, que a atividade notarial e de registro tem por finalidade "garantir a publicidade, autenticidade, segurança e eficácia dos atos jurídicos".

Para que seja possível dar vazão a tal comando, fez-se necessário que o Conselho Nacional de Justiça e que as Corregedorias dos Tribunais de Justiça

---

34. SANTOS, ibidem.

editassem normativas regulamentando acerca dos documentos e informações necessários à prática dos atos notariais e de registro. Significa dizer que, para que os tabeliães e registradores exerçam suas funções, a legislação determina que solicitem, tratem e arquivem o que, atualmente, a LGPD considera como dados pessoais. A atividade notarial e de registro, portanto, realiza o processamento e a guarda de dados pessoais desde muito antes da promulgação da Lei 13.709/2018.

Além disso, conforme acima exposto, a atividade notarial e de registro tem por característica intrínseca a *publicidade* dos atos jurídicos. Significa dizer que qualquer interessado pode consultar o teor de um ato notarial ou registral (salvo exceções previstas em lei e nos códigos de normas das Corregedorias estaduais) sem que seja necessário apresentar qualquer tipo de justificativa. É o que se depreende da redação dos artigos 16 e 17, ambos da Lei 6.015/1973 (que deve ser interpretada de maneira extensiva para abarcar também os tabelionatos em geral), in verbis:

> Art. 16. Os oficiais e os encarregados das repartições em que se façam os registros são obrigados:
>
> 1º a lavrar certidão do que lhes for requerido;
>
> 2º a fornecer às partes as informações solicitadas.
>
> Art. 17. Qualquer pessoa pode requerer certidão do registro sem informar ao oficial ou ao funcionário o motivo ou interesse do pedido.

A doutrina especializada entende de igual forma. Martha El Debs leciona, com relação às certidões, que seu fim "é permitir o conhecimento do teor dos registros, garantido a publicidade no sistema registral brasileiro (...) [podendo] ser requeridas por qualquer pessoa, não cabendo ao Oficial delegado questionar o motivo ou interesse do pedido".[35] O mestre Walter Ceneviva indica, igualmente, que a "publicidade legal da própria escritura notarial registrada é, em regra, passiva, estando aberta aos interessados em conhecê-la, mas obrigatória para todos, ante a oponibilidade afirmada em lei".[36]

Como compatibilizar, portanto, o princípio da publicidade notarial e registral e o direito dos particulares de obterem informações a respeito dos atos praticados pelos agentes delegados com o dever de proteção de dados pessoais instituídos pela LGPD? É possível encontrar a resposta na própria legislação de proteção de dados.

A LGPD dispõe, em seu artigo 7º, *caput*, e inciso II, que o "tratamento de dados pessoais somente poderá ser realizado nas seguintes hipóteses: (...) II –

---

35. EL DEBS, Martha. *Legislação notarial e de registros públicos comentadas*: doutrina, jurisprudência e questões de concursos. 3. ed. rev. atual. e ampl. Salvador: JusPodivm, 2018, p. 82.
36. CENEVIVA, Walter. *Lei dos notários e dos registradores comentada* (Lei 8.935/94). 6. ed. rev. e atual. São Paulo: Saraiva, 2007, p. 26.

para o cumprimento de obrigação legal ou regulatória pelo controlador". Como se viu, notários e registradores têm por incumbência legal o processamento, o arquivamento e o fornecimento de informações referentes aos atos que praticam.

Na atualidade, quando se solicita uma certidão do conteúdo de uma escritura pública ou de uma matrícula imobiliária, é certo que lá constarão dados pessoais dos particulares envolvidos (tais como nome/denominação completa, número de inscrição junto ao CPF/CNPJ, endereço, qualificação etc.). No caso dos tabeliães de protestos de títulos, tais informações podem ingressar com de modo mais agudo na esfera extrapatrimonial dos titulares, visto que as certidões de títulos protestados dão conta de que determinado sujeito ou empresa não cumpre com as obrigações pecuniárias que contrai.

Ocorre que não há como se responsabilizar tabeliães e registradores em virtude de danos causados pelo fornecimento de certidões, inexistindo qualquer violação à LGPD neste caso, *v.g.*, posto que estão meramente desempenhando as funções que lhes foram delegadas pelo Estado. Ora, se a parte interessada em obter as informações cumprir os requisitos previstos na legislação em vigor e nas normativas emanadas do CNJ e das Corregedorias estaduais, nada impede ao agente delegado que as apresente ao particular em questão através de certidão (ao revés, é sua obrigação fazê-lo).

Não incumbe aos tabeliães e registradores assegurarem-se de que tais dados serão utilizados para fins lícitos pelos seus solicitantes, sob pena de se inviabilizar a atividade notarial e de registro e de se suprimir os princípios da publicidade e da fé pública dos atos praticados pelos profissionais da área, tornando-os inócuos. De outra forma, apenas as partes diretamente envolvidas nos atos notariais e registrais é que poderiam ter acesso às informações constantes dos documentos arquivados nas serventias extrajudiciais, o que não é o intuito de nenhuma das leis que regem a atividade.

Além disso, tampouco há como se realizar o descarte dos dados pessoais utilizados para o desempenho das atividades notariais e de registro (salvo exceções previstas nas leis e normativas que regem a espécie), haja vista que o arquivamento dos atos praticados pelos agentes delegados e das informações neles contidas se afigura obrigatório, a fim de conferir o caráter de segurança e oficialidade que se aguarda da atividade. Ora, seria impossível garantir que determinado imóvel de fato é de propriedade de uma pessoa caso não posse viável consultar a escritura pública que originou a transferência da propriedade e confrontá-la com a matrícula imobiliária que compreende o bem.

É evidente que a especificidade de tais serviços, novamente, coloca a atividade notarial e de registro em um espaço *sui generis*, tal qual ocorre com a incidência dos regimes de direito público e de direito privado sobre a atividade notarial e de registro. Entretanto, faz-se necessário consignar com firmeza que nenhuma responsabilidade pode recair sobre os tabeliães e registradores pelo fornecimento de dados pessoais a terceiros, todavia, desde que tais informações sejam prestadas em conformidade com o estrito cumprimento de seus deveres legais.

Se os notários e registradores não podem ser responsabilizados pelo regular fornecimento de dados à terceiros que porventura podem fazer mau uso de tais informações para lesar o titular de dados pessoais (haja vista que estariam desempenhando estritamente suas funções), quais seriam, então, as hipóteses de responsabilização dos agentes delegados de serventias extrajudiciais e por que devem tais profissionais promover a adequação à LGPD das serventias que dirigem?

Acredita-se que, num primeiro momento, os casos de responsabilização de agentes delegados se limitarão às hipóteses de vazamento de informações arquivadas no acervo da serventia extrajudicial e também de má-utilização de dados pessoais pelos prepostos do tabelião ou do registrador.

Com efeito, a atividade notarial e de registro vem adentrando a era digital, ainda que forçosamente. Com a pandemia da Covid-19, houve a necessidade de se viabilizar a prática de atos notariais e registrais à distância (dada a particularidade da forma de transmissão da doença em questão, que impede a circulação e a aglomeração de pessoas, especialmente em ambientes fechados), o que acelerou a prestação destes serviços pela via eletrônica.

Nesse sentido, a doutrina indica que foi por

> meio dos Provimentos 87/2019, 89/2019 e 100/2020 [todos do CNJ, que] as serventias extrajudiciais, como são tecnicamente conhecidos os cartórios, puderam romper com o modelo antigo de trabalho, fazer jus à consolidação do processo de desjudicialização, implementar a celeridade nos serviços e fomentar a economicidade e sustentabilidade dos recursos envolvidos. Desse modo, a garantia da publicidade, autenticidade, segurança e eficácia dos atos jurídicos, previstos no art. 1º da Lei 8.935/94, torna-se ainda mais concreta e pragmática.[37]

Ocorre que os *cartórios* ainda estão se adaptando a esta nova realidade e, consequentemente, ainda não estão completamente adequados e estruturados para que sejam prestados através dos meios eletrônicos. Com efeito, a necessidade de que as informações constantes do acervo da serventia extrajudicial estejam disponíveis digitalmente faz com que, consequentemente, seja necessário garantir a segurança dos seus respectivos documentos de origem, evitando acessos indesejados e não autorizados a estes bancos de dados.

---

37. FÉLIX, Rafaela de Souza; KARAM, Lucas Monte; KARAM, Marcelo Monte. Cartórios do futuro: uma análise dos provimentos que implementaram os serviços eletrônicos nas serventias extrajudiciais. In: DE LIMA, Adriane Correia et. al. *LGPD e cartórios*: implementação e questões práticas. São Paulo: Saraiva Educação, 2021, p. 77-98.

Assim, a contratação de empresa especializada em segurança digital trata-se, atualmente, de medida imperativa a todo e qualquer agente delegado de serventia extrajudicial, sobretudo com a entrada em vigor da LGPD. A proteção às informações armazenadas de forma digital deve ser, mais do que nunca, intensificada, garantindo a sua segurança aos titulares dos dados pessoais e evitando qualquer hipótese de responsabilização por violação à LGPD.

Sendo este o primeiro passo para evitar danos relacionados ao descumprimento da legislação brasileira de proteção de dados, o segundo trata-se da adequação e implementação das serventias ao *compliance*. Se por um lado se protegem os dados pessoais armazenados no acervo do *cartório* de ataques externos, evitando o vazamento de dados pessoais dos usuários dos serviços notariais e de registro, por outro, deve-se evitar que os prepostos dos agentes delegados façam mau uso ou utilização indevida destas informações.

Como ensina a doutrina especializada, o *compliance*

> nada mais é do que cumprir seus deveres de maneira planejada e harmônica. Implementar um programa de *compliance* é estruturar mecanismos simples e eficazes para garantir o cumprimento das normas éticas e jurídicas e a qualidade do serviço prestado. Essa atitude evita responsabilizações, salvaguarda a imagem da organização, melhora a produtividade e cria um ambiente onde todos se sentem mais motivados ao trabalho.[38]

A implementação de um programa de *compliance*, portanto, tem o condão de prevenir que sejam praticados atos ilícitos na atividade notarial e de registro, ainda que estes sejam oriundos de descuidos do agente delegado ou de seus prepostos. Especificamente com relação à LGPD, espera-se que o programa de *compliance* leve os profissionais da área a zelarem pelos dados pessoais dos usuários dos serviços notariais e de registro, sem que os mostrem ou os forneçam a terceiros sem a existência de prévio e expresso requerimento, ou mesmo que realizem comunicações externas envolvendo tais dados de maneira indevida.

Adotando medidas de segurança externa e interna com relação aos dados pessoais dos particulares que fazem uso dos serviços notariais e de registro, impedindo e prevenindo a indevida circulação de tais informações ou mesmo o seu vazamento em razão de ataques cibernéticos, os tabeliães e registradores deverão estar livres de qualquer hipótese de responsabilização, eis que preenchidas as hipóteses de excludentes de responsabilidade previstas nos incisos do artigo 43, da LGPD.

---

38. STINGHEN, João Rodrigo; TEIXEIRA, Tarcísio; VERDE, Hilda Glícia Cavalcanti Lima. Motivações para a adequação das serventias extrajudiciais à LGPD: mudança cultural e conscientização. In: DE LIMA, Adriane Correia et. al. *LGPD e cartórios*: implementação e questões práticas. São Paulo: Saraiva Educação, 2021, p. 29-56.

Não obstante, estarão também cumprindo com o artigo 46, da Lei 13.709/2018, que dispõe que os agentes de tratamentos de dados (caso dos notários e registrados, considerados controladores de dados) "devem adotar medidas de segurança, técnicas e administrativas aptas a proteger os dados pessoais de acessos não autorizados e de situações acidentais ou ilícitas de destruição, perda, alteração, comunicação ou qualquer forma de tratamento inadequado ou ilícito".

4. CONCLUSÃO

Como se viu ao longo do presente trabalho, os tabeliães e registradores são considerados agentes públicos em sentido amplo, caracterizando-se como Particulares em Colaboração com o Poder Público em razão de desempenharem, em regime particular, atividade cuja titularidade pertence ao Estado e lhes foi delegada – neste caso específico, através de aprovação em concurso público de provas e títulos.

Além disso, definiu-se que a modalidade de responsabilidade civil incidente sobre os agentes delegados de serventias extrajudiciais é a *subjetiva*, tendo em vista o regramento contido no artigo 28, da Lei 6.015/1973, no artigo 22, da Lei 8.935/1994, e no artigo 38, da Lei 9.492/1997; para além do que restou delimitado no Tema 777 de Repercussão Geral do STF.

Afastada qualquer possibilidade de aplicação de responsabilidade civil do tipo objetivo aos notários e registradores, demonstrou-se que, na esteira da interpretação realizada pelo STF, ainda que tais profissionais sejam equiparados às pessoas jurídicas de direito público para fins de interpretação da LGPD, a responsabilidade civil oriunda do descumprimento de seus preceitos deve ser *subjetiva*, fazendo-se necessária a comprovação de que os agentes delegados agiram imbuídos de culpa ou dolo para causar lesão aos titulares de dados pessoais.

Não obstante, concluiu-se pela impossibilidade de se responsabilizar os agentes delegados em razão do mau uso das informações fornecidas à terceiros quando tal ato for decorrente do estrito cumprimento dos deveres legais dos mencionados profissionais, haja vista a necessidade de se dar cumprimento ao princípio da publicidade notarial e registral.

Entretanto, alertou-se que os agentes delegados de serventias extrajudiciais devem adotar medidas acautelatórias para evitar a responsabilização decorrente de eventuais violações à LGPD, tais como a contratação de empresa especializada na área de tecnologia e informática para prestar serviço de segurança digital e, consequentemente, resguardar o acervo do *cartório* de acessos não autorizados; e a implementação de programa de *compliance* na serventia, a fim de prevenir a má utilização dos dados pessoais enquanto se realiza o seu tratamento para os fins legais.

Acredita-se que, considerando-se o regime de responsabilidade civil oponível aos tabeliães e registradores, bem como a observância das medidas profiláticas supra elencadas, é plenamente possível e viável que as serventias extrajudiciais e seus agentes delegados exerçam suas funções sem qualquer violação à LGPD.

5. REFERÊNCIAS

BRANDELLI, Leonardo. *Teoria geral do direito notarial*. 4. ed. São Paulo: Saraiva, 2011.

BRASIL. Constituição da República Federativa do Brasil de 1988. Disponível em: http://www.planalto.gov.br/ccivil_03/constituicao/constituicao.htm. Acesso em: 1º mar. 2022.

BRASIL. Lei 6.015, de 31 de dezembro de 1973. Dispõe sobre os registros públicos e dá outras providências. Disponível em: http://www.planalto.gov.br/ccivil_03/leis/L6015compilada.htm. Acesso em: 1º mar. 2022.

BRASIL. Lei 8.078, de 11 de setembro de 1990. Dispõe sobre a proteção do consumidor e dá outras providências. Disponível em: http://www.planalto.gov.br/ccivil_03/leis/l8078compilado.htm. Acesso em: 1º mar. 2022.

BRASIL. Lei 8.935, de 18 de novembro de 1994. Regulamenta o art. 236 da Constituição Federal, dispondo sobre serviços notariais e de registro (Lei dos Cartórios). Disponível em: http://www.planalto.gov.br/ccivil_03/LEIS/L8935.htm. Acesso em: 1º mar. 2022.

BRASIL. Lei 9.492, de 10 de setembro de 1997. Define competência, regulamenta os serviços concernentes ao protesto de títulos e outros documentos de dívida e dá outras providências. Disponível em: http://www.planalto.gov.br/ccivil_03/Leis/L9492.htm. Acesso em: 1º mar. 2022.

BRASIL. Lei 13.709, de 14 de agosto de 2018. Lei geral de proteção de dados pessoais (LGPD). Disponível em: http://www.planalto.gov.br/ccivil_03/_ato2015-2018/2018/lei/l13709.htm. Acesso em: 1º mar. 2022.

CAVALIERI FILHO, Sérgio. *Programa de responsabilidade civil*. 13. ed. São Paulo: Atlas, 2019.

CENEVIVA, Walter. *Lei dos notários e dos registradores comentada* (Lei 8.935/94). 6. ed. rev. e atual. São Paulo: Saraiva, 2007.

DI PIETRO, Maria Sylvia Zanella. *Direito administrativo*. São Paulo: Atlas, 2010.

EL DEBS, Martha. *Legislação notarial e de registros públicos comentadas*: doutrina, jurisprudência e questões de concursos. 3. ed. rev. atual. e ampl. Salvador: JusPodivm, 2018.

FÉLIX, Rafaela de Souza; KARAM, Lucas Monte; KARAM, Marcelo Monte. Cartórios do futuro: uma análise dos provimentos que implementaram os serviços eletrônicos nas serventias extrajudiciais. In: DE LIMA, Adriane Correia et. al. *LGPD e cartórios*: implementação e questões práticas. São Paulo: Saraiva Educação, 2021.

MONTEIRO, Jannice Amóras. A LGPD aplicada às serventias extrajudiciais brasileiras. In: DE LIMA, Adriane Correia et. al. *LGPD e cartórios*: implementação e questões práticas. São Paulo: Saraiva Educação, 2021.

MOTTA, Raquel Dias da Silveira. *Agentes públicos*: classificação. Enciclopédia jurídica da PUC-SP. CAMPILONGO, Celso Fernandes; GONZAGA, Alvaro de Azevedo e FREIRE, André Luiz (Coord.). Tomo: Direito Administrativo e Constitucional. NUNES JR., Vidal Serrano; ZOCKUN, Maurício; ZOCKUN, Carolina Zancaner; FREIRE, André Luiz (coord. de tomo). São Paulo: Pontifícia Universidade Católica de São Paulo, 2017. Disponível em: https://enciclopediajuridica.pucsp.br/verbete/3/edicao-1/agentes-publicos:-classificacao. Acesso em: 1º mar. 2022.

NOHARA, Irene Patrícia. *Direito administrativo*. 5. ed. São Paulo: Atlas, 2015.

PEREIRA, Caio Mário da Silva. *Responsabilidade civil*. 12. ed. rev., atual. e ampl. Rio de Janeiro: Forense, 2018.

SANTOS, Rodrigo Bley. Responsabilidade civil dos cartórios e LGPD. In: DE LIMA, Adriane Correia et. al. *LGPD e cartórios*: implementação e questões práticas. São Paulo: Saraiva Educação, 2021.

O *PRIVACY BY DESIGN* APLICADO AOS CARTÓRIOS

Elizeu Miguel Campos Melo

João Rodrigo de Morais Stinghen

Sumário: 1. Introdução – 2. O que é *privacy by design*? – 3. O *privacy by design* nos cartórios; 3.1 A importância de uma visão proativa; 3.2 Os sete princípios do *privacy by design* e sua aplicação aos cartórios; 3.2.1 Proativo e não reativo; 3.2.2 Privacidade como configuração padrão; 3.2.3 Privacidade incorporada ao design; 3.2.4 Funcionalidade completa; 3.2.5 Segurança de ponta a ponta; 3.2.6 Visibilidade e transparência; 3.2.7 Respeito pela privacidade do usuário – 4. Conclusão – 5. Referências.

1. INTRODUÇÃO

Embora não seja historicamente novo, a privacidade é tema que ganha cada vez mais relevância nas últimas décadas, diante da transformação digital vivenciada pela Sociedade da Informação. Nesse contexto, as pessoas cada vez mais se preocupam com sua privacidade, no mundo todo.

Como é natural, o crescimento da importância de um tema cria o correspondente interesse teórico sobre ele. Desde seu surgimento, com Wareen e Brandeis,[1] a privacidade passou a ser objeto de pesquisas em diversos campos do saber.

Neste capítulo, será abordada a mais conhecida metodologia de privacidade no mundo atual, o *privacy by design* (PbD), enfatizando sua aplicação prática nos cartórios, no âmbito dos projetos de adequação à Lei Geral de Proteção de Dados (LGPD).

2. O QUE É *PRIVACY BY DESIGN*?

Segundo narra a própria Ann Cavoukian,[2] o *privacy by design* surgiu com um *insight* criativo, seguido de três dias e noites de intenso trabalho, quando foram consolidados os sete princípios fundamentais.

---

1. Louis D. Brandeis e Samuel Warren foram os primeiros juristas a formularem a privacidade como um direito autônomo. Para saber mais, acesse: WARREN, Samuel D.; BRANDEIS, Louis D. The Right to Privacy. *Harvard Law Review*, v. IV, n 51890, 15 dez. 1890. Disponível em: http://groups.csail.mit.edu/mac/classes/6.805/articles/privacy/Privacy_brand_warr2.html. Acesso em: 09 jan. 2022.
2. CAVOUKIAN, Ann. *Privacy by Design*: The 7 Foundational Principles. Disponível em: https://www.ipc.on.ca/wp-content/uploads/resources/7foundationalprinciples.pdf. Acesso em: 09 jan. 2022.

Psicóloga de formação, Cavoukian desenvolveu uma teoria que vai além do Direito. Seu propósito foi superar esse comodismo legalista, adotando uma postura mais preventiva e proativa.

Quando desenvolveu sua tese, Cavoukian era Comissária da Informação e da Proteção da Vida Privada de Ontário, Canadá, cargo que ocupou, entre 1997 e 2014. Ela se incomodava com a preocupação excessivamente relativa de seus colegas, sobretudo os advogados, que buscavam o *compliance* apenas para evitar sanções.

Ela tornou-se mundialmente conhecida quando seu conceito foi expressamente incorporado pelo artigo 32 do *General Data Protection Regulation* (GDPR).[3] Hoje, mais de 100 países o adotam, inclusive a LGPD, em seu artigo 46, no § 2º.[4]

Para Cavoukian, a privacidade é o fundamento da liberdade. Diante dessa relevância, a privacidade não deve ser analisada apenas sob a perspectiva do *compliance* regulatório ou pelo prisma do simples legalismo, como se costuma dizer no Brasil. Não faz sentido a visão restrita que se preocupava apenas em evitar sanções, de maneira reativa.

A ideia é proteger a privacidade como um valor, não apenas fazer o mínimo para não ser punido. A privacidade deve ser vista dentro de uma organização, como uma das prioridades, sendo avaliada nos objetivos do projeto, processos de *design* e operações de planejamento.

O PbD busca identificar os riscos à privacidade desde o início do desenvolvimento de um produto, ou desde antes do início das operações de uma organização. De acordo com o ICO,[5] isso garante que os problemas de proteção e privacidade dos dados sejam observados na fase inicial do projeto de qualquer sistema, serviço, produto ou processo, e posteriormente, em todo o ciclo de vida.

Com efeito, o PbD trata-se da junção de sete princípios fundamentais para que seja garantida a privacidade e proteção de dados pessoais desde a concepção, de eventual projeto ou tratamento de dados, resguardando o direito de intimidade e preservando as informações dos titulares, para que não sejam prejudicados com a utilização dos seus dados de forma incorreta.

---

3. GDPRINFO. *Regulamento Geral sobre a Proteção de Dados*. Disponível em: https://gdprinfo.eu/pt-pt. Acesso em: 09 jan. 2022.
4. BRASIL. Lei 13.709, de 14 de agosto de 2018. Dispõe sobre a Lei Geral de Proteção de Dados Pessoais. Disponível em: http://www.planalto.gov.br/ccivil_03/_ato2015-2018/2018/lei/l13709.htm. Acesso em: 09 jan. 2022.
5. Information Commissioner's Office (Gabinete do Comissário de Informação). Para saber mais: ICO. *Data protection by design and default*. Disponível em: https://ico.org.uk/media/for-organisations/guide-to-data-protection/guide-to-the-general-data-protection-regulation-gdpr/accountability-and-governance/data-protection-by-design-and-default-1-1.pdf. Acesso em: 1º jan. 2021.

A legislação brasileira de proteção de dados pessoais no parágrafo segundo do artigo 46 aborda implicitamente o *privacy by design*, definindo que medidas de segurança, técnicas e administrativas devem ser observadas desde a fase da concepção de produtos ou serviços até o momento da execução, para proteger as informações de acessos não autorizados, bem como quaisquer tratamentos inadequados, acidentais ou ilícitos.

3. O *PRIVACY BY DESIGN* NOS CARTÓRIOS

3.1 A importância de uma visão proativa

A fim de proteger o direito fundamental à proteção de dados pessoais previsto no artigo 5º, inciso LXXIX, da Constituição Federal,[6] a LGPD regulamenta o tratamento das informações pessoais, nos ambientes físicos e digitais. A sua aplicação aos cartórios decorre de texto expresso da referida lei em seu artigo 23, no § 4º.[7]

A LGPD impõe vários requisitos para que o uso dos dados respeite os direitos de seus titulares, garantindo que os indivíduos tenham o controle sobre suas próprias informações (autodeterminação informativa).

E isso independe de as atividades de tratamento serem realizadas com base na lei ou como substrato para políticas públicas. Afinal, essas são duas das hipóteses autorizativas de tratamento de dados previstas nos artigos 7 e 11 da LGPD.[8]

Em sua atividade notarial ou registral, as serventias extrajudiciais necessariamente utilizam muitos dados pessoais, de seus colaboradores, dos usuários dos serviços ou de terceiros qualificados nos atos praticados.

Quanto aos colaboradores, a fim de se cumprir a legislação trabalhista, previdenciária e tributária, há uma imensa quantidade de dados necessários, incluindo vários dados sensíveis. Sem contar os dados de dependentes, que em sua maioria são crianças e adolescentes. É bom lembrar que a base de dados não se resume aos colaboradores atuais, mas também abarca os documentos que precisam ser armazenados dos antigos funcionários, por períodos que vão de cinco anos a tempo indeterminado.

Quanto aos usuários, basta relembrar que todos os requerimentos de serviço precisam ser instruídos com uma qualificação mínima de sete dados pessoais,[9] além de outros necessários para cada ato específico.

---

6. BRASIL. Constituição da República Federativa do Brasil de 1988. Disponível em: http://www.planalto.gov.br/ccivil_03/constituicao/constituicao.htm. Acesso em: 09 jan. 2022.
7. BRASIL. op. cit.
8. BRASIL. op. cit.
9. São os dados previstos no artigo 2 do Provimento 61/2017 do Conselho Nacional de Justiça.

No pedido de usucapião extrajudicial, a qualificação do registrador de imóveis pode tornar necessária a qualificação de documentos diversos para comprovação das condições referentes ao ato.

Nas serventias de títulos e documentos, a partir de sua competência residual e "aberta", por assim dizer, podem ser registrados documentos de variados tipos, os quais podem incluir dados pessoais dos mais diversos. Já nos registros civis de pessoas jurídicas, o registro de associações sem fins lucrativos pode envolver dados sensíveis, por revelar crenças, valores e religiosidade de seus associados.

E sem dúvidas, são nos registros civis de pessoas naturais que podem ocorrer a maior quantidade de coleta de dados além do previsto para a qualificação básica, vários deles classificados como dados sensíveis. Exemplo disso ocorre já no registro de nascimento, mas se estende por diversos outros atos registrados ao longo da vida.

O mesmo ocorre com os tabeliães. Os protestadores podem se deparar com dados diferenciais constantes nos títulos protestados. E os notários têm uma possibilidade ainda mais aberta de coleta de dados. Para citar apenas um exemplo, na ata notarial poderão ser adicionadas informações que vão muito além do cadastro básico, incluindo dados sensíveis, sigilosos e até mesmo vexatórios, tais como *bullying*, publicações difamatórias na internet e imagens indecorosas.

Partindo desse ponto, é fácil perceber que a atividade notarial e de registro tem um compromisso até maior com a proteção de dados. Não nos parece sensata, portanto, a visão reativa e limitada de se preocupar com a LGPD apenas para evitar sanções ou condenações judiciais.

Por mais que a prevenção de sanções seja uma preocupação legítima, é preciso um olhar mais amplo, proativo e preocupado com os direitos das pessoas. E para isso, o PbD pode ajudar muito.

3.2 Os sete princípios do *privacy by design* e sua aplicação aos cartórios

O PbD é uma metodologia baseada em sete princípios: (1) ação proativa, não reativa, ou seja, ato preventivo, e não corretivo; (2) privacidade como a configuração padrão; (3) privacidade incorporada ao design; (4) funcionalidade completa, devendo ocorrer uma soma positiva, e não soma zero; (5) segurança de ponta a ponta, para garantir a proteção total do ciclo de vida do tratamento de dados; (6) visibilidade e transparência; e (7) respeito pela privacidade do usuário, colocando os seus interesses no centro.

Tais princípios serão abordados a seguir, sendo relacionados com os aspectos práticos da atuação das serventias extrajudiciais.

3.2.1 Proativo e não reativo

Cavoukian defende que a privacidade por *design* deve ocorrer através de ações proativas e não reativas, ou seja, atos para evitar eventos indesejáveis que ofendam a privacidade dos titulares envolvidos.[10]

A aplicação prática disso é simples. Os prepostos de determinada serventia extrajudicial não devem se preocupar com a LGPD apenas quando alguém vier reclamar disso no cartório, se estiver perto de uma correição ou após receber um comunicado da corregedoria.

Não é sensato buscar soluções após constar a proximidade de eventos indesejados. Com essa postura, muito possivelmente a serventia terá duplo gasto, no pagamento de multas, indenizações e no projeto de implementação. Some-se a isso o precedente de punição, que é levado em consideração para majoração de sanções pelas corregedorias.

Mas ser proativo não é pular etapas. Antes de mais nada, é preciso que a alta administração da serventia (no caso, responsável e substituto) tenham consciência do valor que possui a cultura de privacidade. Com o comprometimento da gestão, fica muito mais fácil conscientizar o restante da equipe.

3.2.2 Privacidade como configuração padrão

A privacidade deve ser garantida por padrão, ou seja, incorporada aos serviços desde "automaticamente", de forma que o titular de dados não precise realizar nenhuma ação para garantir seus direitos.[11]

Essa privacidade por padrão (*privacy by default*), é garantida por alguns subprincípios:

(1) *definição e respeito à finalidade*: o titular das informações precisa ser informado sobre os objetivos do tratamento, antes ou no momento da coleta dos dados, sendo que, estas coletas devem ser claras, limitadas e importantes para o contexto;

(2) *limitação da coleta*: o tratamento dos dados deve ser limitado as informações necessárias para o cumprimento das finalidades estipuladas pela controladora, além de ser razoável, justo e legal;

(3) *minimização dos dados*: deve-se coletar o mínimo de dados possíveis, bem como, quando um programa, tecnologia de informação e comunicação ou sistemas forem criados, deve-se iniciar com interações

---

10. CAVOUKIAN, Ann. Op. cit.
11. CAVOUKIAN, Ann. Op. cit.

e transações que não identifiquem o titular, por padrão. Existindo a necessidade de identificação, deverá ser vinculado o mínimo de informações; e,

(4) *limitação de uso, retenção e divulgação*: o uso, retenção e divulgação deve-se limitar aos objetivos comunicados ao titular, e embasado pelo consentimento ou outro meio permitido em lei (hipótese de tratamento diversa), assim como, o tratamento deve ocorrer apenas no período necessário para o atingimento das finalidades, eliminando os dados imediatamente após a conclusão dos objetivos, se possível.

3.2.3 Privacidade incorporada ao design

A privacidade não pode ser vista como um complemento, mas como parte às práticas da organização, sem diminuir sua funcionalidade.[12]

No caso dos serviços públicos notariais e registrais, pode-se pensar em dois dos princípios do artigo 37 da Constituição Federal:[13] a legalidade e a eficiência. As preocupações em seguir a legislação não devem desconsiderar a eficiência na prestação dos serviços. Até porque as serventias, administradas em caráter privado, precisam de lucro para se manterem.

Mas o que significa privacidade incorporada ao *design*? Nas palavras de Cavoukian:

> A privacidade deve ser incorporada em tecnologias, operações e arquiteturas de informação de forma holística, integrativa e criativa. Holístico, porque contextos adicionais e mais amplos devem ser sempre considerados. Integrativo, porque todos os stakeholders e interesses devem ser consultados. Criativo, porque incorporar privacidade às vezes significa reinventar as escolhas existentes porque as alternativas são inaceitáveis.[14]

Em um primeiro momento, é possível pensar que esse princípio não seria aplicável aos cartórios, que precisam prestar os serviços descritos na legislação, não tendo a possibilidade de criar novidades fora da estrita legalidade.

Essa visão, contudo, é parcial. Inicialmente, mesmo que as serventias não possuam a mesma liberdade que empresas para criar novos serviços, isso ocorre pela inovação legislativa. Em segundo lugar, porque a "administração em caráter privado" da serventia, se não possibilita a prestação de serviços completamente novos, permite a criação, em cada cartório, de processos de trabalho diferenciados.

---

12. CAVOUKIAN, Ann. Op. cit.
13. BRASIL. Op. cit.
14. CAVOUKIAN, Ann. Op. cit. Tradução nossa.

Nesse contexto, as novidades internas e externas que implique formas diferentes de tratar dados devem se considerar, desde seu início, a privacidade.

Existem inúmeras formas de implementar a privacidade ao surgimento de novos serviços, o que varia muito conforme o tipo de atualização. O importante é analisar sempre a situação e, através dessa reflexão, distinguir as medidas mais apropriadas em cada caso.

Para tanto, recomenda-se que as atualizações que impliquem novas formas de processamento de dados sejam precedidas de um Relatório de Impacto à Proteção de Dados. Nesse relatório, devem ser mensurados os riscos à privacidade gerados com a inovação, além das medidas adotadas para sua mitigação, conforme disposto no artigo 5, inciso XVII da LGPD.[15]

3.2.4 Funcionalidade completa

A visão de muitos ainda é de que a privacidade estaria contra outros valores importantes, em uma espécie de relação ganha-perde (ganho privacidade, perco segurança ou lucro).

A premissa desse raciocínio é de que há uma equação de soma zero, em que o acréscimo da privacidade prejudicaria os demais interesses. É uma solução aparentemente mais fácil, pois busca conseguir um resultado esquecendo do outro, mas é resultado.

Mas esse raciocínio é errado. A ideia do "soma zero" permanece muitas vezes pela falta de visão de médio e longo prazo. Pois nenhuma atividade se sustenta agindo na ilegalidade, desvencilhando-se de cumprir os deveres mais básicos de respeito aos direitos dos cidadãos. Em algum momento, essa "economia" irá cobrar seu preço condenações cíveis, trabalhistas e disciplinares.

A funcionalidade completa é a ausência de compensações indevidas, a partir da ideia de uma soma positiva.[16] Alinhando a privacidade aos demais interesses, permite-se a prosperidade do cartório com respeito aos titulares de dados.

3.2.5 Segurança de ponta a ponta

Sem segurança, não existe privacidade.[17] E pode-se dizer também, que sem segurança da informação, não existe conservação do acervo, tampouco segurança jurídica.

---

15. BRASIL. Op. cit.
16. CAVOUKIAN, Ann. Op. cit.
17. CAVOUKIAN, Ann. Op. cit.

Basta pensar em um exemplo prático para entender. Imagine um cartório cuja equipe qualifique documentos e pratique atos com qualidade, organização e respeitando todos os limites da legalidade, mas que não possui os requisitos adequados de segurança, tais como antivírus, *backup*, *firewall* etc.

Certo dia a serventia amanhece incendiada. Não há quase o que recuperar dos originais. Existia um *backup* em nuvem, mas feito apenas para "inglês ver", para fingir que cumpre o Provimento 74/2018 do CNJ.

Ocorre que nesse *backup* havia diversos arquivos corrompidos, pois não havia procedimento para verificação periódica da qualidade desse *backup*, muito menos para fiscalização da empresa fornecedora do *backup*.

Qual é o resultado disso? A serventia não será capaz de recuperar os arquivos perdidos, criando uma situação de completa insegurança jurídica, que facilmente pode resultar – como se não bastasse – sanções disciplinares e condenações cíveis.

Portanto, é preciso possuir segurança de ponta a ponta, não apenas fingir que possui tudo em ordem para o corregedor. Ele não conhece tecnologia da informação e o preposto do cartório pode ludibriá-lo por algum tempo. Mas se uma situação dessas ocorrer – como muitas vezes tem ocorrido – não haverá como escapar das tristes consequências.

Com efeito, o princípio comentado significa um sistema de segurança da informação desde a concepção e por padrão. Isso significa a proteção dos dados pessoais em todo o ciclo de vida, desde uma coleta até a eliminação.

3.2.6 Visibilidade e transparência

O dever de transparência se expressa de duas formas. Uma delas se concretiza pelo dever de prestar informações (transparência propriamente dita); outra, pelo dever de prestar contas (*accountability*). Ambas correspondem a princípios específicos do artigo 6 da LGPD:[18]

> VI – transparência: garantia, aos titulares, de informações claras, precisas e facilmente acessíveis sobre a realização do tratamento e os respectivos agentes de tratamento, observados os segredos comercial e industrial; (...)
>
> X – responsabilização e prestação de contas: demonstração, pelo agente, da adoção de medidas eficazes e capazes de comprovar a observância e o cumprimento das normas de proteção de dados pessoais e, inclusive, da eficácia dessas medidas.

O *accountability* significa a capacidade de demonstrar um elevado grau de maturidade em proteção de dados. Ela é fundamental para criar uma relação de confiança com os titulares de dados pessoais.

---

18. BRASIL. Op. cit.

Para conseguir prestar contas, é preciso guardar evidências que comprovem as diversas etapas da implementação da LGPD, além de sua manutenção. Para ficar mais claro, veja a tabela abaixo, extraída de um relatório de auditoria de implementação da LGPD em uma serventia extrajudicial:

MEDIDA	EVIDÊNCIAS
Canal de atendimento aos titulares de dados	*Print* de tela com divulgação no *webiste* da serventia (alternativamente, se for físico, fotografia de afixação de cartaz no mural da serventia).
Elaborar Política de Segurança da Informação	Documento em PDF, com diagramação própria da serventia. Comprovação de divulgação interna do documento, coletando ciência de seu recebimento.
Conscientização da equipe	Certificados de participação em treinamentos sobre a LGPD aplicada ao extrajudicial.

Os exemplos da tabela acima abordam os três tipos básicos de evidências de implementação: (i) evidências da criação e divulgação de documentos externos (para todos os interessados); (ii) evidências da criação e divulgação de documentos internos (para a equipe); e (iii) evidências de orientação da equipe.

Já a transparência como dever de informação significa garantir aos titulares de dados informações claras, objetivas e acessíveis sobre o tratamento de dados.

Nos cartórios, ele se concretiza inicialmente pelas Medidas de Transparência, tal como são denominadas pela Minuta de Provimento do CNJ em seu Capítulo IX.[19] Em resumo, tais medidas são:

(1) Canal de atendimento para recepção das requisições e/ou reclamações apresentadas pelos titulares dos dados pessoais;

(2) Fluxo para atendimento aos direitos dos titulares de dados pessoais, requisições e/ou reclamações apresentadas, desde o seu ingresso até o fornecimento da resposta;

(3) Aviso de privacidade e proteção de dados;

(4) Avisos de *cookies* no portal de cada serventia, se houver;

(5) Aviso de privacidade para navegação no *website* da serventia.

Além dessas medidas, é preciso possuir abertura em relação aos titulares de dados, esclarecendo suas indagações de maneira concreta. Isso é possível apenas se a serventia indicar um bom Oficial de Proteção de Dados Pessoais, que saberá qualificar justamente cada solicitação e lhe conferir o encaminhamento correto.

---

19. Até o momento do fechamento desta edição, a Minuta de Provimento do CNJ não está em vigência. Ela não está mais disponível no site da entidade, mas é possível acessá-la através deste link: https://bit.ly/minutacnj.

3.2.7 Respeito pela privacidade do usuário

Cavoukian[20] defende que os interesses dos titulares de dados devem ser adicionados em primeiro plano.

Para isso, deve-se observar: (1) *precisão*: os dados necessitam ser precisos, completos e atualizados; (2) *acesso*: a organização deve garantir o acesso do titular aos seus dados, informar sobre o uso e eventuais divulgações, bem como possibilitar que ele conteste a precisão e a integridade dos dados, realizando alterações, caso seja necessário; e (3) *conformidade*: a serventia deve criar mecanismos para reclamações e reparações, divulgando tais informações aos titulares.

Destaca que a capacitação dos titulares para que sejam protagonistas, atuando sempre que possível de forma ativa, na gestão dos seus próprios dados pode evitar usos indevidos, erradicando violações de privacidade. É o que diz o velho brocardo jurídico, "o Direito não socorre aqueles que dormem".

4. CONCLUSÃO

Na sociedade atual, cada vez mais dependente de informações, a tendência é que as organizações que protegem dados sejam cada vez mais valorizadas. E isso não é diferente nos cartórios.

Qualquer organização deve reduzir riscos pelo tratamento de dados pessoais. E isso é ainda mais contundente nos cartórios, pois as atividades notariais e registrais exigem o tratamento de grande volume de dados, vários deles sensíveis.

Como visto, com o *privacy by design* não há a necessidade de sacrificar os direitos dos titulares pelos interesses da serventia, pois é possível um equilíbrio.

Quando perceberem que sua privacidade é levada a sério, as pessoas pensarão "esse cartório me respeita, pois ela se esforça muito para proteger minha privacidade". E "ainda bem que existem cartórios, pois eles garantem mais segurança". E o contrário também é verdadeiro...

Assim, a privacidade ajuda a manter a relação de confiança dos usuários do serviço, esvaziando o discurso equivocado daqueles que veem nos cartórios uma "burocracia" a ser superada.

5. REFERÊNCIAS

BRASIL. Constituição da República Federativa do Brasil de 1988. Disponível em: http://www.planalto.gov.br/ccivil_03/constituicao/constituicao.htm. Acesso em: 09 jan. 2022.

---

20. CAVOUKIAN, Ann. Op. cit.

BRASIL. Lei 13.709, de 14 de agosto de 2018. Dispõe sobre a Lei Geral de Proteção de Dados Pessoais. Disponível em: http://www.planalto.gov.br/ccivil_03/_ato2015-2018/2018/lei/l13709.htm. Acesso em: 09 jan. 2022.

CAVOUKIAN, Ann. *Privacy by Design*: The 7 Foundational Principles. Disponível em: https://www.ipc.on.ca/wp-content/uploads/resources/7foundationalprinciples.pdf. Acesso em: 09 jan. 2022.

GDPRINFO. *Regulamento geral sobre a proteção de dados*. Disponível em: https://gdprinfo.eu/pt-pt. Acesso em: 09 jan. 2022.

ICO. *Data protection by design and default*. Disponível em: https://ico.org.uk/media/for-organisations/guide-to-data-protection/guide-to-the-general-data-protection-regulation-gdpr/accountability-and-governance/data-protection-by-design-and-default-1-1.pdf. Acesso em: 1º jan. 2021.

LIMA, Adrianne. *Privacy by design em programas de governança em privacidade – LGPD*. YouTube, 17 mai. 2021. Disponível em: https://www.youtube.com/watch?v=v2s7_hFmZN0. Acesso em: 09 jan. 2022.

TEIXEIRA, Tarcisio. STINGHEN, J. R.; LIMA, Adrianne C.; JABUR, Mirian E.; KARAM, Marcelo M (Coord.). *LGPD e cartórios*: implementação e questões práticas. São Paulo: Saraiva, 2021.

WARREN, Samuel D.; BRANDEIS, Louis D. The Right to Privacy. *Harvard Law Review*, v. IV, n. 51890, 15 de dezembro de 1890. Disponível em: http://groups.csail.mit.edu/mac/classes/6.805/articles/privacy/Privacy_brand_warr2.html. Acesso em: 09 jan. 2022.

ANOTAÇÕES